참된 **회심**,
참된 **그리스도인**

참된 회심, 참된 그리스도인

ⓒ 생명의말씀사 2024

2024년 3월 27일 1판 1쇄 발행

펴낸이 l 김창영
펴낸곳 l 생명의말씀사

등록 l 1962. 1. 10. No.300-1962-1
주소 l 서울시 종로구 경희궁1길 6 (03176)
전화 l 02)738-6555(본사) · 02)3159-7979(영업)
팩스 l 02)739-3824(본사) · 080-022-8585(영업)

지은이 l 박순용

기획편집 l 서정희, 허윤희
디자인 l 최종혜
인쇄 l 예원프린팅
제본 l 다온바인텍

ISBN 978-89-04-16873-6 (03230)

저작권자의 허락 없이 이 책의 일부 또는 전체를
무단 복제, 전재, 발췌하면 저작권법에 의해 처벌을 받습니다.

박순용 지음

참된 회심,
참된 그리스도인

생명의말씀사

추천의 글

'회심'은 언제나 우리를 뜨겁게 하고 우리 심령을 가슴 절절하게 하는 주제입니다. 그러나 언제부턴가 '회심'은 교회 안에서 너무 자주 언급되어서, 어느덧 식상한 주제가 아닌가 하는 우려를 하게 되었습니다. 다른 한편으로는 일반적으로 주장되는 회심이 그 성격상 지나치게 주관적인 측면에만 축소된 인상도 지울 수가 없었습니다. 이 책은 회심을 단지 이런 인간 내면에 일어나는 변화, 감정적이고 심리적인 차원으로 제한하지 않습니다. 성경 전체에 걸쳐 '회심'을 다루면서 이 주제가 가지는 총체적인 성격을 아우르며 균형 있게 조망하고 있습니다.

존 칼빈은 하나님을 아는 지식과 우리를 아는 지식은 분리할 수 없는 하나의 지식이라고 요약하였습니다. 이 책이 거듭 밝히고 있듯이 '회심'은 우리 내면이 아니라 삼위 하나님의 인격 자체, 그분의 은혜 그리고 이 모든 것을 담고 있는 말씀으로부터 기원합니다. 하나님을 아는 지식이야말로 회심을 가져오는 유일한 원천입니다. 그러나 지식은 곧바로 우리를 아는 지식과 동반되어 있다는 점이 이 책이 밝히고 있는 '회심' 사건의 곳곳에 나타납니다. 삼위 하나님 앞에서 내가 누구인가를 적나라하게 깨닫는 것, 바로 우리를 아는 지식이 '회심'의 중요한 내용임을 보여 주고 있습니다. 이 책은 거기에서 더 나아가 자신을 하나님 앞에서 깨달은 자가 삼위 하나님과의 인격적인 만남을 통해서 자기 중심성을 버리고, 하나님과 그 말씀 중심성으로 돌아오는 것이 회심이라는 점을 잘 밝혀 주고 있습니다. 우리는 식상하고 인간의 주관적인 측면에 제한된 회심이 아니라 성경 전체가 밝혀 주고 있는 회심의 전체를 이 책을 통해서 확인하게 됩니다. 성경 전체를 통해서 '회심'을 조망하게 된 바로 이 순간에 우리는 비로소 우리를 뜨겁게 하고 우리의 가슴을 적시는 가장 감동적인 '회심'을 새롭게 대면하게 됩니다.

김재윤(고려신학대학원 교의학 교수)

회심이 없는, 회심을 망각한 기독교 신앙은 표류와 기형을 피할 수 없습니다. 근원적 돌아섬이 느슨해지면 신앙의 속도와 힘이 줄고, 결국 삿된 것들이 엉겨붙어 진정과 허위를 분간하기 힘들어집니다. 그렇기에 회심 없는 신앙의 위험성을 경고하는 저자의 목소리는 절박하고 단호합니다. 청교도 설교가의 심장을 지닌 저자는 '회심'이라는 주제를 성경 본문에 대한 깊은 이해와 청중을 꿰뚫어 보는 통찰로 탄탄하고 매끄럽게 엮어 냅니다. 저자는 현학과 화술로 독자의 기호를 넌지시 떠보는 일 따위에는 일절 관심이 없고, 오직 독자를 확 잡아끌어 회심의 말씀 앞에 세우고 참된 신앙의 불꽃을 가슴에서 가슴으로 옮기려 할 뿐입니다. 우리 시대의 설교 강단에서 언젠가 나오길 고대했던 바로 그 목소리를 담은 책입니다.

윤형철(총신대학교 신학대학원 조직신학 교수)

조나단 에드워즈의 성령론을 연구하여 박사 논문을 쓴 저로서는 청교도들과 신학 사상에 어느 정도는 익숙한 편입니다. 종교개혁자들에 이은 시기에 활동했던 청교도들은 종교개혁이 회복한 성경적인 복음을 깊고 넓게 적용하는 일과 실제로 복음에 합당한 삶을 살고자 분투해서 노력했던 신앙의 위인들이었습니다. 청교도들은 하나님의 주권적인 은혜의 영광을 어느 누구 못지않게 강조했을 뿐만 아니라, 신자들에게 요청되는 거룩한 삶의 준엄하고 영광스러운 소명 역시도 강조했습니다. 또한 그들은 성경적인 회심에 대한 강조에 힘을 썼고, 교회 안에 있는 이들로 하여금 자신이 진정 회심한 신자인지, 혹은 참된 그리스도인인지를 확인하는 것에 대해 강조했습니다(고후

13:5). 복음이 들어와 여러 세대를 지나가다 보면 교회를 다니는 이들 가운데 거듭나지 않고도 종교적으로 살면서 기독교인이라 착각하는 이들이 생기기 마련입니다. 그래서 조나단 에드워즈, 찰스 스펄전, 로이드 존스 같은 설교자들은 교회 내 신자들의 성숙에 대해 강조하여 가르치기도 했지만, 늘 비회심자들에 대한 경계와 각성의 메시지를 선포하기도 했습니다. 단적으로 로이드 존스의 예를 반추해 본다면, 웨스트민스터 채플에서 사역하던 1940-1960년대에 그는 주일 오전에는 에베소서 강해와 같이 신자의 성숙이나 삶에 대해 강론했고, 주일 오후마다 요한복음서나 디모데후서와 같은 본문을 통해 복음 전도적인 설교를 하곤 했습니다.

그러나 오늘날 우리 조국 교회들의 상황은 어떠할까요? 기독교 복음이 전해진 지 140여 년이 되어 가는 현시점에서 수량적인 자랑거리들은 많은데, 과연 교회 다니는 이들이 모두가 거듭난 그리스도인일까요? 분명 교회 안에는 참 그리스도인들도 있지만, 기독교 형식에 익숙한 종교인들도 많은데 설교자들마저도 회심의 문제나 참 그리스도인과 유사 그리스도인(종교인)을 어떻게 구별해야 하는지에 대한 설교나 강론을 하기를 꺼리는 실정입니다. 이러한 시점에서 오랜 세월 청교도 문헌들을 탐구하고, 참된 교회를 추구해 온

박순용 목사님께서 회심에 대한 신간을 출간하시게 된 것을 기쁘게 생각합니다. 이 책 『참된 회심, 참된 그리스도인』은 총 3부로 구성되어 있습니다. 1부에서는 하나님께로 돌아가야 할 처지에 있는 자들에 대한 진단을 해 주고, 2부에서는 진정한 회심의 원천인 은혜에 대한 해설을 해 주고, 3부에서는 참된 회심의 특징들이나 회심자의 삶의 특징들을 잘 해설해 주고 있습니다. 박 목사님이 사역하시는 하늘영광교회는 매년 회심 집회가 열리는 것으로 압니다. 인위적으로 비신자를 신자로 만드는 집회가 아니고, 하나님의 주권적인 은혜에 호소하면서 참된 회개와 믿음을 강조하는 복음 전도적인 집회입니다.

 이 책은 신학적인 회심론의 형태이지만, 박 목사님이 주일 오전 강단을 통해서 이런 메시지들을 회중들에게 선포한 내용을 바탕으로 하고 있습니다. 이미 설교를 들어 본 회중이어도 이 책을 자신의 속도에 맞추어 숙독함을 통해서 참된 회심의 이유와 근본 동인과 참된 회심 혹은 회심자의 특징을 숙고해 볼 수 있을 것입니다. 더욱이 자신이 진정으로 회심했는지를 의혹하며 갈팡질팡하는 독자들이라면 이 책을 펼쳐서 공부하는 심정으로 읽어 보고, 하나님의 주권적인 은혜를 갈망하며 전진하는 것이 좋습니다. 이 책에 담긴 내용은 특정한 사람들에게만 필요한 것이 아니고, 모든 그리스도인과 교회 내 종교인들에게도 필요한 내용이기에 권독하는 바입니다. 두꺼운 스테이크같이 중후하게 느껴질 수도 있지만, 그러하기에 천천히 읽고 곱씹을수록 풍성한 영적 자양분을 누릴 수 있게 될 것입니다. Tolle Lege!(집어서 읽으십시오!)

이상웅(총신대학교 신학대학원 조직신학 교수)

한국교회는 영국과 미국의 청교도 신앙과 대부흥운동의 영향을 많이 받았습니다. 청교도 신앙과 대부흥운동을 관통하는 핵심적 공통점 가운데 하나가 바로 회심에 대한 강조입니다. 영국의 역사학자 데이비드 베빙턴은 '회심주의'를 복음주의의 네 가지 특징 가운데 하나로 지목했습니다. 그러나 이러한 회심의 중요성에도 불구하고, 오늘날 한국교회 강단에서는 회심에 대한 외침이 많이 사라진 것이 현실입니다. 회개를 요구하는 설교가 불편하기도 하고, 비슷한 내용을 새롭게 전하는 일이 어렵기 때문이기도 할 것입니다. 이런 우리에게 담대하면서도 다양한 관점에서 회심을 선포하는 책이 선물로 주어졌습니다. 회심 집회의 설교를 모은 책이기 때문에 회심 교리를 체계적으로 정리한 책은 아닙니다. 하지만 설교 한 편 한 편을 찬찬히 읽다 보면 본문에 대한 깊은 묵상과 함께 회심에 대한 다양한 교리도 배우게 됩니다. 때로는 '멸망을 피하라'는 강경한 메시지로, 때로는 '모든 사람을 위한 가장 기쁜 소식'으로의 초대로 회심을 선포합니다. 하나님이 주신 감동과 회개할 필요를 자각했을지라도, 그러한 상태에서 곧바로 구원 얻는 일이 없을 수도 있다며 회심에서 하나님의 주권을 분명하게 지적하기도 합니다. 이렇게 설교 안에 본문에 대한 풍성한 묵상과 더불어 깊이 있는 교리를 담고 있는 것이 바로 청교도 설교의 특징이었습니다. 그래서 원고를 읽으며 수백 년 전의 청교도들이 오늘날 설교한다면 바로 이렇게 설교할 것 같다는 생각이 들었습니다. 이 책은 교회 안에 있으나 회심하지 않은 교인들에게 이렇게 부르짖습니다. "혹시 아직도 회심하지 않은 채 예수님을 말하고 교회를 다니고 있습니까? 그렇다면 예수 그리스도 앞에 서십시오." 저는 이 책을 추천하며 이렇게 덧붙이고 싶습니다. "혹시 아직도 회심이 무엇인지 잘 모른 채 교회를 다니고 있습니까? 그렇다면 이 책 앞에 서십시오."

전희준(아신대학교 역사신학 교수)

교회가 외적인 도전 앞에서 위기를 맞이할 때는 회심이 관심을 받았고, 평화의 시대에는 회심이 질시를 받았던 것이 역사의 교훈입니다. 우리 시대는 두말할 것 없이 평화의 시대, 자유의 시대입니다. 또한 세상은 편리함과 자기 영광을 최고의 가치로 여기고 있고, 교회는 그 풍조를 따라갑니다. 따라서 회심은 교회와 목사들의 관심에서 크게 벗어나 있습니다. 사회정의와 평화 등으로 복음을 대체해 버린 서양의 교회들을 굳이 예로 들지 않아도 됩니다. 우리나라 교회들도 회심보다는 위로를 선호하고, 하나님과 교회의 영광보다는 개인의 만족과 기쁨과 번영을 추구하며, 예수 그리스도와 그의 복음에의 헌신보다는 소비자 중심의 편리성을 도모하는 분위기가 나날이 심화하고 있습니다.

그런 안타까운 시대에, 회심을 선명하고도 직설적으로 강조하는 이 책은 제 마음을 시원하게 하는 청량음료와 같습니다. 이 책에 수록된 여러 편의 설교는 회심이 꼭 필요한 사람들에게 실제로 선포되었던 메시지이므로 이보다 더 명확하면서도 풍성한 모음이 없으리라 생각합니다. 이 책의 저자 박순용 목사님은 쉬운 언어로 성경을 잘 풀어 주며, 독자의 영혼을 잘 살펴 적절히 권면합니다. 또 현대 교회와 교인들의 문제를 주저 없이 진단하고 말씀으로

처방합니다. 어쩌면 그 내용이 자칭 그리스도인들에게 적잖은 혼란을 줄 수 있고, 교회 안에서 안정적으로 생활하는 사람들에게도 도전적인 질문을 던질 수 있지만, 오히려 우리는 그렇게 해서 바른 신앙을 되찾고, 바른 교회를 세워 가야 합니다. 그런 의미에서 이 책을 한국교회의 모든 분에게 기쁘게 추천하고 싶습니다. 목회자와 일반 성도를 불문하고 이 책을 신중히 읽어 내길 바랍니다. 말씀을 전하는 설교자들은 이 책을 읽으면서 자신의 설교와 목회를 돌아보길 바라고, 자칭 그리스도인들은 자신의 믿음이 참인지 점검하여 참으로 회심하길 바라며, 비그리스도인들은 하나님의 은혜로 그리스도로 말미암아 영원한 생명을 얻기를 바랍니다.

한동수(총신대학교 신학대학원 역사신학 교수)

참된 **회심**,
참된 **그리스도인**

들어가는 글

주의 일을 이 수년 내에 부흥하게 하옵소서!

회심에서 멀어진 교회의 위태로운 현실

마크 데버(Mark Dever)는 건강한 교회가 가져야 할 아홉 가지 특징을 말할 때, 그중 하나로 회심에 대한 성경적 이해를 들었습니다. 교회의 구성원들이 애매모호한 신앙이 아니라, 죄로부터 돌이켜 죄인을 구원하시는 예수 그리스도의 은혜를 자신의 것으로 받고, 그 은혜에 의지하여 하나님을 따르는 전환을 갖는 교회가 건강한 교회라는 것입니다. 그것은 마크 데버 한 사람의 독특한 주장이 아닙니다. 이전부터 종교개혁 신앙을 충실히 따르는 교회들, 특히 청교도들도 같은 사실을 크게 강조해 왔습니다.

하지만 오늘날 우리가 속한 교회들 안에는 앞선 사람들이 중요하게 여기며 간직해 온 성경적인 신앙의 특징이 잘 드러나지 않는 경우가 많습니다. 그것은 비단 몇몇 개교회들의 문제가 아닙니다. 회심에 대한 가르침이 사라지거나 그 필요성이 아예 부정되고, 그에 따라 회심과 거리가 먼 구성원들이 신자로 인정되어 교회 안에서 크고 작은 책임을 맡아 봉사하며 의사결정을 하는 것이 한국교회 전반에 만연한 분위기가 되었습니다. 성가대원, 주일학교 교사, 심지어 교회를 이끌어 나가야 할 직분자를 세울 때도 그들의 회심은 거의 고려되지 않고 있습니다.

기독교 신앙의 중심과 본질에 대한 이런 안일한 태도는 결국 교회의 근간을 약화시키고 뒤흔드는 부정적인 결과를 낳게 됩니다. 처음부터 성경이 말하는 신앙, 곧 자신의 죄로부터 돌이켜 예수 그리스도를 자신의 구주요, 주님으로 확고히 믿고 따르는 참된 믿음과는 동떨어진 주관적인 종교성을 가진 사람들은 끝까지 신실하기 어렵습니다. 그들은 교회 안에서 자주 분란의 원인을 제공하고, 자신의 감정적 필요에 부합한다면 아예 교회를 떠나 다른 종교로 옮겨 가기까지 합니다.

물론 오늘날 교회가 경험하는 어려움과 혼란들에는 좀 더 복잡하고 다양한 원인과 배경이 있을 수 있습니다. 그러나 교회의 구성원들이 회심에 대한 성경적인 이해를 갖지 못하고, 그리하여 회심과 무관하게 자기 주도적인 신앙생활을 해 나가는 것은 교회가 앓고 있는 대부분의 병적 문제들과 결부되어 있다고 할 수 있습니다.

교회를 구성하고 있는 많은 사람 중에 마태복음 7장에서 주님께서 언급하신 조건을 갖게 되는 일은 결코 작은 일이 아닙니다. 주님은 입으로 "주여 주여" 하며 주님의 이름으로 선지자 노릇을 하고 권능을 행하기도 했다고 자부하지만, 실제로는 주님과의 인격적인 관계가 없는 자들에 대해 말씀하셨습니다. 그들은 주님께서 알지 못하는 자들이요, "하늘에 계신 아버지의 뜻대로" 행하지 않는 자들입니다. 다시 말해 그들은 회심하지 않은 자로서 신앙생활을 해 온 자들입니다. 교회가 양적인 성장에만 치우치면, 구성원 개개인들의 회심 없는 신앙을 방치하고 조장하는 방향으로 나아가게 됩니다. 그리고 그것은 사적인 문제를 넘어 결국 성경이 경고하는 '그 배교'로 이어질 수 있습니다.

교회 안에서부터 신실하게 선포되어야 할 복음

이런 위험에도 불구하고 회심 없는 신앙은 점점 더 흔해져 교회 안에서 주류를 이루고, 더 나아가 기독교 신앙의 새로운 기준을 만들고 있습니다. 회심하지 않은 자들도 구원받았다는 자의식을 갖고 살도록 하는 일종의 자존감을 위한 종교이론이 성경이 말하는 복음을 대체하는 것입니다. 복음으로 인한 전환을 경험하지 못한 소위 모태신앙인들로부터, 구원의 기쁨을 알지 못하고 하나님을 향한 진실한 마음과 신앙 행위도 갖지 않는 사람들이 마음 편하게 스스로를 그리스도인으로 여길 수 있는 새로운 형태의 기독교가 형성되고 있는 것입니다.

교회 안에 아직 회심하지 않은 사람들이 있다는 것 자체는 문제가 되지 않습니다. 교회 안에는 늘 회심이 필요한 영혼들이 있었습니다. 그렇기 때문에 교회는 성경적인 신앙관과 구원관에 기초한 복음, 회심을 위한 말씀을 전하여 영혼들을 구하고, 참 생명으로 인도하는 일을 더더욱 멈출 수 없습니다.

물론 그러한 복음 사역은 사람들의 마음을 불편하게 할 수 있고, 그래서 단기적으로 보면 그런 사역으로 인하여 교회가 현실적으로 더 어려운 상황에 처하게 되는 것처럼 보일 수도 있습니다. 뿐만 아니라 한국 사회에 큰 무리를 일으켰던 구원파나 신천지와 같은 이단들이 구원에 대한 왜곡된 논리로 많은 사람을 미혹했기 때문에, 회심을 강조하는 복음 사역은 대중 가운데 형성된 막연한 거부감에도 직면해야 합니다. 이처럼 성경적인 복음을 전하는 것은 좁고 험한 길일지도 모릅니다. 그보다는 그저 어렵게 교회에 발걸음을 한 사람들을 마치 쇼핑센터의 고객을 붙들듯이 달콤한 말로 붙잡고, 당장 구원받은 신자로 받아들여 주며, 어떤 책임이든 맡겨서 소속감을 갖게 하는 것이 교회가 사는 길처럼 보일 수 있습니다.

그러나 회심을 위해 성경의 복음을 바르게 전하여 교회 안에 있는 불신자들을 그리스도께로 이끄는 것은, 교회 밖 온 세상에 복음을 전하는 것만큼이나 교회가 어려움을 무릅쓰고 감당해야 할 주요한 사명입니다.

찰스 스펄전 목사는 기독교 사역의 가장 중요한 목표는 하나님의 영광이며, 그것은 무엇보다 말씀으로 영혼들을 변화시키고 죄인들을 구원함으로써 이루어진다고 하며, 영혼들의 회심을 목표로 설교해야 한다고 강조했습니다. 본서에는 교회가 감당해야 할 그런 사명을 따라, 필자가 섬기는 교회의 강단에서 매년 전했던 '회심 집회' 메시지들을 글로 다듬어 옮겨 놓았습니다. '회심 집회' 메시지는 그날 초대받은 방문자들만 아니라, 교회 안에 있으나 아직 회심하지 않은 모든 영혼을 위해 전해진 말씀들입니다. 자연히 이 책에는 회심 교리를 신학적 체계에 따라 정리하는 내용보다, 독자들에게 우리를 회심으로 부르시는 하나님과 예수 그리스도의 은혜를 호소하는 다급함이 더 깊이 녹아들어 있습니다.

모쪼록 이 책이 회심이 필요한 영혼들에게만 아니라, 이 마지막 때에 각 처에서 주님께서 맡기신 사명을 따라 복음을 전하는 동역자들에게도 성령께서 행하시는 은혜의 도구로써 유익하게 사용될 수 있기를 구합니다. 한국교회 안에 회심의 은혜와 함께 이로써 참으로 하나님을 경외하며 그리스도를 사랑하고 그의 뒤를 따르게 된 자들의 소문과 그로 인한 기쁨이 날로 더 풍성해지길 간절히 기도합니다.

박순용 목사

목차

추천의 글　04
들어가는 글　14

1부　하나님께로 돌아가야 할 우리

1장	돌아오라, 영혼의 목자에게로 돌아오라	25
2장	멸망을 피하라	47
3장	생명과 구원을 위한 유일한 길	65
4장	자신을 낮추어 그리스도께로	84
5장	돌아가야 할 아버지의 품	99
6장	교회 안에 있는 자들도 돌이켜야 한다	120

2부　회심의 원천, 은혜

7장	대적하는 자를 돌이키시는 긍휼	145
8장	하나님께서 주시는 놀랍고 중대한 변화	162
9장	죄인들의 유일한 소망	183
10장	복음으로 부르시고 살리시는 은혜	202

3부 복되고 아름다운 변화

11장	죄로부터 돌이켜 하나님을 섬기는 자리로	223
12장	인격적인 승복을 가져오는 만남	239
13장	중심의 변화	258
14장	하나님이 중심이 되신다	277
15장	관계의 변화가 진정한 변화이다	292
16장	회개와 회개에 합당한 삶	312

주 332

참된 회심,
참된 그리스도인

1부

하나님께로 돌아가야 할 우리

1장

돌아오라, 영혼의 목자에게로 돌아오라

²²그는 죄를 범하지 아니하시고 그 입에 거짓도 없으시며 ²³욕을 당하시되 맞대어 욕하지 아니하시고 고난을 당하시되 위협하지 아니하시고 오직 공의로 심판하시는 이에게 부탁하시며 ²⁴친히 나무에 달려 그 몸으로 우리 죄를 담당하셨으니 이는 우리로 죄에 대하여 죽고 의에 대하여 살게 하려 하심이라 그가 채찍에 맞음으로 너희는 나음을 얻었나니 ²⁵너희가 전에는 양과 같이 길을 잃었더니 이제는 너희 영혼의 목자와 감독 되신 이에게 돌아왔느니라 _ 벧전 2:22-25

"돌아오라"는 일관된 요구

신약성경에 '회심'이라는 단어는 한 번 기록되어 있습니다.[1] 하지만 성경은 다양한 표현들을 통해 회심을 언급합니다. 예를 들면 회개와 믿음, 죄 사함, 거듭남도 모두 회심과 연결된 용어들입니다. 그중에서도 가장 일반적으로 사용되는 표현은 베드로전서 2장 본문에 기록된 "돌아왔느니라"(25절)는 단어입니다. 이 장에서 우리는 이 표현이 의미하는 바에 대해 상고해 보고자 합니다.

성경은 특이하게도 우리가 구원을 얻는 것을 '돌아오는 것'으로 표현합니다. 구약에서부터 하나님은 늘 자신의 백성들에게 돌아오라고 말씀하시며 그들을 부르셨습니다. 하나님의 백성다운 모습을 갖지 못한 상태에서 돌이키라고 말씀하신 것입니다. 신약성경에서는 '돌아오라'는 부르심의 의미가 보다 구체화됩니다. 바로 '회개하다'와 '믿다'입니다.

성경은 이렇게 일관된 어조로, 누구든지 하나님 나라에 들어가고, 구원을 얻고자 한다면 돌아와야 한다고 말합니다. 성경에 따르면, 교회를 아무리 오래 다녔어도 돌아오지 않으면 구원과는 상관없습니다. 돌아오지 않은 상태로 죽는 사람은 자신이 이 땅에 살면서 지은 죄에 대한 심판으로서 영원한 형벌을 받게 됩니다. 누구든지 죄와 심판을 피해서 구원을 얻고 싶다면 반드시 돌아와야 합니다.

성경이 말하는 이런 회심, 즉 '돌아와야 한다'라는 요구는 다소 거북하게 들릴 수도 있습니다. 심지어 어려서부터 교회를 다닌 사람들이라 하더라도, '돌아와야 한다'라는 말이 어떤 사람들에게는 당황스러움과 반감을 불러일으킬 수도 있습니다.

'돌아와야 할' 인간의 조건

그럼 성경은 왜 구원을 돌아오는 것으로 말할까요? 우리는 흔히 '이대로 살다 죽으면 그만이지. 뭐가 문제인가?'라고 생각합니다. 그러나 성경은 "너희가 전에는 양과 같이 길을 잃었더니…"(25절)라고 말합니다. 이것은 예수를 이미 믿게 된 사람들에게 한 말로서, 어디로부터 돌아와야 하는지, 또 왜 돌아와야 하는지에 대해서 말해 줍니다.

모든 인간은 나면서부터 죄를 가지고 있습니다. 우리는 누가 가르쳐 주지 않아도 스스로 죄를 짓는 존재입니다. 우리는 하루에도 생각과 말과 행동에서 셀 수 없이 많은 죄를 짓습니다. 성경은 그러한 조건에 있는 인간이 이르게 될 결론은 오직 한 가지라고 분명하게 말합니다.

"모든 사람이 죄를 범하였으매 하나님의 영광에 이르지 못하더니"(롬 3:23). 여기서 하나님의 영광에 이르지 못한다는 말은, 쉽게 말해 구원을 받지 못한다는 말입니다. 성경은 죄를 범한 자들의 결론은 영원한 사망이라고 말합니다. "죄의 삯은 사망이요…"(롬 6:23). 죄의 결과는 육체적인 죽음으로만 끝나지 않습니다. 모든 죄인은 결국 죄의 삯인 영원한 사망의 형벌에 이르게 됩니다.

인간은 모두 이런 조건 아래에 있습니다. 그런 조건에 그대로 있으면 우리는 모두 오직 영원한 사망이라는 한 가지 결론에 이르게 됩니다. 그래서 성경은 한 사람이 구원을 얻는 것을, 회심 곧 돌아오는 것으로 말하고 있습니다. 죄 있는 조건에서 멸망하지 않고 살기 위해 돌아와야 한다는 것입니다.

우리가 좋은 직장에 들어가고 자기 분야에서 성공하는 것도 의미 있는 일입니다. 그러나 그것은 다 지나가는 일입니다. 그런 점에서 한 사람에게 있어 가장 크고 중요한 변화는 성경이 말하는 돌아옴입니다. 이것이야말로 한 사람의 존재와 삶에 있어야 할 최고의 변화입니다. 그리고 이러한 변화가 바로 회심입니다.

이처럼 성경은 우리가 어디로부터 돌아와야 하는지를 말합니다. 성경은 우리가 자신이 멸망하는지조차도 모르는 위태로운 상태, 즉 양과 같이 길 잃은 상태로부터 돌아와야 한다고 말합니다.

인간은 모두 죄악 가운데 태어나 양과 같이 길 잃은 상태에 있습니다.

"우리는 다 양 같아서 그릇 행하여 각기 제 길로 갔거늘…"(사 53:6).

양과 같이 길을 잃었다는 것은 의의 길, 자신에게 참 생명을 주는 길을 몰라서 그 길로 가지 않고 대신 죄의 길, 멸망의 길을 향해 가면서 헤매고 있다는 말입니다. 나름대로 인생의 목표를 세우고 무언가를 열심히 추구하지만, 이는 모두 의로운 것과는 상관없이 자신이 원하는 대로 하는 것이 전부입니다. 그야말로 그릇 행하여 길을 잃고 헤매는 것입니다. 성경은 그런 우리에게 이렇게 말합니다.

"악인은 그의 길을, 불의한 자는 그의 생각을 버리고 여호와께로 돌아오라…"(사 55:7).

불의한 것을 생각하고 추구하는 길을 버리고 여호와께로 돌아오라는 말입니다. 어디로 가고 있는지 또 어디로 가야 할지도 모른 채 길 잃은 양처럼 죄 중에 헤매는 자를 하나님께서 찾으시는 것입니다.

사도 베드로가 "전에는 양과 같이 길을 잃었더니 이제는 너희 영혼의 목자와 감독 되신 이에게 돌아왔"다고(25절) 말하는 이들은 당시 "본도, 갈라디아, 갑바도기아, 아시아와 비두니아에"(벧전 1:1)에 흩어져 있던 예수 믿게 된 사람들입니다. 그들은 하나님을 전혀 모른 채 그저 자기 나라의 신과 우상을 섬기면서 살았습니다. 지금은 하나님께 돌아왔지만, 그렇게 돌아오기 전에는 길 잃은 양처럼 헤매고 있었던 것입니다.

'돌아오기' 전까지 우리 모든 사람들의 조건은 그들과 크게 다르지 않습니다. 공부를 열심히 해서 좋은 대학과 직장에 들어가고, 남들이 부러워할 만한 조건을 가졌다 할지라도, 인간은 누구나 예외 없이 길 잃은 양처럼 죄 중에 헤맵니다. 대통령, 국회의원, 의사나 판사라고 해서 예외가 아닙니다.

겉으로는 잘 드러나지 않지만, 저마다 거친 마음과 뒤틀린 욕망을 따라 방황합니다. 성공이라는 우상을 섬기든 돈이라는 우상을 섬기든 또는 '자아'라는 우상을 섬기든, 인간은 이기적이고 자기중심적인 목표를 향해 나아가면서 죄 중에 살아갑니다. 그렇게 모든 사람이 길 잃은 양처럼 헤맵니다. 돌아오기 전까지 말입니다.

그리고 그 상태로 방치된 길 잃은 양의 결론은 멸망입니다. 물론 아직 살아 있기 때문에 그것이 실감 나지 않을지도 모릅니다. 젊었을 때는 몰랐던 중년의 삶을 그때가 되어 보아야 알듯이, 죄인의 최종적인 결론도 그럴 것입니다.

성경은 명확하게 말합니다. 그렇게 사는 인생의 최후는 멸망이라고 말입니다. 히브리서는 돌아오지 않고 죽은 자의 그다음은 심판이라고 선명하게 말합니다(히 9:27).[2] 다만 우리는 우리가 죄 중에 살고 있는 줄도 모르고, 그 길의 마지막이 무엇인지도 모른 채 길 잃은 양처럼 헤매고 있습니다. 그래서 성경은 누구든지 구원을 얻으려면 반드시 그 상태에서 돌아와야 한다고 말하는 것입니다.

영혼의 목자에게로

더 나아가 성경은 우리가 어디로 돌아가야 하는지를 말해 줍니다.

"…너희 영혼의 목자와 감독 되신 이에게 돌아왔느니라"(25절).

데살로니가전서에서도 데살로니가 사람들이 우상을 버리고 하나님께로 돌아와 그를 섬겼다고 말합니다.

"…너희가 어떻게 우상을 버리고 하나님께로 돌아와서 살아 계시고 참되신 하나님을 섬기는지와"(살전 1:9).

이처럼 성경은 이 땅을 사는 인간들이 돌아갈 대상을 하나님으로 말하기도 하고, 본문과 같이 영혼의 목자와 감독을 뜻하는 예수 그리스도로 말하기도 합니다.

우리는 구약에서부터 하나님께로 돌아오라는 말을 쉽게 발견할 수 있습니다. 하나님은 죄 중에 그릇 행하여 각기 제 갈 길을 가고 있는 모든 인간, 곧 심판을 향해 나아가는 자들을 자기에게 돌아오라 부르십니다. 그리고 신약에서는 하나님께로 돌아오라고도 하지만, 친히 이 땅에 육신을 입고 오신 하나님 곧 예수 그리스도께 돌아오라고도 합니다.

이런 말씀을 통해 우리는 무엇보다 길 잃은 양과 같은 우리에게 목자가 있다는 사실을 보게 됩니다. 우리는 생각과 추구하는 방향이 각기 달라서 제 갈 길로 갑니다. 하지만 그러한 우리를 멸망이 아닌 영원한 생명으로 이끄시는 영혼의 목자가 있습니다. 우리가 이것을 제대로 알기만 한다면 이보다 더 기쁜 소식은 없습니다. 이것은 우리 인생에 있어서 가장 기쁜 최고의 소식입니다.

시편 기자는 "여호와는 나의 목자시니"(시 23:1)라는 말을 통해 하나님이 목자로 계신다는 사실을 말하고, 예수님께서도 친히 "나는 선한 목자라"(요 10:11)고 하시면서 우리 영혼을 이끄시는 목자로 계신다는 사실을 말씀하셨습니다. 죄 중에 헤매는 인간은 바로 이러한 목자가 있다는 사실로 인해 소망을 품을 수 있습니다.

우리의 영혼은 마음을 수양한다고 해서 바른길, 생명의 길로 갈 수 있는 것이 아닙니다. 무엇을 해도 인간은 각기 제 길로 갈 뿐입니다. 사람들은 마음의 욕심을 잘 다스리면 바른길을 갈 수 있다고 생각하지만, 결코 그렇지 않습니다.

복음이 기쁜 소식인 이유

인간의 영혼은 자신의 죄와 묶여 있기 때문에, 이 땅에서 죽는 것으로 끝나지 않습니다. 성경은 죽음으로 우리의 영혼이 육체와 분리되는 순간, 하나님께로 이끌리든 지옥으로 이끌리든 영원한 결론을 맞게 된다고 말합니다. 하나님께로 돌아오지 않으면 인간의 결론은 오직 한 가지, 곧 영원한 멸망입니다. 우리 영혼의 목자 되신 예수 그리스도께 돌아오지 않는 영혼은 자신의 죄로 인해 영원한 멸망이라는 운명을 맞닥뜨리게 됩니다. 이것이 성경이 말하는 충격적인 사실입니다.

사실 인간은 영혼의 목자이신 예수 그리스도께 돌아오기 전까지는 자신이 길 잃은 양인지조차 모른 채, 그저 눈앞에 보이는 풀만 찾아가는 양처럼 하루하루 내가 원하는 것을 추구하거나 해야 할 일에 쫓기며 살아갑니다. 우리의 인생 여정은 모두 그러합니다. 거기서 목자 되신 예수 그리스도를 만나지 못하면 우리는 길 잃은 양처럼 헤매다 결국 멸망하게 되는 것입니다.

그런데 그렇게 헤매고 있는 사람들이 거의 생각하지 않거나 인식하지 못하는 사실이 또 한 가지 있습니다. 그것은 바로 사탄이 길 잃은 양과 같이 죄악 가운데 사는 우리를 부추긴다는 사실입니다. 인간은 이러한 사탄의 유혹을 따라 길을 헤매면서 죄악 된 길을 가게 됩니다. 성경은 인간이 길을 잃은 채 사탄의 유혹까지 더해져서, 자신이 길을 잃었는지조차 모르고 더욱 적극적으로 죄악을 좇으면서 살아간다고 말합니다.

사탄은 하나님의 말씀을 따르는 의의 길, 생명의 길이 아닌 하나님과 반대되는 길, 예수님과 상관없는 길로 우리를 유혹합니다. 공부를 하든 돈을 벌든 누군가를 사랑하든 모든 목표와 추구 속에서 사탄은 우리가 하나님과 반대되는 방향으로 가도록 중요한 역할을 합니다. 성경이 바로 그런 차원에서 사탄의 유혹을 말한다는 점으로 볼 때, 사이비 종교나 샤머니즘이 귀신에 대해 말하는 것과는 다릅니다.

또한 사탄은 인간이 하나님과의 관계 속에서 갖는 지정의(知情意)와 같은 동일한 인격의 기능을 활용해 역사합니다. 사탄은 이러한 통로로 우리가 죄를 짓게 만들고, 예수와는 상관없는 쪽으로 가도록 역사합니다.

성경은 바로 이러한 조건에 있는 우리를 살길로 인도하시는 영혼의 목자가 계신다는 놀라운 소식을 말해 줍니다. 길 잃은 채 멸망을 향해 나아가는 인간, 아니 자신이 멸망을 향해 나아가는지조차 모르는 인간에게 이보다 더 기쁜 소식이 있을까요? 사탄의 방해와 유혹을 받는 우리에게 영혼의 목자가 있다는 사실보다 놀랍고 기쁜 소식이 과연 어디에 있을까요? 성경이 예수 그리스도를 복음, 즉 기쁜 소식으로 말하는 것은 바로 이러한 사실 때문입니다. 길 잃은 나를 멸망하지 않고 생명으로 인도할 수 있는 목자가 계신다는 것입니다.

영원하신 영혼의 목자

세상에는 남들 보기에 부러운 조건을 가지고 있음에도, 허무하고 만족이 없는 자기 자신을 잊어 보려고 몸부림치는 사람들이 있습니다. 영혼의 평안과 안식이 없어서 자꾸만 새로운 뭔가에 몰입해 자신을 채우려고 하지만 만족하지 못합니다. 그러다가 어떤 사람들은 종교에 기웃거리기도 합니다. 이는 모두 영혼의 목자를 만나지 못한 상태에서 인간이 보이는 모습이고 길 잃은 양의 헤매는 모습을 말하는 것입니다.

성경은 그렇게 길 잃은 우리 인간에게 영혼의 목자와 감독이신 예수 그리스도가 있다는 놀라운 소식을 말합니다. 여기서 목자와 감독은 단순히 어려움을 해결해 주는 램프의 요정과 같은 존재가 아닙니다. 죄악 가운데 길을 잃고 헤매다가 결국 멸망할 수밖에 없는 우리를 구출해 내는 목자입니다. 그 누구도 해결할 수 없는 죄와 그로 인한 심판과 형벌에서 구출해 내는 목자입니다. 우리를 조금 도와주거나 사건 한번 해결해 주는 그런 목자가 아닙니다.

우리 주변에는 이 세상에서 부딪히는 현실적 문제를 해결해 줄 수 있는 사람들이 있습니다. 그러나 우리 영혼의 목자는 그 정도의 목자가 아닙니다. 우리를 의의 길, 참 생명의 길로 영원히 인도할 목자입니다.

누군가는 이렇게 질문할지도 모르겠습니다. "아니, 어떻게 예수 그리스도가 그런 일을 나에게 할 수 있다는 말인가? 그냥 그렇다는 종교 이념이나 사상을 말하는 것 아닌가?" 그러나 본문 22-24절은 이에 대해 정확하게 설명합니다. 예수 그리스도는 우리가 이 땅을 사는 동안에 일어나는 문제와 어려움들을 해결해 주고, 몇십 년 잘살게 해 주는 그런 차원의 목자가 아니라, 우리의 영원한 운명을 좌우하는 죄 문제를 해결하는 목자라고 말입니다.

인간의 영원한 운명은 죄를 해결하는 것입니다. 죄는 우리가 이 세상에서 적당히 선행하는 것으로 해결되지 않습니다. 우리가 지은 죄에는 반드시 심판과 영원한 형벌이 따르기 때문에, 이 죄가 해결되지 않으면 영원한 운명에는 변화가 생기지 않습니다.

그런데 영혼의 목자가 바로 그 걸림돌인 죄를 해결하고, 우리를 생명의 길, 의의 길로 가도록 이끄신다는 것을 말하고 있습니다. 본문 22절의 말씀처럼 그는 "죄를 범하지 아니하시고 그 입에 거짓도 없으"신 분으로 우리가 지은 죄로 인해 받아야 할 형벌을 대신 담당하심으로써 우리에게 참 생명의 길을 주시는 완전한 자격을 가진 목자입니다. 우리를 죄와 그 죄로 인한 저주와 영원한 형벌로부터 구원하여 의와 참 생명의 길로 이끄시는 목자 말입니다. 그런 목자가 되시기 위해 하나님이 육신이 되어 실제로 역사 속에 오셨습니다. 수천 년 동안 예언한 대로 하나님이 친히 이 땅에 오셔서 죄 없으신 조건에서 우리 죄를 지시고, 그 죄로 인한 형벌까지 담당하심으로 우리를 생명 얻는 길로 이끄신 것입니다. "욕을 당하시되 맞대어 욕하지 아니하시고 고난을 당하시되 위협하지 아니하시고 오직 공의로 심판하시는 이에게 부탁하시며 친히 나무에 달려 그 몸으로 우리 죄를 담당하"심으로써(23-24절) 우리의 영원한 운명을 바꾸신 것입니다.

그래서 본문은 "우리로 죄에 대하여 죽고 의에 대하여 살게 하려 하심이라"(24절)고 말합니다. 이제 더 이상 죄 아래서 길 잃고 헤매는 상태에 있지 않고, 또한 더 이상 죄의 저주와 심판 아래에 있지 않고, 의에 대하여 살게 하시는 목자라고 말하는 것입니다. 즉 바른길, 생명의 길 안에서 살도록 하시는 그런 목자라고 말입니다. 이것은 모두 예수 그리스도께서 우리를 대신해서 죄와 그 죄로 인한 모든 저주를 담당하심으로써 있게 되었습니다. 바로 이것이 기독교가 말하는 최고의 소식입니다! 죄를 해결했다는 소식, 바로 복음입니다!

성경은 다른 사람 모르게 마음에 음욕이나 더러운 생각을 품는 것도 죄라고 말합니다. 이 죄는 하나만 있어도 영원한 멸망에 이른다고 말합니다. 그래서 죄는 영원한 골칫거리이자 반드시 해결해야 할 문제입니다. 왜냐하면 이 죄가 죄를 지은 내 영혼까지 영원히 맞물려 있을 수 있기 때문입니다. 그래서 나의 영원한 운명과 맞물려 있는 이 죄가 해결되지 않으면 영원한 멸망에 처한다는 것이 성경의 가르침입니다. 그런데 본문은 바로 예수 그리스도께서 우리의 죄를 담당하심으로 죄에 대하여 죽고 의에 대하여 살게 하셨음을 말하고 있습니다. 이렇게 죄를 해결하는 문제에 대해 답을 주는 소식보다 더 놀라운 소식은 이 세상 어디에도 없습니다.

오늘날 교회가 예수를 믿음으로 이 세상에서 잘 되고 마음의 어려움을 해결하는 심리 치유적인 내용 정도로만 복음을 말하다 보니, 교회에 나오는 사람들도 기독교를 그 정도 수준으로 생각합니다. 기도하면 어려운 현실이 해결되고, 심리적으로 안정되는 것이 기독교라고 생각하는 것입니다. 그러나 그것은 결코 정상적인 기독교라고 할 수 없습니다.

성경이 말하는 기독교는 죄 중에 길을 잃고 헤매다 결국 멸망하게 될 우리를 생명의 길로 인도하시는 영원한 목자가 계심을 알고, 그분의 인도를 받을 수 있다는 기쁜 소식을 말합니다. 그러므로 기독교를 알려면 단순히 교회에 나오는 것 정도가 아니라 바로 이 소식을 알고 예수 그리스도께 돌아와 이 복을 소유해야만 합니다. 길 잃은 영혼을 생명의 길로 인도하시는 영혼의 목자 예수 그리스도를 만나야 합니다. 그를 만나면 죄에서 구원을 얻습니다. 죄에서 구원을 얻는 다른 길은 없습니다. 예수 그리스도를 믿을 때 죄로 인한 사망과 멸망에서 벗어나 영원한 생명의 길을 가게 됩니다(요 3:16).

여러분은 이러한 영혼의 목자를 만났습니까? 그분에게로 돌아왔습니까? 만일 이 영혼의 목자가 계신 것도 모른 채, 길을 잃고 헤매고 있다면 이 영혼의 목자를 꼭 만나십시오. 더 이상 길을 잃고 헤매지 마십시오. 길을 잃고 헤매는 자를 생명의 길로 이끄는 목자가 있으니, 그분 안에서 구원을 얻어 생명의 길로 가고자 하십시오.

회개하고 주 예수를 믿으라

이에 대해 그러면 어떻게 해야 하느냐고, 그분께 어떻게 해야 돌아갈 수 있냐고 물어보는 사람이 있을 것입니다. 이에 대해 성경은 회개하고 믿으라고 말합니다. 예수님도 "회개하라 천국이 가까이 왔느니라"(마 4:17)고 말씀하셨고, 바울도 "주 예수를 믿으라 그리하면 너와 네 집이 구원을 받으리라"(행 16:31)고 말했습니다.

길 잃은 상태에서 지은 죄를 고백하고, 그 죄에서 돌이키십시오. 예수 그리스도 안에서 자신의 죄와 그로 인한 멸망이 해결되고 의와 생명을 얻게 되는 줄 알고, 예수 그리스도를 자신의 구원주로 믿으십시오.

예수님은 "그를 믿는 자는 심판을 받지 아니하는 것이요 믿지 아니하는 자는 하나님의 독생자의 이름을 믿지 아니하므로 벌써 심판을 받은 것이니라"(요 3:18)고 말씀하셨습니다. 이처럼 성경은 주 예수를 믿는 것이 길 잃은 인간이 멸망치 않고 생명을 얻는 길임을 분명히 말합니다. 내가 무엇을 행해야 구원받는다는 말은 성경이 말하는 것이 아닙니다.

길 잃은 양과 같은 상태에서 멸망치 않고 살고 싶다면, 그리고 진실로 생명의 길을 가고 싶다면 성경이 제시하는 길을 따라서 예수 그리스도께 돌아오십시오. 오직 길 잃은 상태에서 자신의 죄를 고백하고, 그 길에서 돌이켜 영혼의 목자이신 예수 그리스도를 영접하십시오.

특별히 남을 해치지 않고 살아온 사람들은 자신에게는 지은 죄가 없다고 생각합니다. 많은 사람이 그 정도 수준에서 죄를 생각합니다. 그러나 성경은 죄를 그렇게 말하지 않습니다. 성경은 하나님이 계심에도 불구하고 그분을 경외하거나 사랑하지 않은 것을 일차적인 죄로 말합니다. 그 가운데 자신을 신으로 섬기며 자신이 모든 것의 주권자가 되어 죄악 가운데 살아가는 것을 죄라고 말합니다. 따라서 성경은 그런 죄들을 고백하고 거기서 돌이켜 자신의 모든 죄와 그로 인한 저주를 대신 받으신 예수 그리스도를 영접하는 것을 '돌아오는 것'으로 말합니다.

"영접하는 자 곧 그 이름을 믿는 자들에게는 하나님의 자녀가 되는 권세를 주셨으니"(요 1:12).

회심의 과정이나 특별한 경험보다 중요한 것

물론 이러한 회심 곧 목자 되신 예수 그리스도께 돌아오는 경험은 사람마다 다를 수 있습니다. 예를 들면 디모데처럼 신앙적인 배경을 가진 가정에서 자란 사람은 정확히 언제 자신에게 회심의 변화가 일어났는지 파악하지 못할 수도 있습니다. 반면 그런 배경을 가졌어도 극적인 회심을 경험할 수도 있고, 그래서 자신이 언제 회심했는지 알 수도 있습니다. 그러나 중요한 것은 그러한 회심의 경험이 아니라 지금까지 말한 회심에 대한 내용입니다.

안타깝게도 교회 안에는 회심의 경험 자체에 비중을 두면서 그것으로 회심 여부를 판단하는 사람들이 있습니다. 극적인 회심의 경험과 증거가 없다는 이유로 다른 사람의 믿음을 의심하거나 또는 자신에게 그러한 경험과 증거가 없다는 이유로 자신의 회심을 의심하는 사람들이 많습니다. 그러나 회심의 과정과 경험만큼은 사람마다 다르고 독특하다고 성경은 말합니다.

그래서 데이비드 웰스(David F. Wells)는 회심을 '내부자의 회심'과 '외부자의 회심'으로 설명하기도 했습니다.[3] 내부자의 회심이란 그리스도를 믿기 전부터 예수님에 대한 성경의 많은 지식과 믿음에 관한 지식을 가지고 있었던 사람들이 경험하는 회심입니다. 초대 교회 당시 유대교에 속한 사람들이나 오늘날 소위 모태신앙으로 태어나 성장한 사람들이 대표적인 경우입니다. 또한 교회를 다니면서 성경에 대한 기본적인 지식은 가지고 있지만, 그리스도와 인격적인 관계는 맺지 못한 사람들이 그런 상태에서 돌아오게 되는 것을 내부자의 회심이라고 말합니다. 한편 외부자의 회심은 기독교에 대한 지식이 없거나 자신이 아직 포기하지 않은 신념과 가치관, 생활방식 그리고 이전에 가졌던 종교에 대한 신앙이나 이념, 우상을 두고 섬기는 상태에서 돌이키는 것을 말합니다.

이렇게 내부자든 외부자든 회심은 각각의 상태에서 영혼의 목자 되신 예수 그리스도께 돌아오는 것이지만, 이 과정에서 겪는 경험은 사람마다 다를 수 있습니다. 왜냐하면 그것은 신앙적인 배경 유무나 문화적인 배경 또는 그가 가진 세계관에 따라서도 다를 수 있기 때문입니다.

또한 각 사람이 가진 기질과 성격에 따라서도 회심의 경험과 과정은 다를 수 있습니다. 예를 들면 다혈질의 사람과 우울질의 사람이 동일한 과정을 겪으면서 회심을 경험하는 것은 아닙니다. 부유하고 안정적으로 자란 사람과 많은 고난 속에서 고민하며 살아온 사람, 이성적인 사람과 감성적인 사람 등 각각에 따라 회심의 경험은 얼마든지 다를 수 있습니다. 그러한 과정에서 어떤 사람은 즉각적인 경험을 통해 회심할 수도 있고, 또 어떤 사람은 웰스의 말처럼 길고도 험난한 과정을 거쳐 회심할 수도 있습니다.

왜냐하면 예수 그리스도를 믿는 것은 단순히 예수를 믿겠다고 생각하고 결심하는 정도가 아니라 자신의 가치관과 삶의 방식이 바뀌는 일이기 때문입니다. 특히 이전의 삶 속에서 가졌던 욕심과 마음의 원하는 것, 그야말로 자기중심적으로 살아왔던 생활을 뒤로하고 돌이키는 일이기 때문에 실제로 길고 험난한 과정을 거치는 경우도 있습니다. 성경은 이러한 회심의 과정과 경험에 대해 획일적인 답을 말하지 않습니다.

거듭 말씀드리지만, 중요한 것은 내가 어떤 경험을 했느냐보다 지금까지 말한 내용을 분명히 갖고 있는가 하는 것입니다. 다시 말해 내 마음대로 살면서 죄악 가운데 있던 상태에서 진실로 자신의 죄를 고백하며, 거기서 돌이켜 영혼의 목자이신 예수 그리스도를 영접했는가 하는 것입니다. 그렇게 예수 그리스도에게 돌아온 자가 회심한 자입니다. 물론 그러한 과정에서 특별한 경험이 있을 수도 있고 없을 수도 있습니다. 그러나 중요한 것은 죄를 고백하며 거기서 돌이켜 예수 그리스도에게 돌아왔는가 하는 것입니다.

영혼의 목자에게 돌아온 자가 갖는 변화

이제 그렇게 회심한 자에게는 다음과 같은 일이 일어납니다. 그는 먼저 영혼의 목자 되신 주님의 인도를 받게 됩니다. 이것은 정말 놀라운 소식입니다. 왜냐하면 그는 이제 이 땅에서 무엇을 겪든지, 설사 죽을 것 같은 경험을 하더라도 단순히 그 상황에서 벗어나는 정도가 아닌 죄와 사망에서 벗어나서 예수 그리스도께서 얻게 하신 참 생명을 알고 소유하여 살게 되기 때문입니다. 목자 되신 그리스도께서 바로 그러한 길로 우리를 이끄십니다. 다시 말해 이제는 길 잃은 양처럼 죄와 사망 아래에서 허우적대거나 헤매지 않는다는 말입니다.

사실 이것은 아무리 말해도 예수 그리스도를 만나기 전까지는 결코 이해하지 못할 내용입니다. 왜냐하면 예수 믿기 전과 후 사이에는 너무 큰 변화가 있기 때문입니다. 예수를 믿기 전에는 본성적·육욕적으로 즐거운 것이 많았습니다. 그런데 예수를 믿고 나서는 놀랍게도 그 즐거움들이 모두 길을 잃고 헤매는 것이었음을 알게 됩니다. 예전에 그토록 즐겼던 세상 즐거움들이 이제는 헛된 것임을 알고, 이를 싫어하면서 바른길을 가는 변화가 생기게 됩니다. 이러한 놀라운 변화가 영혼의 목자 되신 분의 구원 속에서 그리고 그분의 인도 속에서만 있습니다.

예수 그리스도를 만난 자는 이전에 헤매며 살았던 삶의 내용과 그러했던 상황과 처지에서 이전 같지 않음을 갖게 됩니다. 물론 그것은 자신의 영혼을 이끄시는 목자 되신 예수 그리스도의 인도를 받기 때문입니다. 그 또한 남들과 똑같이 힘들고 고통스럽고 심지어 죽을 것만 같은 상황 속에서 영혼의 목자이자 감독이신 주님께서 자신을 돌보고 지도하심을 경험하게 됩니다. 그뿐만 아니라 이 세상 삶을 다 살고 죽을 때와 그 이후 영원한 생명으로 잇대어 나아갈 때도 계속해서 영혼의 목자 되신 주님의 인도를 받게 됩니다. 이것은 거짓이 아닙니다. 이것은 성경이 우리에게 분명하게 말하는 바입니다. 회심한 자에게는 이처럼 놀라운 삶의 경험이 있습니다. 그래서 회심한 자는 예수 그리스도가 진실로 자신의 영혼의 목자임을 알고 그분을 더욱 따르고 싶어 합니다. 바로 이러한 놀라운 변화에 대해 베드로는 다음과 같이 말합니다.

"…예수 그리스도를 죽은 자 가운데서 부활하게 하심으로 말미암아 우리를 거듭나게 하사 산 소망이 있게 하시며"(벧전 1:3).

그렇습니다. 이 세상에는 산 소망이 없습니다. 전부 다 죽은 소망입니다. 뭔가 소망이 있다고 말하지만, 그것은 모두 육체적인 죽음 앞에서 끝나 버리는 가짜 소망입니다. 그러나 성경은 예수 믿는 자에게 산 소망이 있다는 것을 말하며 그것이 무엇인지 덧붙여 말합니다.

"썩지 않고 더럽지 않고 쇠하지 아니하는 유업을 잇게 하시나니 … 하나님의 능력으로 보호하심을 받았느니라"(벧전 1:4-5).

이것이 바로 회심한 자에게 있는 결과입니다. 이 세상과 달리 실제로 썩지 않고, 더럽지 않고, 쇠하지 않는 영원한 유업을 얻도록 영혼의 목자 되신 그리스도께서 인도하신다는 것입니다.

복되고 귀한 돌이킴

이러한 삶의 변화, 영원한 운명의 변화는 다른 곳에서는 가질 수 없습니다. 이것은 오직 이 땅에 오셔서 우리의 죄를 지시고 죽으심으로써 우리가 더 이상 죄와 사망 아래 헤매지 않고 생명의 길을 가게 하신 그리스도 안에서만 경험하고 가질 수 있습니다.

그러니 이 사실을 꼭 기억하십시오. 더 이상 길 잃은 양과 같은 조건에서 헤매지 마십시오. 여러분이 예수를 만나지 않은 조건에서 뭔가를 추구하는 것은 죄 중에서 헤매고 있는 것임을 기억하십시오. 그 상태에서 멸망하면 영원한 심판밖에 없습니다. 그러나 영혼의 목자 되신 예수 그리스도를 만나면 구원을 얻습니다.

거듭 말씀드리지만, 사탄은 인간을 자신의 속박 아래에서 죄를 죄로 여기지 않으며 그 가운데서 살도록 역사하며, 예수 그리스도께 나아가는 일을 크게 방해합니다. 하나님께 나아가거나 예수 믿는 것에 반대되는 쪽으로 우리를 유혹하고 부추깁니다. 성경은 그것을 분명 "마귀의 간계"(엡 6:11)라고 말합니다. 그러니 그 소리를 듣지 마십시오. 본문 말씀을 듣고, 그것을 그대로 믿으십시오. 길 잃은 상태로 더 이상 헤매지 말고 영혼의 목자이신 예수 그리스도께 돌아오십시오. 자신의 죄를 고백하고 거기서 돌이켜 예수 그리스도를 자신의 구주로 영접하십시오. 그것이 바로 회심입니다.

이러한 과정에서 어떤 사람은 변화를 빨리 경험할 수도 있고, 또 어떤 사람은 더딜 수도 있습니다. 그러나 그러한 경험은 두 번째입니다. 중요한 것은 지금까지 말한 내용을 확고히 믿는 것입니다.

다음은 존 에인절 제임스(John Angell James)가 말한 참된 회개자의 고백입니다. 여러분도 참된 회개자로서 이러한 고백을 할 수 있길 소망합니다.

"오, 하나님, 우리로부터 거역함을 받으신 주권자시여, 거룩하신 하나님이시여, 모든 것을 의롭게 판단하시는 재판장이시여, 더 이상 저는 제 자신의 죄에 대하여 핑계하려 할 수 없습니다. 저는 죄를 깨닫고 자기 자신을 정죄한 죄인으로 하나님 앞에 서 있습니다. 지금까지 제가 살아온 생애는 거룩하신 하나님을 배역하는 것밖에 무엇이었겠습니까? 제가 슬퍼해야 하는 것은 이런저런 어떤 행실만이 아닙니다. 내 영혼 전체가 뒤틀려 있고 부패해 있습니다. 제 모든 생각들과 정서들과 소욕들과, 제가 추구하는 것들이 하나님을 등지고 멀리 떠나있습니다. 오 거룩한 사랑의 하나님이시여, 저는 이제까지 당신을 사랑하지 않았습니다. 세상과 친구들과 하찮은 것들, 아니 죄를 사랑하면서도 당신을 사랑할 수 없었던 마음을 제 가슴 속에 지니고 다녔다니요! 특별한 죄악들이 저를 누르나 하나님을 적대시하는 제 육신적 마음의 그 가공한 상태를 생각할 때, 그 압박감은 이루 다 말할 수 없나이다. 오, 하나님께서 저같이 하나님을 사랑하는 덕도 없고 하나님을 대항할 힘도 없는 이 불쌍하고 연약한 피조물을 부수어트리지 않으셨다니 그 오래 참으심을 무어라 형언할 수 있겠사옵니까!

저의 전 생애는 계속되는 죄의 상태의 연속이었습니다. 선해 보이는 것도 선한 동기에서 나온 것이 아니었습니다. 하나님께 순종하거나 하나님을 사랑하여 나온 것이 아니었고, 하나님을 기쁘시게 하거나 영화롭게 할 의도로 나온 것이 아니었으니 말입니다. 전에 저는 죄를 가볍게 생각했습니다. 은혜로우시고 의로우신 하나님을 거슬러 죄를 범하였으면서도 그렇게 생각했습니다. 그런데 죄를 아는 지식이 저의 죄책어린 영혼의 어두운 수평선 위로 희미한 그림자를 나타내기 시작했을 때, 그 빛을 꺼버리려고 얼마나 집요하게 애를 썼던지요. 감히 하나님의 심판대 앞에서 거만한 자신감을 가지고 내 자신의 입장을 변명하려는 기만적이고 사악하고 주제넘는 짓을 얼마나 시도하였었던지요. 오, 거짓된 여러 핑계들, 악한 구실들을 들어서 제 사악함을 가리려 했다니 그만큼 더 악한 셈이고, 하나님의 원수 갚으시는 마음을 더 부추기고 제 무모한 머리에 하나님의 청천벽력 같은 노하심을 제가 더 끌어들인 셈이지요. 저 같은 자를 그처럼 기이하게 오래 참으시고, 제게 비할 수 없는 은혜를 베푸신 하나님께 영원히 감사하나이다. 제 도발적인 행동을 참아내셨을 뿐만 아니라 제 어리석음을 깨닫도록 해주신 것에 대하여 영원히 감사하나이다. 저는 제 모든 핑계와 구실을 다 잠재우고 당신 앞에 제 자신을 맡기며, 오직 죄 있음만을 고백할 뿐이오며, 오직 하나의 희망이 있어 졸라댄다면, 하나님의 '긍휼, 긍휼'입니다."[4]

부디 이 하나님의 긍휼을 구할 수 있기를 바랍니다. 진실로 회심하여 지긋지긋한 죄가 요구하는 사망으로부터 벗어나는 놀라운 구원을 얻기를 바랍니다.

1장
핵심 요약

- 회심하기 전 모든 인간은 자신에게 참 생명을 주는 길을 모른 채, 죄의 길, 멸망의 길을 향해 가며 헤매는 조건에 있다. 뿐만 아니라 사탄은 그러한 우리를 하나님과 반대의 길로 가도록 계속 부추기는 일을 한다.

- 그럼에도 그런 조건을 가진 우리를 영원한 생명으로 이끄시는 영혼의 목자가 있다는 사실보다 더 기쁘고 복된 소식은 없다. 이러한 우리 영혼의 목자와 감독은 단순히 현실적인 문제를 해결해 주는 요정과 같은 존재가 아니라, 죄로 인한 심판과 형벌에서 구출해 내는 목자이다.

- 성경은 우리 영혼의 목자 되신 분께 돌아갈 수 있는 길은, 회개하고 주 예수를 믿는 것이라고 말한다.

- 회심한 자는 이 세상에서 영혼의 목자 되신 주님의 인도를 받을 뿐만 아니라, 죽을 때와 그 이후 영원한 생명으로 나아갈 때도 그분의 인도를 계속해서 받게 된다.

2장

멸망을 피하라

¹ 그 때 마침 두어 사람이 와서 빌라도가 어떤 갈릴리 사람들의 피를 그들의 제물에 섞은 일로 예수께 아뢰니 ² 대답하여 이르시되 너희는 이 갈릴리 사람들이 이같이 해 받으므로 다른 모든 갈릴리 사람보다 죄가 더 있는 줄 아느냐 ³ 너희에게 이르노니 아니라 너희도 만일 회개하지 아니하면 다 이와 같이 망하리라 ⁴ 또 실로암에서 망대가 무너져 치어 죽은 열여덟 사람이 예루살렘에 거한 다른 모든 사람보다 죄가 더 있는 줄 아느냐 ⁵ 너희에게 이르노니 아니라 너희도 만일 회개하지 아니하면 다 이와 같이 망하리라 _ 눅 13:1–5

죄가 더 있어서인가

누가복음 13장에서 예수님은 "만일 회개하지 아니하면 다 이와 같이 망하리라"(5절)는 매우 직설적인 말씀을 두 번이나 반복하셨습니다. 예수님은 사람들이 찾아와 당시 유대 지역을 다스리던 로마 총독 빌라도가 갈릴리 사람들을 죽인 후, 그들의 피를 이스라엘 백성들이 하나님께 바치는 제물의 피에 섞은 일에 대해 말하였을 때, 그 말씀을 하셨습니다. 그 일은 유대인들의 종교에 대한 모독이요, 그 지역 사람들에게 치욕스럽고 충격적인 일이었습니다.

사람들은 충격적인 죽임을 당한 이들이 다른 사람들보다 죄가 더 많아서 그런 불행을 겪은 것은 아닌가 생각하며 예수님께 아뢰었습니다.

예수님은 그런 그들의 마음을 헤아려 아시고 "너희는 이 갈릴리 사람들이 이같이 해 받으므로 다른 모든 갈릴리 사람보다 죄가 더 있는 줄 아느냐"(2절)라고 말씀하신 후에, 이어서 "너희에게 이르노니 아니라 너희도 만일 회개하지 아니하면 다 이와 같이 망하리라"(3절)고 말씀하셨습니다. 그리고 그와 비슷한 사건, 곧 불행한 죽음을 맞은 다른 사람들의 이야기를 연결해서 말씀하셨습니다. 바로 예루살렘의 실로암 망대가 무너져 18명이나 깔려 죽은 사건을 상기시켜 주신 것입니다. 그러면서 그들이 예루살렘의 다른 사람들보다 죄가 더 많아서 그런 줄 아느냐고 물으시고는 "아니라 너희도 만일 회개하지 아니하면 다 이와 같이 망하리라"(5절)고 재차 강조하셨습니다.

비교가 아닌 경고로 삼아야 할 일들

이런 예수님의 말씀은 자칫 불편하게 들릴 수도 있습니다. 왜냐하면 우리는 어떤 비극적인 사건에 대해 일반적으로 안타까움을 표하는 것 이상의 말을 하기를 꺼리기 때문입니다. 주변 사람들이 죽는 사건을 보며 "당신도 회개하지 않으면 이와 같이 망할 것입니다."라는 말은 그들의 불행을 슬퍼하기보다 판단하는 것으로 받아들여질 수 있습니다.

그러나 우리는 예수님의 말씀을 잘 생각해 보아야 합니다. 예수님은 지금 이 땅에 있는 모든 인간에게 해당하는 매우 중요한 사실을 말씀하고 계십니다.

우리는 세계 곳곳에서 일어나는 비극적인 사건들과 불행한 죽음을 맞는 사람들에 대한 소식을 자주 듣게 됩니다. 그리고 그런 소식이 반복되다 보면 어느덧 그런 소식에 익숙해져 점점 무감각해지고 쉽게 잊어버리게 됩니다. 인간의 죽음과 불행에 익숙해져 그에 대해 거의 생각하지 않고 살아가게 되는 것입니다.

지금까지 쉽게 잊어 온 사건들을 한번 상기해 보십시오. 예를 들면 1994년 어느 날 아침, 성수대교가 붕괴되면서 출근하거나 등교하던 시민 49명이 한강으로 추락하였고, 그중 32명이 사망한 일이 있었습니다. 1995년 어느 날 저녁에는 서초구에 있던 삼풍백화점 전체가 붕괴되면서 500여 명이 죽는 끔찍한 사건이 일어났습니다. 또 2003년에는 누군가 대구 지하철에서 방화를 저질러 평소처럼 지하철을 타고 가던 사람 중 192명이 죽는 일도 있었습니다. 2014년 어느 날 판교에서는 환풍기 덮개가 무너지면서 16명이 죽었습니다. 같은 해 인천에서 제주로 운행하던 여객선 세월호가 침몰하면서 304명이 죽는 일도 있었습니다. 또 최근에는 핼러윈 축제를 즐기려고 이태원에 갔다가 159명이 압사해서 죽는 일도 있었습니다. 뿐만 아닙니다. 최근 여름에는 제방이 무너지면서 범람한 물이 지하차도로 들어오면서 출근길에 차를 몰고 지하차도를 지나던 사람들이 순식간에 죽는 일도 있었습니다.

이런 소식을 들을 때 사람들은 각각의 사고 현장에 있었던 사람들을 생각하며 사고의 책임자들에 대해 분노하기도 하지만, 왜 하필 그들이 희생되었는가에 대해서는 그저 운이 없다고 생각하기도 하고, 또는 예수님께 질문했던 사람들처럼 그들이 다른 사람에 비해 죄가 더 많지 않았을까 생각하기도 합니다.

예수님은 이러한 우리의 여러 가지 생각들에 대해 "아니라"(3, 5절)고 분명히 대답하십니다. 그러면서 다른 사람들의 갑작스러운 죽음과 불행한 사건을 통해 우리가 생각해야 할 더 중요한 사실이 있다고 말씀하십니다. 바로 그 불행한 죽음을 우리를 위한 경고로 삼고 회개함으로써 멸망하지 않도록 하라는 것입니다.

"아니라 너희도 만일 회개하지 아니하면 다 이와 같이 망하리라"(3, 5절).

예수님은 당시 이스라엘을 점령한 로마군에 의해 죽임을 당했든 아니면 망대가 무너지는 사고로 죽었든, 그보다 더 중요한 것은 너희도 회개하지 않으면 다 이와 같이 망한다고 말씀하셨습니다. 그 사실이 불행한 사건들보다 더 심각하고 중요하다는 것입니다.

아직 예수를 믿지 않는 사람들은 그런 뜻밖의 사고로 죽는 소식을 자신을 위한 경고로 삼고 회개함으로써 멸망하지 않고자 하는 마음을 갖지 않습니다. 그저 조심해야겠다고 하면서 경계심을 갖는 정도가 전부일 것입니다. 아니면 세상을 탓하거나 누군가를 탓하는 행동이 전부일 것입니다. 사람들은 예수님의 말씀처럼 그러한 비극을 자신을 위한 경고로 삼아 회개해야 하는지도 모르고, 또 설령 안다고 해도 그렇게 하고 싶어 하지도 않습니다. 그러한 비극은 자신과는 무관한 것으로 여깁니다. 설령 그러한 소식을 듣고 약간의 정신적 충격을 받는 듯하다가도 곧 잊어버리는 것이 대부분입니다.

과거 911테러가 일어났을 때, 뉴욕에 있는 많은 사람이 며칠 동안 공포에 사로잡혔다고 합니다. 뉴욕에 살던 한 성도는 저에게 전화해서 너무 두렵고 우울하다고 말한 적도 있었습니다. 이처럼 우리는 그러한 사건이 자신과는 무관하다고 생각하면서 잠시 정서적인 충격을 받는 정도에서 멈출 뿐, 예수님이 말씀하신 대로 회개로 나아가지는 않습니다.

어떤 사람은 이렇게 말할지도 모릅니다. "왜 다른 사람의 불행한 죽음을 나를 위한 경고로 삼아야 합니까? 왜 조심하라는 주의도 아니고 회개하지 않으면 망한다는 식으로 경고를 삼아야 합니까? 살다 보면 그럴 수도 있고, 누구나 언젠가는 죽을 텐데 왜 다른 사람의 죽음을 경고 삼아 회개하라고 하는지 저는 잘 모르겠습니다."라고 말입니다. 예수님은 이러한 생각에 대해 먼저 "아니라"고 말씀하셨습니다. 본문 3절과 5절의 헬라어 원문도 "아니라"는 말로 시작하면서 이 사실을 강조합니다.

우리가 정말 두려워해야 할, 멸망

그렇다면 예수님은 왜 다른 사람의 불행한 죽음이 나와 무관하지 않고, 오히려 그것을 경고로 삼아 회개해야 한다고 말씀하시는 것일까요? 그것은 회개하지 않으면 언젠가 육체적으로 죽는 정도가 아니라 예수님의 말씀대로 멸망하기 때문입니다. 우리는 보통 다른 사람의 죽음을 보면서, '나는 저 사람처럼 죽지 않아야지….'라고 생각하는 경향이 있습니다. 그러나 예수님은 회개하지 아니하면 너희도 다 그와 같이 "죽는다"

라고 말씀하시지 않고, "망한다"라고 말씀하셨습니다.

여기서 '망한다'라는 말은 멸망한다는 뜻입니다. 육체적인 죽음 정도가 아닌 영원한 죽음, 영원한 멸망을 말하는 것입니다. 사람들은 보통 다른 사람의 죽음에 놀라고, 자신의 육체적인 죽음을 걱정하면서 두려워합니다. 하지만 예수님은 그것보다 더 놀랍고 충격적인 것이 있음을 말씀하십니다. 즉 영원한 멸망을 말씀하시는 것입니다.

이 땅에서 우리가 보고 경험하는 육체적인 죽음은 그저 멸망으로 나아가는 관문에 불과합니다. 성경은 "한 번 죽는 것은 사람에게 정해진 것이요 그 후에는 심판이 있으리니"(히 9:27)라고 말합니다. 여기서 죽음 이후의 심판은 자신이 범한 죄에 대한 영원한 형벌을 받는 상태로 나아가는 것을 말합니다. 요한계시록은 그 상태를 '둘째 사망'이라고 부릅니다. 사람들은 흔히 육체적으로 죽는 사망밖에 모르지만, 성경은 영원한 형벌 상태의 죽음을 둘째 사망으로 말하는 것입니다.

예수님께서 이처럼 이 땅의 불행한 죽음을 통해 멸망을 말씀하신 것은 그것이 더 두렵고 심각하기 때문입니다. 결국 예수님은 사람들이 비극적으로 죽은 사람들에 대해 물었을 때, 그 불행한 죽음은 결국 영원한 죽음을 생각하게 하는 일종의 표지판이라고 말씀하신 것입니다. 우리는 이 표지판을 결코 무시해서는 안 됩니다. 이는 마치 운전하다가 '급경사 주의' 표지판을 보고 이를 무시해서는 안 되는 것과도 같습니다. 왜냐하면 주의하라는 표지판을 세워 놓은 이유는 거기서 많은 사람이 죽을 위험이 있고 실제로 죽는 일이 있었기 때문입니다.

우리는 본문에서 말하는 빌라도에게 죽임당한 사람들이나 예루살렘

망대가 무너져 깔려 죽은 사람들처럼 불행한 죽음은 당하지 않을 수 있습니다. 별다른 사고 없이 나이 들어 죽을 수도 있습니다. 그러나 회개하지 아니하면 영원한 멸망은 피하지 못합니다. "회개하지 아니하면 **다 이와 같이 망하리라**"(강조는 저자 추가)고 말씀하셨기 때문입니다.

멸망을 피하라

혹시 회개하지 아니하면 영원한 멸망에 이른다는 예수님의 말씀에 불만을 가진 사람이 있습니까? 그렇다면 영원한 멸망을 생각나게 하는 불행한 죽음, 곧 인간의 죽음이 왜 있는지를 생각해 보십시오.

이 세상에서 우리가 경험하는 것은 모두 가변적입니다. 우리는 자신이 세운 목표를 이룰 수도 있고, 못 이룰 수도 있습니다. 하지만 죽음은 100% 확실합니다. 누구도 예외가 없는 엄연한 현실이 바로 죽음입니다. 우리는 나이를 가리지 않고 죽음을 맞이하는 사람들을 주변에서 쉽게 봅니다. 그러면서도 우리는 정작 이유도 모른 채, "인간은 원래 죽는 것 아닙니까?"라고 말합니다.

성경은 인류의 시초부터 있었던 죽음의 원인을 분명히 밝힙니다. 이에 대해 바울은 로마서에서 다음과 같이 정리했습니다.

"그러므로 한 사람으로 말미암아 죄가 세상에 들어오고 죄로 말미암아 사망이 들어왔나니 이와 같이 모든 사람이 죄를 지었으므로 사망이 모든 사람에게 이르렀느니라"(롬 5:12).

죽음의 원인은 바로 죄입니다. 성경은 이 죄로 말미암아 사망이 들어왔다고 말합니다. 그래서 모든 자연 세계까지 죽음이 있게 된 것입니다. 우주의 별들도 태동과 소멸을 반복함으로써, 죽음이라는 그림자가 똑같이 있음을 보게 됩니다. 이처럼 이 세상에는 죽거나 소멸하지 않는 것은 아무것도 없습니다.

본문에서 예수님은 빌라도에 의해 죽거나 사고로 죽은 사람들과 같이 육체적인 죽음 정도가 아닌 망하는 것을 말씀하심으로써 결국 영원한 사망에 이르지 말라고 말씀하신 것입니다. 특히 회개하지 아니하면 '다' 망하리라고 말씀하심으로써 예외가 없다고 말씀하십니다. 따라서 회개하지 않으면, 단 한 가지 결론밖에 없습니다. 자신의 죄를 따라 멸망하는 것입니다. 예수님은 그렇게 되지 않도록 회개할 것을 말씀하십니다. 이는 반대로 말하면 회개하면 망하지 않는다는 말씀이기도 합니다.

이처럼 우리가 회개해야 하는 이유는, 자신의 죄로 인한 영원한 불행, 곧 육체적인 죽음을 넘어 영원한 죽음에 이르지 않도록 하기 위함입니다. 이를 위해 예수님은 회개해야 한다고 강조하시는 것입니다.

멸망치 않고 영생을 얻는 길

성경이 멸망하지 않고 구원을 얻는 길로서 회개를 말할 때, 이 회개에는 믿음이 내포되어 있습니다. 어떤 곳에서는 회개와 믿음을 함께 말하기도 하고, 어떤 곳에서는 믿음만 말하기도 합니다. 믿음만 말하든 회개만 말하든 그것은 모두 회개와 믿음을 함께 말하면서 믿고 회개함으로 구원을 얻음을 말합니다. 결국 영원한 멸망에 이르지 않으려면 회개와 믿음이 함께 있어야 한다는 말입니다.

실제로 예수님은 본문에서 회개하면 멸망하지 않을 수 있다는 것을 내포해서 말씀하셨지만, 요한복음 3장 16절에서는 "그를 믿는 자마다 멸망하지 않고 영생을 얻게 하려 하심이라"고 말씀하셨습니다. 결국 예수 그리스도를 믿으면 또 회개하면 멸망하지 않고 오히려 영생을 얻는다고 더욱 적극적으로 말씀해 주신 것입니다.

"어차피 늙으면 죽는 것 아닙니까? 나는 그 이상 생각하고 싶지 않습니다."라고 한다면 할 말이 없습니다. 하지만 죽음에 대해 심각하게 생각하거나, 죽음을 갑작스럽게 직면한 사람에게 멸망하지 않고 영생 얻는 길이 있다는 소식은 정말 놀라운 소식입니다.

우리 모두 죄가 있고, 그 죄로 인해 예외 없이 죽을 수밖에 없는 조건에서 그 소식을 생각해 보십시오. 설사 망대가 무너져 죽는 것과 같은 불행한 죽음은 피할 수 있을지 몰라도 언젠가는 죄의 삯으로 있는 죽음을 맞이해야 하고, 육체적인 죽음 이후에는 심판을 받아 영원한 사망에 이르러야 하는 조건에서 말입니다. 그런데 예수 그리스도를 믿고 회개하면 멸망하지 않는 것을 넘어서 영생을 얻는다고 말합니다. 이렇게 기독교는 인간이 이 세상에서 들을 수 있는 최고의 소식, 죽어야 하는 인간이 듣는 소식 중 최고의 소식인 복음을 말합니다.

물론 예수님께서 그렇게 말씀하신 것은 우리가 범한 죄의 삯인 사망과 영원한 형벌을 자신이 대신 지시고 십자가에 달려 죽으시고 부활하심으로써 이루실 것에 근거한 것입니다. 이는 우리의 죄에 대한 삯을 완전히 지불하시는 것을 말합니다.

죄는 영원한 사망과 형벌이라는 삯을 요구합니다. 그런데 예수님은 믿는 자들의 죄의 삯을 자신이 십자가에서 다 담당하시고 죽으심으로 멸망하지 않고 영생을 얻는다고 말씀하신 것입니다. 실제로 예수님은 역사 속에서 죄 없이 십자가에 달려 죽으셨습니다. 우리의 죄를 지신 분으로서 죽으시고 3일 만에 부활하심으로써 이를 입증하셨습니다.

지금까지 온 세계 수많은 사람이 자신의 죄로 멸망해야 하는 조건에서 예수 그리스도를 믿음으로써 또 자신의 죄를 회개함으로써 구원받았습니다. 이 세상의 역사 속에는 바로 이러한 구원의 역사가 있습니다. 지위 고하를 막론하고 인종을 초월하여 자신이 어떤 죄를 가지고 있든 예수 그리스도를 믿음으로 회개하여 구원을 얻었습니다.

멸망에서 돌이켜 생명의 길로 부르는, 말씀

중요한 것은 이러한 과정에서 하나님의 말씀을 듣는 일이 있다는 사실입니다. 그동안 자신이 몰랐던 하나님의 말씀을 들음으로써 구원을 얻게 됩니다. 다시 말해 한 사람이 예수 그리스도를 믿고 회개하여 구원 얻는 과정에서 사용된 방편은 모두 하나님의 말씀입니다.

구원은 우리 스스로 뭔가를 해서 얻는 것이 아닙니다. 기독교의 구원 역사는 하나님의 말씀이라는 방편을 통해 일어납니다. 그런 점에서 하나님의 말씀을 듣는 여러분의 마음에 어떤 움직임이 있는지를 한번 보십시오. 만일 멸망하지 않기 위해 예수를 믿고 회개하고 싶다는 마음의 움직임이 자신에게 있다면, 그것은 지금까지 살면서 가져 보지 못했던 경험임을 알아야 합니다. 그러한 반응은 저절로 생기는 것도 아니요, 우리 스스로 가질 수 있는 것도 아닙니다. 성경은 그것을 하나님의 말씀을 통해 성령 하나님께서 감화, 감동하시는 신적인 역사라고 말합니다.

그러니 그러한 마음의 감동을 무시하지 마십시오. 여러분을 죄와 영원한 사망에서 구원하기 위한 말씀을 소홀히 여기지 마십시오. 안타깝게도 어떤 사람은 그것을 눌러 버립니다. 세상 즐거움이나 세상 염려에 마음을 쓰면서 그것을 금방 잊어버리는 사람들도 있습니다. 그렇게 하다가 삶을 마무리하게 되면 그는 당연히 구원을 얻지 못합니다. 하지만 그런 감동을 따라 예수 그리스도가 나의 죄를 해결하신 분임을 믿고, 그 은혜에 감사하면서 죄에서 돌이켜 예수 그리스도를 따르는 사람은 죄를 용서받고 구원을 얻습니다.

회심의 시작은 바로 이러한 말씀을 통해 예수를 믿고 회개하고 싶다는 마음이 일어나는 것입니다. 다시 말해 회심의 시작은 하나님의 말씀을 들음으로써 있게 됩니다. 이는 하나님께서 여러분에게 기회를 주시는 것입니다. 그러므로 이러한 말씀을 통해 마음에 감동이 생겼다면 그 감동을 따라서 예수를 믿으십시오. 또한 자신이 얼마나 구원이 필요한 죄인인지를 하나님께 고백하면서 옛 생활에서 돌이키십시오.

또한 여러분의 마음에 회개하여 구원받고자 하는 반응이 생기는 것은 다른 말로 하면 하나님의 부르심입니다. 하나님이 여러분을 구원으로 부르시는 것입니다.

우리에게는 무엇을 해도 채워지지 않는 영혼의 목마름이 있습니다.

이것은 세상에서 성공한 사람들도 감출 수 없는 영혼의 목마름입니다. 그래서 하나님은 이렇게 말씀하십니다.

"오호라 너희 모든 목마른 자들아 물로 나아오라 돈 없는 자도 오라 너희는 와서 사 먹되 돈 없이, 값 없이 와서 포도주와 젖을 사라"(사 55:1).

생명수로 이끄는 하나님의 말씀을 통해 영혼의 목마름을 해갈 받으라는 것입니다. 그리고 이어서 이렇게 말씀하십니다.

"너희는 귀를 기울이고 내게로 나아와 들으라 그리하면 너희의 영혼이 살리라…"(사 55:3).

이렇게 하나님은 오늘도 우리를 부르십니다. 이 하나님의 부르심을 거역하지 마십시오. 만일 거역하면 여러분은 너무나도 큰 것을 잃게 됩니다. 아니 자신의 존재와 삶 속에서 가장 소중한 것, 더 나아가 미래의 운명까지 좌우하는 영원한 복을 결정적으로 놓치게 됩니다.

회개의 기회를 저버리지 말라

혹시 이것을 끝까지 부정하고 싶은 욕구가 있습니까? 성경은 그것을 악한 영의 역사라고 말합니다. 우리가 하나님께로 나아가는 것을 악한 영이 방해하는 것입니다. 그래서 사람들은 자신에게 유익이 될 이 좋은 얘기를 부정하고 거부합니다. 아무리 하나님을 모른다고 해도 자신들이 하는 말로 50대 50임에도 따라서 둘 중에 긍정적인 쪽을 원하는 것이 자연스러울 텐데도, 사람들은 그것을 거부합니다. 바로 육체와 악한 영의 역사를 따라서 말입니다.

우리는 눈에 보이는 물질세계가 전부가 아님을 알아야 합니다. 사실 우리는 물질세계의 근원에 대해서도 알지 못합니다. 모두 가설을 가지고 말할 뿐입니다.

하지만 성경은 그러한 물질세계를 넘어 영적인 세계까지 말합니다. 하나님이 계시고, 그 하나님을 거역한 사탄의 활동과 역사가 있다고 말입니다. 그래서 이 세상에 끝없이 악을 도모하고 죄를 범하는 일이 있는 것입니다.

그런 점에서 구원으로 부르시는 하나님의 부르심을 거역하면 크고도 영원한 복을 놓치는 것입니다. 하나님은 우리를 오랫동안 참으시고 인자하심을 베푸시는 가운데 구원으로 부르십니다. 그 증거는 여러분이 지금 살아서 죽기 전에 복음을 듣고 있다는 사실입니다. 그리고 이 복음을 통해 하나님의 부르심을 경험하고 있다는 것입니다.

로마서 2장 4절은 "혹 네가 하나님의 인자하심이 너를 인도하여 회개하게 하심을 알지 못하여 그의 인자하심과 용납하심과 길이 참으심이 풍성함을 멸시하느냐"라고 말합니다. 하나님께서 우리를 회개로 부르시기까지 자신의 인자하심을 나타내시면서 우리를 용납하시고 길이 참으시는데, 사람들은 그런 하나님의 오래 참으심을 무시하고 멸시합니다. 그러나 우리는 잊지 말아야 합니다. 하나님은 그에 대해서 무한대로 참으시지는 않는다는 사실을 말입니다.

예수를 믿기 전까지 사람들은 이러한 사실을 거의 생각하지 않습니다. 예수를 믿고 나서야 비로소 하나님께서 아무것도 모르고 죄를 지으며 살던 나를 이렇게 오래 참으시고 인자하심을 베푸셨음을 깨닫고 고백하게 됩니다.

불행하게도 어떤 사람은 회개에 이르도록 하시는 이러한 하나님의 인자하심과 오래 참으심을 끝까지 무시합니다.

그럼에도 하나님은 너무나도 은혜로우셔서 그대로 내버려두면 끝까지 멸망으로 나아가게 될 사람 중 어떤 사람들, 곧 "자기 백성"(마 1:21), 세상 중에서 "내게 주신 자들"(요 17:9)로 말하는 자들을 흔들어서 회개로 부르시는 일을 하십니다. 종종 그가 소중하게 여기는 것을 잃게 만들거나 질병으로 눕게 만들고, 심지어는 죽음의 위험 앞에 서게도 하시고, 자신이 좋아서 한 일을 실패하게 하시는 일을 섭리 가운데 행하셔서 몇십 년의 인생보다 더 중요하고 심각한 멸망에 이르지 않도록 하는 일을 행하십니다. 그것은 인간에게 고집스럽고 교만하여 그렇게 하기 전까지는 쉽게 회개하지 않고 버티는 죄성이 있기 때문입니다.

만일 그런 경험 속에서 회개한다면, 분명 너무나도 고통스럽고 힘든 일이 될 것입니다. 그러나 그런 아픔이 계기가 되어 예수를 믿게 된 사람들은 놀랍게도 모두 예외 없이 그렇게 해서라도 자신을 구원으로 이끌어 주신 하나님께 감사하며 찬양하게 됩니다. 그전까지 그렇게 교만하던 사람이 눈물을 흘리면서 감사하고 감격합니다.

자기 의로 가득하여 예수 그리스도를 거역하고 대적하며 살았던 바울도 예수님을 만나고 난 뒤 이렇게 고백했습니다.

"내가 전에는 비방자요 박해자요 폭행자였으나 도리어 긍휼을 입은 것은…"(딤전 1:13).

그러면서 그는 이렇게 외쳤습니다.

"미쁘다 모든 사람이 받을 만한 이 말이여 그리스도 예수께서 죄인을 구원하시려고 세상에 임하셨다 하였도다 죄인 중에 내가 괴수니라"(딤전 1:15).

사실 바울은 도덕적으로 보면 '죄인 중의 괴수'에 해당할 만한 사람이 아닙니다. 그럼에도 그는 예수를 만나고 나서 "죄인 중에 내가 괴수니라"(딤전 1:15), "예수 그리스도께서 내게 먼저 일체 오래 참으심을 보이"셨다고(딤전 1:16) 고백했습니다. 그러면서 현재의 자신에 대해서는 "내가 나 된 것은 하나님의 은혜로 된 것이니"(고전 15:10)라고 말했습니다. 비록 안정적이고 평안하며 남부럽지 않던 삶이 순식간에 흔들리는 충격과 고통을 겪는 일이 있어도, 그것을 통해 예수 그리스도께로 인도된 자는 모두 바울처럼 고백하게 됩니다. 하나님께서 그동안 자신에 대해 오래 참으시고 인자하심과 용납하심을 베푸시면서 자신을 그리스도께로 불러 주신 것이 정녕 은혜라는 사실을 말입니다.

그러므로 여러분, 멸망하지 않도록 회개로 부르시는 이 하나님의 부르심을 저버리지 마십시오. 지금까지 인자하심을 베풀면서 오래 참으시다가 지금 기회를 주시는 줄 알고, 본문 말씀을 통해 여러분을 부르시는 것에 응답하십시오. 무엇보다도 여러분이 멸망하지 않도록 하는 이 부르심을 놓치지 마십시오.

어느 길로 가려는가

예수님은 우리에게 두 길 외에는 다른 길이 없다고 말씀하십니다. 하나는 회개하지 아니함으로 다 멸망하는 것이고, 다른 하나는 회개하여 요한복음 3장 16절 말씀처럼 예수 그리스도를 믿어 멸망하지 않고 영생을 얻는 것입니다.

여러분은 어느 길을 가기 원하십니까? 정상적이라면 본문을 통해 성령께서 주신 감동을 따라 회개함으로 멸망하지 않길 원할 것입니다. 그러한 감동을 따라 예수 그리스도를 믿으시길 바랍니다. 지금까지 하나님 없이 살아온 것이 죄임을 알고, 그 죄를 고백하면서 옛 생활에서 돌이켜 예수 그리스도를 믿고 따르십시오. 그리하면 멸망하지 않고 영생을 얻습니다. 예수님은 예수 믿는 자들이 얻는 영생에 대해 다음과 같이 말씀하셨습니다.

"예수께서 이르시되 나는 부활이요 생명이니 나를 믿는 자는 죽어도 살겠고 무릇 살아서 나를 믿는 자는 영원히 죽지 아니하리니…"(요 11:25-26).

이것은 부활의 생명을 말씀하신 것입니다. 자기 죄로 멸망해야 하는 인간에게 다른 길이 있다는 것을 말씀하셨습니다. 예수 그리스도를 믿고 회개함으로써 부활의 생명, 곧 하나님과 영원히 함께하는 영생의 삶이 있다는 것을 말입니다. 그러니 이 길을 구하십시오. 이 생명을 얻으십시오. 예수 그리스도를 믿음으로 또 회개함으로 이 구원을 놓치지 마십시오. 예수 그리스도께서 나 같은 죄인을 구원하실 분이라고 믿으십시오. 그러면 구원을 얻습니다. 여기서 멈추거나 돌아서서 잊어버리지 말고, 부디 예수 그리스도를 구주로 믿어 멸망하지 않고 영생을 얻는 결론에 이를 수 있기를 바랍니다.

2장
핵심
요약

- 우리는 다른 사람들의 불행한 죽음을 우리를 위한 경고로 삼고 회개 함으로써 멸망하지 않도록 해야 한다. 이 멸망은 죄에 대한 영원한 형벌을 받는 상태를 말하기 때문이다.

- 성경이 멸망하지 않고 구원 얻는 길로서 회개를 말할 때, 이 회개에는 믿음이 내포되어 있다. 결국 영원한 멸망에 이르지 않으려면 회개와 믿음이 함께 있어야 한다.

- 예수 그리스도를 믿고 회개하면 멸망하지 않는 것을 넘어서 영생을 얻는다. 이는 예수 그리스도께서 자신을 믿는 자들의 죄의 삯인 사망과 영원한 형벌을 다 담당하시고 죽으시고 부활하신 것에 근거한 약속이다.

- 예수 그리스도를 믿고 회개하여 구원을 얻는 과정에서 사용되는 방편은 모두 하나님의 말씀이다. 성령 하나님은 하나님의 말씀을 듣는 우리의 마음을 감화, 감동하심으로 예수를 믿고 회개하려는 마음을 주신다.

- 그러한 마음은 우리를 구원으로 부르시는 하나님의 부르심이다. 이 부르심을 거역한다면 우리는 가장 소중하고 영원한 복을 결정적으로 놓치게 된다.

- 하나님은 자신의 인자하심을 나타내시면서 우리를 길이 참으시는 가운데 우리를 구원으로 부르신다는 것을 잊지 말라. 그러나 그 참으심은 무한대로 있는 것은 아니라는 사실 또한 기억하라.

3장

생명과 구원을 위한 유일한 길

¹⁶ 바울이 아덴에서 그들을 기다리다가 그 성에 우상이 가득한 것을 보고 마음에 격분하여 ¹⁷ 회당에서는 유대인과 경건한 사람들과 또 장터에서는 날마다 만나는 사람들과 변론하니 ¹⁸ 어떤 에피쿠로스와 스토아 철학자들도 바울과 쟁론할새 어떤 사람은 이르되 이 말쟁이가 무슨 말을 하고자 하느냐 하고 어떤 사람은 이르되 이방 신들을 전하는 사람인가보다 하니 이는 바울이 예수와 부활을 전하기 때문이러라 ¹⁹ 그를 붙들어 아레오바고로 가며 말하기를 네가 말하는 이 새로운 가르침이 무엇인지 우리가 알 수 있겠느냐 ²⁰ 네가 어떤 이상한 것을 우리 귀에 들려 주니 그 무슨 뜻인지 알고자 하노라 하니 ²¹ 모든 아덴 사람과 거기서 나그네 된 외국인들이 가장 새로운 것을 말하고 듣는 것 이외에는 달리 시간을 쓰지 않음이더라 ²² 바울이 아레오바고 가운데 서서 말하되 아덴 사람들아 너희를 보니 범사에 종교심이 많도다 ²³ 내가 두루 다니며 너희가 위하는 것들을 보다가 알지 못하는 신에게라고 새긴 단도 보았으니 그런즉 너희가 알지 못하고 위하는 그것을 내가 너희에게 알게 하리라 ²⁴ 우주와 그 가운데 있는 만물을 지으신 하나님께서는 천지의 주재시니 손으로 지은 전에 계시지 아니하시고 ²⁵ 또 무엇이 부족한 것처럼 사람의 손으로 섬김을 받으시는 것이 아니니 이는 만민에게 생명과 호흡과 만물을 친히 주시는 이심이라 ²⁶ 인류의 모든 족속을 한 혈통으로 만드사 온 땅에 살게 하시고 그들의 연대를 정하시며 거주의 경계를 한정하셨으니 ²⁷ 이는 사람으로 혹 하나님을 더듬어 찾아 발견하게 하려 하심이로되 그는 우리 각 사람에게서 멀리 계시지 아니하도다 ²⁸ 우리가 그를 힘입어 살며 기동하며 존재하느니라 너희 시인 중 어떤 사람들의 말과 같이 우리가 그의 소생이라 하니 ²⁹ 이와 같이 하나님의 소생이 되었은즉 하나님을 금이나 은이나 돌에다 사람의 기술과 고안으로 새긴 것들과 같이 여길 것이 아니니라 ³⁰ 알지 못하던 시대에는 하나님이 간과하셨거니와 이제는 어디든지 사람에게 다 명하사 회개하라 하셨으니 ³¹ 이는 정하신 사람으로 하여금 천하를 공의로 심판할 날을 작정하시고 이에 그를 죽은 자 가운데서 다시 살리신 것으로 모든 사람에게 믿을 만한 증거를 주셨음이니라 하니라 ³² 그들이 죽은 자의 부활을 듣고 어떤 사람은 조롱도 하고 어떤 사람은 이 일에 대하여 네 말을 다시 듣겠다 하니 ³³ 이에 바울이 그들 가운데서 떠나매 ³⁴ 몇 사람이 그를 가까이하여 믿으니 그 중에는 아레오바고 관리 디오누시오와 다마리라 하는 여자와 또 다른 사람들도 있었더라 _ 행 17:16-34

기독교 신앙의 핵심

월터 챈트리(Walter J. Chantry)는 "누구든지 천국에 들어가려면 믿음이라는 어머니도 있어야 하지만, '회개'라는 아버지도 있어야 한다."[1]라고 말했습니다. 즉 회개와 믿음이 함께 있어야 천국에 들어간다는 말입니다.

오늘날 많은 사람이 성경이 말하는 이런 회개와 믿음보다 "예수를 믿으면 행복해집니다!", "예수를 믿으면 질병과 가정의 모든 문제와 어려움이 해결되고 복을 받습니다!" 등과 같은 말을 더 많이 들었을지도 모릅니다. 실제로 인생의 힘든 문제를 해결하고 싶어서 신앙생활을 하는 사람들도 적지 않습니다.

어느 일간 신문에 끼어 있는 한 기도원 전단지 광고에는 다음과 같은 내용이 게재되어 있었습니다.

- 갑상선 부종, 부도, 3일 금식기도로 연 매출 200억의 축복을 받게 되었습니다(소 아무개).
- 인생에서 실패하게 되자 아내의 전도로 교회 기도원 다니면서 연 매출 200억의 축복을 받게 되었습니다(김 아무개).
- 미장원 사업이 망하고 유방암까지 생겼지만 5일 금식기도하고 연 매출 100억의 축복을 받게 되었습니다(여 아무개).[2]

이러한 광고는 기독교를 크게 왜곡하는 것입니다. 물론 하나님은 물질적인 축복을 주시기도 하고, 현실적인 문제를 해결해 주실 수도 있으십니다. 성경에는 하나님께서 믿는 자들에게 물질적인 복을 주시고, 기적을 행하셔서 질병을 고치시는 사례들이 상당히 많이 나옵니다. 그럼에도 기독교를 현실의 문제 해결을 위한 종교 수준으로 이해한다면, 기독교를 크게 오해하고 왜곡하는 것입니다. 기독교가 이 세상과 우리 모두를 향하여 일차적으로 강조하는 바는 회개하고 예수 그리스도를 믿음으로써 영원한 생명과 구원을 얻는 것입니다.

안타깝게도 오늘날 교회들은 그런 회심이 있는 구원 대신에 몸의 질병이 낫고, 마음의 문제를 치유하는 것 등을 기독교의 주요 메시지인 양 상품처럼 팔고 있습니다. 이는 기독교의 옷을 입고 사람들을 현혹하는 것입니다.

성경은 누구든지 기독교의 참된 것을 알고 소유하려면 그 무엇보다도 자신의 죄가 해결되고, 그 죄로부터 구원을 얻어야만 한다고 말합니다. 기독교는 바로 이 세상에서 누구도 스스로 해결할 수 없는 죄와 그 삯으로 있는 사망과 영원한 형벌이라는 중요한 문제를 해결하고, 영원한 생명을 소유하는 문제를 말하고 있습니다. 이것으로부터 시작되지 않는 기독교는 기독교가 아닙니다. 성경에서 말하는 구원은 대충 건너뛴 채, 그저 교회 생활 잘하면서 이 땅에서 건강하고 많은 물질을 얻는 것을 신앙과 삶으로 얘기한다면, 이는 기독교가 말하는 신앙과 삶이 아닙니다.

무질서한 인간의 본성과 왜곡된 종교성

사도행전 17장에 기록된 설교에서 바울은 기독교가 무엇으로부터 시작하며, 또 무엇을 중요하게 여기는지 잘 말해 줍니다. 바울이 1세기부터 지금까지도 모든 철학적 사유들의 기원이 되는 그리스 철학의 중심지인 아덴(아테네)에 가서 그 말씀을 전했습니다. 그곳에서 바울은 아테네 사람들이 섬기는 다양한 우상을 보았습니다. 바울은 그렇게 우상에 빠진 자들에게 예수 그리스도가 어떤 분이신지, 또 그분이 자신의 삶과 사역 속에서 어떤 일을 행하셨는지를 전해 주었습니다. 사도행전 본문은 이때 바울이 예수와 부활을 전했다고 말합니다(18절).

그러한 바울의 말에 사람들은 지적인 호기심을 갖게 되었습니다. 그동안 들어보지 못한 새로운 가르침에 대해 알고 싶다는 반응을 보였던 것입니다. 바울은 그런 아테네 사람들에게 소크라테스와 같은 유명한 그리스 철학자들이 섰던 아레오바고에 서서 말씀을 전했습니다. 사도행전 말씀은 그때 전했던 내용을 핵심적으로 요약한 것으로 보입니다. 그리고 우리는 여기서 세 가지 사실을 보게 됩니다.

첫째, 바울은 구원받기 전 인간의 조건을 설명하고, 둘째, 구원받기 위해 어떻게 해야 하는지에 대한 방법을 제시하며, 셋째, 그 결과가 무엇인지를 언급합니다.

먼저 바울은 아테네 사람들이 가진 구원받기 전 인간의 조건에 대해 말합니다. "…그 성에 우상이 가득한 것을 보고…"(16절). 바로 이것이 구원받기 전 인간의 모습입니다.

또 사람들은 바울이 예수 그리스도와 부활에 대해 전했을 때, 그저 어떤 이방 신을 말한다고 생각했습니다. 구원받기 전의 상태인 사람들은 예수를 말하면 이런 식으로 받아들입니다. 즉 새로운 가르침이나 신기한 신화 정도로 받아들여, 그에 대한 호기심 차원의 관심을 드러냅니다.

또한 그들은 '알지 못하는 신'이라는 이름을 짓고 제단을 쌓아 섬겼습니다. 그들은 당시 유행하던 에피쿠로스나 스토아철학과 같이 이 세상 철학과 사상에 관심을 갖고 그것으로 삶에 도움을 받고 있었고, 하나님을 "금이나 은이나 돌에다 사람의 기술과 고안으로 새긴 것들과 같이"(29절) 여기면서 우상을 섬기고 있었습니다.

이처럼 그들은 하나님에 대해 무지할 뿐만 아니라 하나님을 왜곡하여 우상을 숭배하고 있었습니다. 그들은 이런 우상 숭배의 죄로부터 시작해서 헤아릴 수 없이 많은 죄를 마음과 행실로 지으면서 살아가고 있었습니다. 그런데 이런 모습은 구원받기 전, 즉 회심하기 전 인간의 조건을 말하는 것입니다.

실제로 회심하지 않은 사람들은 대부분 이 아테네 사람들과 같은 모습을 가지고 살아갑니다. 꼭 금이나 은이나 돌로 만든 우상이 아니더라도 나름대로 마음을 지배하는 자신만의 우상들, 즉 돈이나 성공 또는 자신의 자아를 신으로 삼아 계속해서 그 우상을 섬기며 살아갑니다. 심지어 그것이 우상이라는 사실도 모른 채 섬기며 살아갑니다. 마치 아테네 사람들이 '알지 못하는 신'을 섬긴 것처럼 신이 구체적으로 누구인지에는 관심이 없습니다. 어떤 신이든 상관없으니 그저 나를 도와주면 좋겠다고 생각할 뿐입니다.

오늘날에도 많은 사람이 그저 자신의 유익을 얻기 위해서나 영혼의 갈증을 해소하기 위해서 어떤 신이든 섬기려 하고 그 모습을 드러내는 것을 봅니다. 그리고 그것에 더하여 이 세상에서 유행하는 사상과 철학, 문화와 각종 지식에 관심을 갖고 도움을 받으며 살아갑니다.

인간의 근원적인 죄

많은 사람이 그것들이 자신의 영혼을 혼란에 빠뜨리고 어지럽힌다는 사실은 전혀 모른 채, 거기에 영향을 받으며 그것들을 활용하고 있습니다. 무엇보다 큰 문제는 결국 하나님을 싫어하고 왜곡하며 거부하는 방향으로 나아간다는 사실입니다. 하나님을 싫어하고 거부하는 가치관과 삶의 방식을 따라 죄를 범하며 살아가는 것입니다.

이렇게 회심하기 전 사람들은 자신의 삶이 죄로 점철되어 있다는 것을 알지 못한 채 죄를 지으면서 살아갑니다. "만민에게 생명과 호흡과 만물을 친히 주시는"(25절) 하나님을 인정하지도 않고, 감사하지도 않는 죄의 길에서 방황하는 것입니다.

그렇게 회심하기 전까지 사람들은 자신의 상태를 낙관합니다. 부모를 통해 받은 생명으로 자기 생각과 결정에 따라 사는 것을 지극히 자연스럽게 여깁니다. 바울이 사도행전 17장 28절에서 "우리가 그를 힘입어 살며 기동하며 존재하느니라"고 분명히 말한 사실을 인정하지 않는 것입니다. 로마서 1장에서도 말하는 것처럼, 하나님을 인정하지 않습니다. "하나님을 영화롭게도 아니하며 감사하지도 아니하고"(21절), 오히려 "썩어지지 아니하는 하나님의 영광을 썩어질 사람과 새와 짐승과 기어 다니는 동물 모양의 우상으로 바꾸었"습니다(23절).

인간은 스스로 생명을 창조하지 못하고, 그 생명을 유지하는 것조차도 스스로 해내지 못합니다. 우리가 사는 이 세상 조건은 인간이 스스로 창조한 것이 아닙니다. 태어나 보니 땅이 있었고, 공기가 있었으며, 그 외 '만물'이 있었습니다. 우리는 그저 하나님이 창조하신 세상의 질서 속에서 그 가운데 허락하신 만물을 누리며 살아갈 뿐입니다. 그러하신 하나님에 대해 무지하여 그분을 인정하지 않는 것, 결국 그분을 믿지 않는 것은 인간이 범하는 죄 중에 가장 큰 죄이고, 근원적인 죄입니다.

세상에는 나름대로 모범적으로 산 사람들이 있습니다. 도덕적으로 훌륭하게 살았을 뿐만 아니라 사회적인 성공까지 거둔 소위 인정받을 만한 사람들이 분명히 있습니다.

채워지지 않는 인간의 갈망

하지만 인간은 지금까지 말한 죄, 즉 하나님을 인정하지 않고 믿지 않는 것으로부터 시작해서 하나님 대신 각종 우상을 섬기는 죄를 쉴 새 없이 지으면서 살아갑니다. 심지어 스스로 무신론자라 자처하는 사람들조차 본성적으로 우상을 두고, 섬깁니다. 바울이 아테네 사람들에게 "너희를 보니 범사에 종교심이 많도다"(22절)라고 말한 대로, 모든 인간에게는 종교심 또는 종교성이 있기 때문입니다. 이 때문에 모든 사람은 예외 없이 신이나 신을 대신할 만한 것을 찾아 섬깁니다. 바울은 이러한 모습을 "하나님을 더듬어 찾"는(27절) 것으로 말했습니다. 사람들은 저마다 아테네 사람들처럼 거짓 신과 우상을 찾습니다. 종교성을 따라 자신조차 "알지 못하는 신"(23절)을 생각하며 더듬어 찾습니다.

인류 역사를 한번 보십시오. 잠시라도 종교가 없었던 시대나 지역이 있었는지 찾아보십시오. 지금껏 종교가 없는 나라는 존재한 적이 없었습니다. 종교를 말살하려는 시도는 있었지만, 종교는 결코 말살되지 않았습니다. 왜 그럴까요? 하나님께서 인간을 자신의 형상대로 지으셔서 로마서 1장에서 말한 신지식, 결국 종교성을 갖게 하셨기 때문입니다.

이처럼 하나님은 인간을 종교성의 대상이신 하나님과 교통하는 존재로 창조하셨기 때문에, 인간은 모두 예외 없이 하나님을 찾고, 종교를 찾습니다. 누군가 "나는 무신론자다!"라고 말해도, 결국 자기 자신을 신으로 섬기려 하거나 또는 종교와 신앙에 대해 종교적 열심을 가지고 반발하기도 합니다. 무신론자 연합을 만들어서 돈을 모으고 서로 헌신하자고 하면서 사실상 종교적인 열심을 드러내는 리처드 도킨스(Richard Dawkins) 같은 사람이 그 대표적인 예입니다.

이러한 종교성에 대한 더 강력하고 보편적인 증거는 모든 사람이 영혼의 갈증을 가지고 있다는 사실입니다. 사람들은 내면의 깊은 목마름을 해소하기 위해 무언가를 추구하고 거기에 깊이 몰입하며 그것을 의지합니다. 어떤 사람은 종교를 통해 내면의 갈증을 해결하려 하고, 또 어떤 사람은 돈이나 자신이 의지하는 사람을 우상으로 두고 의지하려 합니다. 어떤 사람은 이념과 사상 또는 일과 성공에 몰입하면서 내면의 갈증을 해소하려 하기도 합니다.

문제는 인간이 가진 이러한 본질적인 목마름이 이런 식으로는 결코 해소되지 않는다는 사실입니다. 인류 역사에서 이성(理性)을 가장 중요시 여기며 종교를 무시했던 계몽주의, 합리주의가 태동했을 때도 영혼의 갈증은 해소되지 않았습니다. 첨단과학이 발달한 오늘날에도 영혼의 갈증은 여전히 해갈되지 않고 있습니다. 과거에 비해 삶은 더욱 편리해지고 윤택해졌고, 심지어 우주선을 발사해서 우주 밖으로 나가는 성공을 거두기도 했습니다. 그러나 내면의 본질적인 갈증은 해갈되지 않았기 때문에 사람들은 여전히 신을 찾습니다.

회개로의 부르심

그렇다면 모든 인간이 가진 이 영혼의 본질적인 갈증은 어떻게 해소될 수 있을까요? 그것은 종교성이 본래 가리키는 대상을 알고 소유해야만 가능합니다. 다시 말해 하나님을 만나고 그분을 믿을 때 비로소 이 갈증이 해갈됩니다. 바울은 종교성 또는 영혼의 본질적인 갈증은 아테네 사람들이 섬겼던 우상이나 '알지 못하는 신'을 두고 섬기거나 그 밖에 다른 무엇으로는 결코 해소될 수 없다고 말하면서 그것을 해갈하는 길, 결국 구원을 얻는 길을 말해 줍니다.

> "알지 못하던 시대에는 하나님이 간과하셨거니와 이제는 어디든지 사람에게 다 명하사 회개하라 하셨으니 이는 정하신 사람으로 하여금 천하를 공의로 심판할 날을 작정하시고 이에 그를 죽은 자 가운데서 다시 살리신 것으로 모든 사람에게 믿을 만한 증거를 주셨음이니라 하니라"(30-31절).

여기서 바울은 과거와 달라진 현재 조건을 "이제는"(30절)이라는 말로 표현합니다. 하나님은 예수 그리스도께서 이 땅에 오시기 전까지는 하나님을 더듬어 찾는 것을 간과하셨습니다. 달리 말해 온 인류를 향하여 회개하도록 촉구하시는 일을 연기하셨다는 것입니다. 그러나 "이제는" 예수 그리스도께서 인간의 몸을 입고 오셨습니다. 그리하여 어디든지 모든 세상을 향하여 회개하라고 명하심으로써 회개 여부에 따라 공의로 심판을 받게 하시겠다고 말씀하신 것입니다. 그러므로 예수 그리스도가 오신 이후를 살아가는 우리에게 구원을 얻는 길은 바로 회개입니다.

여기서 회개는 한 인간의 영원한 운명과 관련되어 있습니다. "천하를 공의로 심판할 날을 작정하"셨기(31절) 때문입니다. 그러므로 구원받기 전 인간이 가진 조건에서 가장 중요하게 생각해야 할 사실은 회개하는 것입니다.

하나님은 공의로 심판하실 날을 정하시고 그날 회개 여부에 따라 우리의 운명을 나누실 것입니다. 이에 대해 바울은 다음과 같이 말합니다.

> "이에 그를[예수 그리스도를] 죽은 자 가운데서 다시 살리신 것으로 모든 사람에게 믿을 만한 증거를 주셨음이니라"(31절).

바울은 "믿을 만한 증거"(31절)를 주셔서 하나님께서 공의로 심판할 날을 작정하셨음을 우리가 알게 하셨다고 말합니다. 즉 하나님께서 예수 그리스도를 죽은 자 가운데서 부활하게 하신 것이 바로 이 세상을 공의로 심판하실 날을 정하셨다는 증거입니다. 왜 이것이 증거입니까? 그것은 하나님께서 자기 아들이 십자가에 달려 죽으시고 부활하심으로써, 회개하여 예수 그리스도를 믿는 자에게는 구원을 주시고, 그렇지 않은 자에게는 심판하시는 근거로 삼으셨기 때문입니다. 즉 예수 그리스도의 십자가 사건을 시작으로 장차 있을 심판에 대한 계획을 공개적으로 드러내신 것입니다.

예수 그리스도의 부활은 그 즉시 모든 사람에게 증거가 되었습니다. 신약성경의 마태·마가·누가·요한복음은 우리에게 그 증거를 실제로 목격한 사람들의 증언을 전해 줍니다. 아테네에서 복음을 전한 사도 바울의 기록들도 마찬가지입니다.

예수 그리스도의 부활은 한 사람만의 증언이 아닙니다. 마태, 마가, 누가, 요한 네 사람의 증언이 있습니다. 그 외에도 수많은 사람의 증언이 있지만, 그것을 다 기록하려면 성경책이 무한정 두꺼워져야 합니다. 그래서 성경은 예수 그리스도에 대한 모든 기록을 다 쓸 수 없다고 말하는 것입니다(요 21:25 참조).

사복음서를 기록한 저자들과 사도 바울을 포함한 다른 제자들과 오백여 형제들도 부활하신 예수 그리스도를 보았습니다(고전 15:5-8 참조).

물론 "나는 거기에 없었기 때문에 못 믿겠습니다."라고 한다면 어쩔 수 없습니다. 오늘날 사실임에도 내가 믿고 싶지 않다고 해서 생긴 '이기적 진실'이라는 말이 있는데, 이는 바로 포스트모던 시대의 현상입니다.

하지만 중요한 것은 역사적인 사실입니다. 하나님께서 예수 그리스도께서 죽으셨다가 다시 살아나셨다는 이 역사적인 사실을 통해 모든 사람에게 믿을 만한 증거를 주셨습니다. 하나님은 이 증거를 통해 회개하지 않는 자는 공의로 심판하시겠다는 계획을 나타내 보이신 것입니다. 이제 남은 것은 오늘날 우리가 그 증거를 따라 '회개하느냐 회개하지 않느냐'입니다.

주인이 바뀌지 않은 위선적 신앙

여기서 회개한다는 의미는 교회에 다니고 있음을 말하는 것이 아닙니다. 그것은 구원받지 못한 조건에서의 삶, 곧 생명과 삶의 모든 것을 주신 하나님을 믿지 않은 죄와 그분을 힘입어 살며 움직이며 존재하고 있으면서도 하나님을 인정하지 않고 감사하지도 않는 죄를 시인하며, 그 죄로부터 돌이키는 것을 말합니다. 영혼의 갈증을 스스로 해결하기 위해 하나님 대신 온갖 우상을 의지하고 섬기면서 하나님 없이 살았던 죄들을 시인하고 용서를 구하며 그 죄를 버리는 것입니다.

또한 자신을 죄와 사망에서 구원하시고, 영혼의 본질적인 목마름을 해갈해 주신 예수 그리스도를 구원주로 믿는 것입니다. 바로 이러한 회개와 믿음을 함께 갖는 것이 회심이요, 구원입니다.

많은 사람이 이런 과정 없이 교회를 다니면서 자신은 구원받았다고 생각합니다. 회개하지 않고 그저 예수님께서 나를 죄에서 구원하셨음을 믿는다고 입술로 고백하기만 하면 구원받았다고 생각하는 것입니다. 이런 사람들은 구원받기 전에 사람들이 가지고 있는 조건, 즉 다양한 우상을 섬기며 자신이 모든 삶에서 주인처럼 살아가는 특징이 있습니다. 교회에 나와서 예배와 기도를 드리고 다양한 섬김을 하면서 예수 믿는 외형은 갖고 있지만, 여전히 자신이 주인입니다. 자신에게 생명과 호흡을 주신 하나님이 주인이 아니라 자기가 신이 되어서 살아갑니다. 이것이 바로 회개 없는 사람들의 특징입니다.

이처럼 교회 안에는 회심하지 않고도 교회 생활을 잘하는 사람들이 제법 많습니다. 그들은 하나님뿐만 아니라 예배나 봉사, 모임도 자신을 위한 것으로 생각하면서 살아갑니다. 하나님도 자신의 필요 때문에 믿습니다. 이렇게 자신을 위해 모든 것을 하는 사람들은 하나님이 기뻐하시는 거룩함과 하나님이 싫어하시는 죄를 거부하는 데 관심을 두지 않습니다.

지난날 교회들은 이런 사람들에게 '육적인 그리스도인'이라는 이름을 붙였습니다. 그들은 마음에 예수님을 영접했지만, 그 마음의 중심에는 자신이 앉아 있는 그림으로 육적인 그리스도인을 설명하기도 했습니다.

그러나 성경에는 육적인 그리스도인이란 말은 없습니다. 바울은 고린도전서에서 영적으로 어린아이와 같은 상태에 있는 사람들을 "육신에 속한 자"(고전 3:3)라고 표현했지만, 그리스도인을 영적 그리스도인과 육적 그리스도인으로 나누어 말하는 것은 성경에 없습니다.

만일 어떤 사람이 여전히 자신이 주인이 되어 살고 있다면, 그는 아직 회개하지 않은 사람입니다. 회개했다는 것은 자신의 주인이 바뀌었음을 의미하기 때문입니다. 따라서 누구든지 구원을 얻으려면 우상을 숭배하고 하나님을 인정하지 않던 삶, 자신이 주인 되어 살았던 삶을 돌이키고 회개해야 합니다.

물론 그리스도인이 되었음에도 고린도 교회의 어린 신자들처럼 육신에 속한 행동을 할 수 있습니다. 그러나 그리스도인이 되었음에도 예수 그리스도를 자신의 구세주와 주인으로 인정하지 않거나 순종하지 않고 여전히 자신이 주인이라면, 그는 어린 신자조차도 안 되는 것입니다.

요한복음 3장 36절은 "아들에게 순종하지 아니하는 자는 영생을 보지 못하고 도리어 하나님의 진노가 그 위에 머물러 있느니라"고 말합니다. 이처럼 성경은 죄를 버리지 않고 영생을 얻은 그리스도에 대해 결코 말하지 않습니다. 다시 말해 이전에 우상을 섬기던 상태, 자신이 주인이 되어 살던 상태에서 돌이키지 않고도 영생과 구원을 얻을 수 있다고 말하지 않습니다. 누구든지 영생을 얻고 싶다면 회개해야만 합니다. 하나님께서 공의로 심판하실 계획을 예수 그리스도의 죽음과 부활을 통해 증거하셨음에도 불구하고 회개하지 않는다면, 그 결과는 공의를 따라 각자 범한 죄에 대해 심판받는 것밖에는 없습니다.

회개로의 부르심에 대한 엇갈린 반응

바울이 이러한 회개와 심판을 아테네 사람들에게 전했을 때, 실질적으로는 두 가지 반응이 있었지만, 그 현장에서 보인 반응은 세 가지였습니다. 이러한 세 가지 반응은 우리에게도 동일하게 나타납니다.

먼저 첫 번째 반응은 조롱하는 것입니다. 특히 바울이 부활을 얘기했을 때 우습게 생각한 사람들이 있었습니다. 마찬가지로 오늘날에도 예수님의 십자가와 부활, 구원을 얻는 길에 대해 말할 때 조롱하는 사람들이 있습니다. 그들은 자신의 조롱으로 인해 스스로를 구원에서 멀어지게 하고 있음을 잊지 말아야 합니다. 회개 없이 계속 그 상태로 있으면 그는 하나님의 공의로 자신이 범한 죄에 대해 심판받을 것입니다. 만일 심판이 있다는 사실조차 못 믿겠다면, 그는 죽음을 통해 확인하게 될 것입니다. 그러나 그런 개인적인 확인에 앞서서 성경은 죽음을 이기신 그분에 대해 많은 증거를 말하고 있습니다. 그런데도 못 믿겠다고 하며 죽음으로 나아갔을 때는 이미 늦은 것입니다.

두 번째 반응은 나중에 다시 듣겠다는 것입니다. 그들 중 어떤 사람들은 구원에 대한 말씀을 듣고 결단을 미루었습니다. 바울이 알지 못하는 신과 하나님에 대해 말하고, 그들이 가지고 있는 철학과 사상을 말할 때까지는 가만히 있었습니다. 마치 우리가 호기심을 갖고 있는 사상과 문화에 대해 말할 때는 가만히 잘 듣는 것과도 같습니다.

그러나 그 이후 회개하라는 말과 함께 예수 그리스도의 죽으심과 부활을 근거로 공의로 심판하신다는 말을 듣고 난 뒤에는 나중에 듣겠다고 하면서 결단을 미루었습니다. 바울은 그렇게 미룬 사람들에게 사정하지 않고 그들을 떠났습니다. 핍박과 공격을 받았을 때도 그 자리를 쉽게 떠나지 않았던 바울이, 이러한 태도를 보인 사람들에 대해선 떠났던 것입니다.

만약 바울이 회개하라는 말과 공의로 심판받는다는 말을 꺼내지 않았다면 그는 사람들로부터 환영받았을 것입니다. 이것은 지금도 마찬가지입니다. 오늘날 많은 사람이 예수 믿어 잘되고 복을 받는 얘기를 좋아합니다. 사람이 많이 모이는 교회일수록 그들이 싫어하는 회개와 심판은 좀처럼 말하지 않습니다. 교회에 나온 사람을 죄인 취급하며 회개하라고 하면 기분 나빠하기 때문입니다.

또 심판을 말하면 자신을 위협한다고 생각하며 힘들어하는 반응 때문에 교회에서 많은 설교자가 회개를 지나칩니다. 그러면서 회개 없이도 예수를 믿겠다고 고백하면 구원을 얻고 심지어 하나님께서 이 땅에서 잘되게 하시고 복을 줄 것이라고 말합니다. 그러나 이는 기독교가 말하는 구원이 아닙니다.

여러분도 회개와 심판에 대해 들을 때 마음이 불편해지고, 미루고 싶어집니까? 그러나 우리는 이것을 기억해야 합니다. 미루는 것은 내가 얼마든지 할 수 있습니다. 하지만 바울이 떠남으로써 그들은 다시 들을 수 있는 기회를 얻지 못하고, 그것이 마지막이 되어 버렸습니다.

"무슨 소리예요? 다음에 또 들으면 되죠?"라고 말하는 사람이 있습니까? 그러나 우리의 마음은 우리 마음대로 안 될 수도 있다는 것을 기억해야 합니다.

저는 지금까지 목회하면서 "다음에 꼭 봐요."라고 말했지만, 그 사이에 죽은 사람을 본 적이 있습니다. 결국 그때가 그 사람이 복음을 들을 수 있었던 마지막 기회였습니다. 이처럼 우리는 내일 무슨 일이 있을지조차 알 수 없습니다. 이렇듯 우리가 회개와 심판에 대한 말씀을 듣고 그에 대한 반응을 미루었는데, 그것으로 끝나고 더 이상 기회가 주어지지 않는 경우가 얼마든지 있을 수 있습니다.

마지막으로 세 번째 반응은 놀랍게도 몇 사람이 바울을 가까이하여 더 들음으로써 회개하고 예수 그리스도를 믿었다는 것입니다. 그들은 상대적으로 소수였지만 하나님이 생명의 창조자요, 주권자이시며, 예수 그리스도 안에서 구원하시고 심판하신다는 사실을 믿었습니다. 우상 숭배하고, 자신이 주인 되어 살면서 하나님을 무시하던 상태에서 돌이켜 회개하며 예수 그리스도를 자신의 구원주로 믿었던 것입니다.

그 뒤로 바울은 아주 소수가 믿는 것을 보고 아테네를 떠났습니다. 그런데 그곳에는 이들 몇 사람으로 시작하여 예수 믿는 자들이 늘어났습니다. 거기서 모든 사람이 바울로부터 들은 것이 아니라, 바울을 통해 복음을 들은 사람들의 말을 듣고 예수 믿는 또 다른 사람들이 늘어나게 되었습니다. 그리하여 2세기에 아테네에서는 여러 명의 교회 감독과 순교자들이 나오게 되었습니다. 또 3세기에는 교회가 평안 가운데 든든히 서게 되고, 4세기에는 기독교 학교까지 세워졌습니다. 특히 교회 역사상 유명한 바실(Basil)과 나지안주스의 그레고리(Gregory of Nazianzus)와 같은 신학자들이 아테네에서 수학했습니다. 이처럼 바울은 겨우 몇 사람이 예수 믿는 것을 보고 떠났음에도, 그곳에서 수많은 사람이 회개하여 예수 그리스도를 구주로 믿게 되었던 것입니다. 그들은 모두 종교성의 대상이신 하나님을 만남으로써 영혼의 본질적인 목마름이 해갈되는 구원을 경험했습니다.

구원과 생명을 위한 유일한 길

지금까지 말한 세 가지 반응 중 구원을 얻는 길은 오직 세 번째 반응밖에 없습니다. 자신의 죄를 회개하고 예수 그리스도를 구원의 주로 믿는 것 말입니다. 회개를 건너뛴 채 교회에 와서 복을 받는 것만 생각해서는 안 됩니다. 진정한 복을 얻으려면 이전의 죄악 된 삶을 돌이켜야 합니다. 그동안 하나님을 무시하며 자신이 주인 되어 살았음을 인정해야 합니다. 마음속에 더러운 생각을 품고, 남을 미워하며, 자기만 생각하면서 살아왔다는 사실도 인정해야 합니다. 이 모든 것은 하나님 앞에서 죄입니다. 하나님은 바로 이러한 죄로 인한 심판을 그리스도의 부활을 근거로 하십니다.

우리는 죽으면 실제로 그 심판으로 빨려 들어갑니다. 이것이 성경의 증언이며, 영원한 심판, 영원한 형벌, 영원한 멸망으로 가는 것입니다.

성경은 우리의 육체가 죽어도 영혼은 영원히 존재한다고 말합니다. 그리고 거기에는 두 운명만 남아 있다고 기록합니다. 하나는 영원한 형벌의 고통 속에서 죄의 삯을 영원히 지불하는 삶이고, 또 다른 하나는 죄와 악이 없는 가운데 하나님 안에서 누리는 영생입니다. 우리는 근거도 없는 상상을 만들어 내지만, 성경은 이 부분에 대해 정확하게 말합니다. 영원한 운명이 나뉜다고 말입니다.

이것은 많은 사람이 불편하게 생각할 내용입니다. 그러나 부모가 자녀를 진심으로 사랑한다면 무조건 "괜찮아. 모든 것이 잘될 거야."라고 말하지 않습니다. 오히려 "너는 이렇게 하지 않으면 안 된다. 이것이 바른길이다."라고 말할 것입니다. 그러므로 구원을 얻고 싶다면 회개하십시오. 자신이 죄인임을 시인하십시오. 예수 그리스도만이 나를 구원하실 수 있는 분임을 믿으십시오. 이것이 성경의 진심입니다. 여기에 대해 확고하고 분명하게 반응하길 바랍니다. 다음 기회로 미루지 말고, 지금 하나님 앞에서 구원의 은혜를 구하십시오. 여러분 안에 이러한 시작이 있다면, 그것은 생명과 구원의 시작일 것입니다. 여러분이 이런 참된 구원을 가진 참된 신자가 되길 간절히 소망합니다.

3장
핵심 요약

- 오늘날 교회는 몸의 질병이나 심리적인 문제를 치유하는 것을 기독교의 주요 메시지처럼 말한다. 그러나 성경은 죄와 그 삯으로 인한 사망과 영원한 형벌의 문제를 해결하고, 영원한 생명을 소유하는 문제를 말한다.

- 회심하기 전 인간은 돈이나 성공, 자신을 신으로 섬기며 살아간다. 그러한 인간에게 가장 큰 문제는 하나님을 싫어하고 거부하는 방향으로 나아간다는 것이다.

- 모든 인간은 종교성을 갖고 있기 때문에 내면의 갈증을 해소하기 위해 무언가를 추구하고 의지하는 모습을 보인다. 인간이 가진 이러한 목마름은 하나님을 만나고 그분을 믿을 때 비로소 해소된다.

- 하나님은 공의로 심판하실 날을 정하시고 회개의 여부에 따라서 그날에 우리의 운명이 나뉘게 하셨다. 그리고 그 증거는 하나님께서 예수 그리스도를 죽은 자 가운데서 부활하게 하신 것이다.

- 바울이 회개와 심판을 전했을 때의 반응은 조롱하는 것과 결단을 미루는 것 그리고 회개하고 예수 그리스도를 믿는 것으로 나뉘었다. 이 중에 구원 얻는 길은 회개하고 예수 그리스도를 믿는 것뿐이다.

4장

자신을 낮추어 그리스도께로

²¹ 예수께서 배를 타시고 다시 맞은편으로 건너가시니 큰 무리가 그에게로 모이거늘 이에 바닷가에 계시더니 ²² 회당장 중의 하나인 야이로라 하는 이가 와서 예수를 보고 발 아래 엎드리어 ²³ 간곡히 구하여 이르되 내 어린 딸이 죽게 되었사오니 오셔서 그 위에 손을 얹으사 그로 구원을 받아 살게 하소서 하거늘 ²⁴ 이에 그와 함께 가실새 큰 무리가 따라가며 에워싸 밀더라 ²⁵ 열두 해를 혈루증으로 앓아 온 한 여자가 있어 ²⁶ 많은 의사에게 많은 괴로움을 받았고 가진 것도 다 허비하였으되 아무 효험이 없고 도리어 더 중하여졌던 차에 ²⁷ 예수의 소문을 듣고 무리 가운데 끼어 뒤로 와서 그의 옷에 손을 대니 ²⁸ 이는 내가 그의 옷에만 손을 대어도 구원을 받으리라 생각함일러라 ²⁹ 이에 그의 혈루 근원이 곧 마르매 병이 나은 줄을 몸에 깨달으니라 ³⁰ 예수께서 그 능력이 자기에게서 나간 줄을 곧 스스로 아시고 무리 가운데서 돌이켜 말씀하시되 누가 내 옷에 손을 대었느냐 하시니 ³¹ 제자들이 여쭈오되 무리가 에워싸 미는 것을 보시며 누가 내게 손을 대었느냐 물으시나이까 하되 ³² 예수께서 이 일 행한 여자를 보려고 둘러 보시니 ³³ 여자가 자기에게 이루어진 일을 알고 두려워하여 떨며 와서 그 앞에 엎드려 모든 사실을 여쭈니 ³⁴ 예수께서 이르시되 딸아 네 믿음이 너를 구원하였으니 평안히 가라 네 병에서 놓여 건강할지어다 ³⁵ 아직 예수께서 말씀하실 때에 회당장의 집에서 사람들이 와서 회당장에게 이르되 당신의 딸이 죽었나이다 어찌하여 선생을 더 괴롭게 하나이까 ³⁶ 예수께서 그 하는 말을 곁에서 들으시고 회당장에게 이르시되 두려워하지 말고 믿기만 하라 하시고 ³⁷ 베드로와 야고보와 야고보의 형제 요한 외에 아무도 따라옴을 허락하지 아니하시고 ³⁸ 회당장의 집에 함께 가사 떠드는 것과 사람들이 울며 심히 통곡함을 보시고 ³⁹ 들어가서 그들에게 이르시되 너희가 어찌하여 떠들며 우느냐 이 아이가 죽은 것이 아니라 잔다 하시니 ⁴⁰ 그들이 비웃더라 예수께서 그들을 다 내보내신 후에 아이의 부모와 또 자기와 함께 한 자들을 데리시고 아이 있는 곳에 들어가사 ⁴¹ 그 아이의 손을 잡고 이르시되 달리다굼 하시니 번역하면 곧 내가 네게 말하노니 소녀야 일어나라 하심이라 ⁴² 소녀가 곧 일어나서 걸으니 나이가 열두 살이라 사람들이 곧 크게 놀라고 놀라거늘 ⁴³ 예수께서 이 일을 아무도 알지 못하게 하라고 그들을 많이 경계하시고 이에 소녀에게 먹을 것을 주라 하시니라 _ 막 5:21-43

절박한 마음의 가치

회심은 인간에게 있어야 할 가장 중요한 전환입니다. 그러면 회심은 우리에게 어떤 과정을 통해 어떤 방식으로 경험되는 것일까요? 우리는 성경의 어느 한 부분만 가지고 와서 그것을 회심의 전형으로 말할 수 없습니다. 그럼에도 우리는 복음서에서 예수님을 만나 구원을 얻은 사람들에게서 나타나는 공통적인 모습을 어느 정도 헤아려 볼 수 있습니다.

마가복음의 야이로라는 사람은 자신의 딸이 죽어 가는 상황에서 예수님께 간청합니다. 그러는 사이 딸은 죽게 되지만, 예수님은 그의 딸을 다시 살려 주십니다. 그런데 이 말씀에서 소녀가 살아나는 내용은 짧게 언급되고, 더 많은 분량이 아버지인 야이로에 대한 기록에 할애됩니다.

아마도 처음에 야이로가 예수님을 찾아온 이유는 예수님에 대한 아주 단순한 지식 때문이었을 것입니다. 그는 예수님이 자신의 딸을 살리실 수 있으리라는 기대와 믿음을 가지고, 필요를 따라 예수님께 나아왔습니다. 그리고 이것은 회심으로 이어질 수 있는 의미 있는 첫걸음입니다.

예수 그리스도를 만나서 구원을 얻는 사람들은 공통적으로 예수님께 나아갈 필요를 절박하게 느낍니다. 모든 회심의 시작, 진실로 예수를 믿고 만나는 사람의 첫 과정에는 바로 야이로에게서 볼 수 있는 이러한 모습이 있습니다. 예수 그리스도께로 나아가는 자들은 야이로와 같이 자식의 질병과 죽음에 대한 다급한 염려 때문이든 정신적인 압박이나 고통 때문이든, 또는 마음에 견딜 수 없는 죄책감 때문이든, 각자 자기 현실에서 다양한 이유로 인해 예수님께 나아갈 필요를 갖습니다.

인간은 어느 정도 안정적인 상태에 있을 때는 하나님께 나아가지 않을 만큼 교만합니다. 그런 인간이 주님께 나아갈 때는 대체로 힘든 현실의 문제로 인해 필요를 느꼈기 때문입니다. 당면한 문제가 없고 지금 형편이 괜찮다고 하는 사람들 대부분은 예수를 찾지 않고 오히려 거북하게 생각합니다. 예수가 자신의 삶을 재미없게 만들 것이라고 생각합니다. 그러나 야이로는 매우 절박한 상황에서 예수님께 나아갔습니다.

물론 상황이 절박하고 힘들다고 해서 모든 사람이 예수께 나아오는 것은 아닙니다. 필요를 채워 줄 것을 찾아 다른 곳으로 나아갈 수도 있기 때문입니다. 예수 그리스도께 나오는 사람들은, 그분이 자신의 절박한 문제로부터 구원해 주시리라는 최소한의 기대와 믿음을 가지고 있습니다. 그것이 회심하는 자, 진실로 예수를 만나는 사람들이 공통적으로 갖는 모습입니다. 그들에게는 절박함이 있습니다. 단순히 호기심이나 자신의 욕심을 위해 또는 예수님을 시험하려는 목적이 아닌 진실로 예수님이 자신을 도우시리라 믿고 기대하며 나오는 것입니다.

여러분은 지금까지 예수님께 절박하고 진실한 마음으로 자신을 죄의 눌림, 절망과 답답함에서 구해 달라고 간구해 본 적이 있습니까? 만일 이런 것도 없이 교회 생활만 잘하고 있다면 그 사람은 신자가 아닐지도 모릅니다. 예수님을 간절히 찾게 되는 계기나, 그분을 통한 전환 없이 진실로 예수를 믿을 수는 없습니다.

자신의 부족함과 한계를 아는 겸비함

예수님께 나오는 사람은 보통 두 부류입니다. 하나는 절박한 마음으로 예수께 나아와 그분을 찾고 붙드는 사람들입니다. 또 다른 부류는 예수님 곁에 있었던 바리새인, 서기관을 위시한 구경꾼들, 예수님을 시험하려는 사람들, 호기심으로 예수님께 나오는 사람들, 자기 욕심으로 나오는 사람들, 교만한 사람들입니다.

지금도 교회에 나오는 사람들은 이렇게 두 부류로 나뉩니다. 어떤 사람은 절박한 마음으로 예수님께 나오는가 하면, 또 어떤 사람은 호기심과 교만한 마음으로 나옵니다. 하나님 앞에 나온다는 겸비한 마음도 없이 그저 교회에 와 주는 것처럼 생각하는 사람들이 있습니다.

하지만 정녕 살아 계신 하나님의 아들 예수 그리스도를 통해 구원을 얻는 자들은 야이로와 같이 예수님을 절박하게 필요로 하는 마음으로 나아와 은혜를 구합니다. 그리고 예수님은 그런 자들을 물리치지 않으십니다. 반면, 주님은 자신을 시험하는 교만한 자들은 물리치십니다. 예수님은 아무에게나 호의적이지 않으셨습니다. 따라서 교만한 자들의 마음을 아시고 거절하셨습니다.

예수님께 나아갈 필요를 절감하며 나오는 사람은 어떤 이유에서든 자신의 부족함과 한계를 발견한 사람입니다. 예수님께 나아갈 절박한 필요를 가진 사람들에게는 공통적으로 그런 모습이 있습니다. 야이로를 보십시오. 그는 자기 딸이 죽게 된 상황에서 이미 얼마나 많은 노력과 수고를 했을까요? 많은 의사에게 의탁하며 수단과 방법을 다 써 봤을 것입니다. 그러나 모두 다 허사였습니다.

야이로와 함께 언급되는 혈루병을 앓는 여인도 마찬가지입니다. 그녀는 모든 것을 해 보았지만 실패했습니다. 하지만 그녀는 그 절망적인 순간에 예수님이 사람들의 질병도 고치신다는 소식을 듣고 예수님께 나아왔습니다. 예수님을 만난 사람들에게는 이와 같은 간절함과 겸손함이 있습니다. 인간은 자신의 부족함과 한계를 보지 않으면 예수님이 잘 보이지 않습니다. 그래서 예수님을 내 편의대로 조종할 수 있는 종교적인 액세서리처럼 둘지는 몰라도 그분께 굴복하지는 않습니다. 일반적으로 인간은 자신의 부족함과 한계를 볼 때에야 비로소 예수 그리스도께서 주시는 구원을 바라며 그분께 나아가게 됩니다.

우리가 가진 진짜 절망의 이유, 죄

하지만 "나는 부족함과 한계를 별로 느낀 적이 없다."라고 말하는 사람들이 있을지도 모릅니다. 그렇다면 자신의 죄로 인한 부족함은 어떻습니까? 여러분은 거룩하신 하나님의 심판대 앞에 담대히 설 수 있습니까? 지금까지 한 번도 죄를 지은 적이 없다고 할 만큼 하나님 앞에서 깨끗하고 완전합니까? 한 번도 더럽고 추한 생각을 한 적이 없습니까?

정확히, 또 정직히 말하면 우리 중에 마음으로 남을 미워하거나 자기 욕심을 따라서 살아 보지 않은 사람은 아무도 없습니다. 어려서부터 아무리 모범생처럼 살았더라도 그 사람 역시 죄가 있습니다. 따라서 우리 중 그 누구도 이러한 죄로 인한 심판과 형벌을 피하지 못합니다. 또 우리는 자기가 지은 죄를 이겨낼 수 없습니다. 만일 우리 마음대로 살아도 죽음으로 모든 것이 끝난다면 죄가 있어도 또한 실컷 죄를 범해도 괜찮겠지만, 진실은 그렇지 않습니다. 모든 죄는 결국 하나님 앞에서 다루어지게 됩니다. 다시 말해 모든 사람은 자신이 지은 죄로 말미암아 심판과 형벌을 받게 됩니다. 자신의 죄를 해결받지 못한 자는 그로 인한 심판을 피할 수 없습니다. 그래서 죄 있는 자에게 죄는 너무나도 큰 절망의 이유가 됩니다.

아무리 먹고사는 형편이 좋아도 우리 모두에게는 이러한 죄로 인한 결핍과 절망이 있습니다. 그래서 우리는 예수님을 찾을 수밖에 없습니다. 우리를 죄에서 구원해 주실 수 있는 예수 그리스도가 우리에게는 반드시 필요합니다. 이것이 회심하는 자가 절감하는 바입니다. 그들은 자신의 부족함과 한계를 가지고 예수님께 겸손히 나아오는 자들입니다.

회심과 죄에 대한 자각

그러나 안타깝게도 오늘날 교회에 나오는 많은 사람에게서 지금까지 말한 차원의 절박함, 예수님을 향한 절박함을 찾아보기가 상대적으로 어렵게 되었습니다. 많은 사람이 예수를 믿고 얻게 될 피상적인 행복, 물질적인 보상 정도를 기대하는 수준에 머물러 있습니다. 그것은 매우 위험한 징조입니다. 저마다 교회 안에 모여 있지만, 주님과는 상관없이 모여 있는 것일 수 있기 때문입니다.

진실로 예수께로 돌이킨 참된 신자는, 자신의 죄인 됨과 그로 인해 예수를 절실하게 필요로 하는 자신의 한계와 영혼의 절망을 봅니다. 그리고 그분을 찾습니다. 이처럼 회심하는 자는 자신의 죄와 그 죄로 인한 무력감과 절망 속에서 회개하며 예수님께 돌이킵니다.

시몬 베드로는 예수님을 만나 제자가 되기 전에는 어부였습니다. 고기 잡는 것으로는 잔뼈가 굵은 사람이었습니다. 하지만 어느 날 그는 밤새도록 고기를 한 마리도 잡지 못했습니다. 그런데 주님이 오셔서 더 깊은 데로 그물을 던지라고 하셨습니다.

예수님은 목수의 환경에서 자라셨기 때문에 고기를 잡아 보지도 못하셨습니다. 고기를 잡는 일의 전문가는 오히려 베드로입니다. 그런 그가 예수님의 말씀을 듣고 그물을 던졌을 때 그물이 찢어질 정도로 고기가 잡혔습니다. 그때 베드로는 예수님 앞에 무릎을 꿇고 "주여 나를 떠나소서 나는 죄인이로소이다"(눅 5:8)라고 말했습니다.

예수님이 고기를 많이 잡게 해 주신 것과 베드로 자신이 죄인인 것이 무슨 상관이길래 그는 거기서 죄인이라고 말했을까요? 바로 그것입니다. 베드로는 예수 그리스도가 어떤 분이신지 자각하자 자신이 죄인임을 깨닫게 되었습니다. 회심의 전환에는 바로 이것이 있습니다. 예수님 앞에서 자신의 결핍과 한계, 특별히 죄와 관련된 실체를 보면서 자신이 죄인임을 깨닫게 되는 것입니다.

이처럼 참된 신자에게는 자신이 죄인임을 깨닫는 일이 있습니다. 그 전까지만 해도 "내가 왜 죄인이야? 교회만 가면 죄에 대해 말해서 너무 싫다."라고 말했던 사람이 예수님을 만나게 되면, "주님, 저는 죄인입니다. 어찌 저 같은 자를 주께서 용서하시고 구원하셨습니까?"라고 고백하며 눈물을 흘리기도 합니다. 자신의 정서가 감당이 안 돼 감격의 눈물을 흘립니다. 그런데 교회를 오래 다녔음에도 불구하고 이러한 회개의 전환과 변화가 없다면, 그 사람은 자신의 신앙을 돌아보아야 합니다.

예수님을 참으로 알고 따르는 회심자

물론 회심하는 사람에게는 죄에 대한 각성만 있는 것은 아닙니다. 그와 함께 예수님을 인격적으로 알고 믿고 따르는 것이 있습니다. 본문에서 야이로가 절박한 마음으로 예수님께 무릎을 꿇고 간구하면서 도움을 구하자, 예수님은 그와 함께 가셨습니다. 야이로는 예수님을 절박하게 필요로 하면서 그분의 발 앞에 엎드려서 간곡히 구했습니다. 여러 번 구했습니다. 그리고 예수님은 그런 그와 함께 가셨습니다. 야이로는 이러한 과정에서 예수님의 인격을 보았습니다. 자신과 같이 절망스러운 자를 거부하지 않는 자비롭고 은혜로운 그분의 성품을 보게 된 것입니다.

그뿐입니까? 그는 뒤이어 예수님의 사역도 보았습니다. 그가 예수님과 함께 가는 길에서 갑자기 예기치 않은 사건이 벌어졌습니다. 열두 해 동안 혈루병을 앓은 여인이 예수님의 소문을 듣고 그분께 다가온 것입니다. 그동안 많은 의사를 통해 병을 고쳐 보려고 했지만, 재산만 탕진했던 여인은 예수님의 옷이라도 만지면 나을 수 있으리라는 믿음을 가지고 행동으로 옮겼습니다. 그리고 예수님이 그 사실을 아셨습니다. 그때 예수님은 여인의 믿음을 아시고 "딸아 네 믿음이 너를 구원하였으니 평안히 가라 네 병에서 놓여 건강할지어다"(34절)라고 말씀하셨습니다.

그때 야이로는 예수님이 이런 여인까지도 자비롭게 대하시며 고쳐 주시는 분임을 보게 되었습니다. 예수님을 찾는 자에게 이렇게 은혜를 베풀어 주시는 분임을 본 것입니다.

처음에 야이로는 예수님을 소문으로만 알았습니다. 그것은 예수님께서 능력이 많으시니 자신의 딸도 고치시리라는 정도의 지식이었습니다.

그래서 그의 믿음은 아직 선명하지 않았습니다. 하지만 이후로 그는 예수 그리스도께서 어떤 분이신지를 정확하게 알고 믿는 경험을 갖게 되었습니다. 이처럼 예수 그리스도를 진실로 믿는 것은 막연하게 믿는 것이 아니라, 그분이 어떤 분이신지를 정확하게 아는 가운데 참된 신자가 되는 것입니다. 그러기 전에는 참된 신자가 아니라고 생각해야 합니다. 즉 예수님을 성경에 기록된 대로 하나님의 아들이요, 세상의 구원주로 믿지 않는다면 예수를 참되게 믿는 것이 아닙니다.

교회 다니는 사람 중에는 하나님을 그저 어려울 때 해결해 주는 분 정도로 생각하며 믿는 사람들이 있습니다. 그것은 야이로가 처음에 예수님에 대해 소문을 듣고 알았던 정도의 수준입니다. 그러나 야이로는 그 정도의 수준에서, 예수님이 자신과 함께하는 가운데 행하시는 것을 통해 그분을 정확하게 인격적으로 알게 되었습니다. "아, 예수님은 바로 이러한 분이시구나." 이것이 바로 회심의 과정 속에 있는 일입니다.

회심하는 사람은 예수님을 막연한 구원자가 아니라, 구체적으로 그가 어떤 분인지 인격적으로 알게 됩니다. 예수님에 대한 믿음이 막연하거나 추상적인 사람은 흔들리는 갈대와 같지만, 그렇게 예수님을 안 야이로는 흔들리지 않았습니다. 혈루병을 앓는 여인이 등장했을 때, 야이로의 입장에서는 자신의 딸이 죽어 가고 있었기에 일분일초가 아까운 순간이었습니다. 하지만 그는 그 상황에서 동요하지 않았습니다. 오히려 혈루병을 앓는 여인에게 일어난 일로 인해서 예수님에 대한 이해를 더욱 선명히 하고, 그분에 대한 믿음을 더 확고히 갖게 되었습니다.

진실로 그리스도께 돌이키는 자는 죄의 자각과 함께 예수 그리스도의 어떠하심을 참되게 알고 믿는 믿음이 있습니다. 그리하여 예수 그리스도를 자신의 구원주로 믿게 됩니다.

끝까지 그 구원주를 신뢰함

그런데 더 흥미로운 것은 그다음 사건입니다. 예수님은 자신에게 복종하여 도움을 구한 야이로와 함께 가심으로써 자신을 더 알 수 있는 기회와 상황을 허락하셨습니다. 예수님께서 혈루병을 앓는 여인에게 "딸아 네 믿음이 너를 구원하였으니 평안히 가라 네 병에서 놓여 건강할지어다"(34절)라고 말씀하셨을 때, 야이로의 집에서 사람들이 왔습니다. 그들은 "선생을 그만 괴롭히고 갑시다. 딸이 죽었습니다."라고 말했습니다. 예수님이 더 이상 필요 없다고 말한 것입니다. 그때 예수님께서 야이로에게 말씀하셨습니다.

"…두려워하지 말고 믿기만 하라"(36절).

회심하여 예수를 믿는 사람은 그렇게 예수님을 믿습니다. 흔들림 없이 자신의 구주로 말입니다. 야이로는 그 상황에서 얼마든지 동요할 수도 있었습니다. 자신의 딸이 죽었기 때문에 인간의 상식으로 보면 더 이상 아무것도 기대할 수 없는 상황이었습니다. 그러나 그는 예수님을 믿고 따랐습니다.

이처럼 회심하는 사람은 예수 그리스도가 자신을 구원하시는 분임을 믿고 그분을 끝까지 따릅니다. 이것이 바로 회심입니다.

안타깝게도 우리는 교회를 다니다가 갑자기 떠나는 사람들을 보고 또 그들의 얘기를 듣게 됩니다. 심지어 다른 종교로 가는 사람들도 있습니다. 그것은 모두 회심치 않은 증거입니다. 그들이 믿는다고 말했던 예수가 자신이 주관적으로 생각한 예수였음을 그런 행동으로 드러낸 것입니다. 그러나 회심한 자는 절박한 상황에서도 "두려워하지 말고 믿기만 하라"(36절)고 말씀하신 예수님을 믿고 따릅니다.

야이로의 딸의 장례를 치르려고 온 사람들은 "너희가 어찌하여 떠들며 우느냐 이 아이가 죽은 것이 아니라 잔다"(39절)라고 하신 예수님의 말씀을 듣고 비웃었습니다. 하지만 예수님은 자신을 영접한 야이로를 끝까지 인도하셨습니다. 야이로의 집에서 온 사람들이 그의 믿음을 방해하는 말을 했을 때도, 예수님은 그것을 차단하시고 믿기만 하라고 말씀하시며 야이로를 보호하고 인도하셨습니다. 야이로는 바로 그러한 예수님을 보면서 예수님에 대한 이해가 더욱 명확해졌습니다. 예수님을 향한 신뢰를 더 견고히 가지고 그분을 따르게 된 것입니다.

예수님과 야이로가 그의 집에 도착했을 때 모든 사람이 슬퍼하며 울고 있었습니다. 그때 예수님은 딸이 죽은 것이 아니라면서 사람들을 모두 쫓아내셨습니다. 방해 거리를 제거해 주신 것입니다. 그리고 그 아이의 손을 잡고 "달리다굼"이라고 하셨습니다. 이는 "내가 네게 말하노니 소녀야 일어나라 하심이라"(막 5:41)는 말씀이었습니다.

그때 야이로는 자신이 믿고 따라온 예수님이 정녕 구원주요, 죄의 결과인 죽음과 질병을 해결하시는 분임을 결정적으로 보았습니다.

"주여 나를 불쌍히 여기소서"

회심은 다른 것이 아닙니다. 어떤 이유에서든 예수님이 어떤 분이신지를 알고 그분께 자신을 의탁하는 것입니다. 자신의 부족함과 한계, 특별히 죄로 말미암은 절망과 한계를 보고 회개하며 예수님을 자신의 구원주로 믿고 따르는 것이, 바로 회심의 가장 기본적인 내용입니다. 그런 점에서 회심에 대한 이러한 내용이 자신에게 있는지를 보십시오.

교회 안에는 예수를 진실로 믿는 것인지 아닌지 의문이 드는 사람들이 있습니다. 물론 일시적으로 믿음이 흔들릴 수 있습니다. 그러나 신앙의 근본적인 문제에서조차 회의가 드는 사람들이 있습니다.

야이로는 예수님에 대한 소문을 넘어 그분을 곁에서 직접 보면서 예수님이 어떤 분인지를 인격적으로 경험했습니다. 자신과 같이 절망하는 자를 자비롭게 대하시고 이끌어 주시고 보호해 주시며 마침내 죄로 말미암은 죽음을 근절시키는 분임을 본 것입니다. 이렇게 예수 그리스도에 대한 정확하고도 인격적인 이해 속에서 믿고 따르는 것이 바로 회심입니다.

야이로는 예수님을 끝까지 따랐습니다. 그는 중간에 얼마든지 돌아설 수도 있었습니다. 혈루병 앓는 여인을 만나서 지체했을 때도 그는 예수님으로부터 돌아설 수 있었습니다. 그러나 그는 예수님을 믿고 끝까지 따랐습니다.

예수를 믿는다는 것은 단순한 종교적인 행위가 아닙니다. 계시된 말씀에 의하면 그것은 우리가 죄와 그 죄로 말미암아 있게 된 사망 그리고 장차 영원토록 받게 될 멸망과 형벌로부터 구원을 얻기 위함이요, 실제로 그렇게 되는 것입니다.

　우리는 모두 죄를 짓습니다. 그리고 그 죄에 대해 책임을 져야 합니다. 물론 그 책임은 당사자가 져야 합니다. 그러나 예수 그리스도를 믿는 자는 예수께서 그것을 대신 담당하십니다. 하나님의 아들은 십자가에서 이유 없이 죽으신 것이 아닙니다. 바로 우리의 죄를 해결하기 위해 우리의 죄를 지시고 죽으셨습니다.

　따라서 예수를 믿을 때 우리는 그분이 내 삶을 조금 윤택하게 하는 정도가 아닌 내가 스스로 해결할 수 없는 죄와 그로 말미암은 사망으로부터 구원하시는 분임을 알고 믿어야 합니다. 지금까지 예수님에 대한 소문 정도의 수준으로 알고 있던 것을 넘어서 야이로처럼 그분을 인격적으로 알고 믿음으로 끝까지 따르는 전환적인 모습을 가져야 합니다.

　아직도 예수 그리스도가 자신의 구원주로 절박하게 느껴지지 않는다면, 자신이 지금까지 지은 죄로 인한 한계와 절망을 보십시오. 그것 때문이라도 예수님을 찾으십시오. 예수님은 야이로처럼 자신의 발 앞에 엎드려 간구하는 사람을 결코 외면하지 않으십니다. 예수님은 교만한 자는 물리치시지만, 겸손히 자신을 찾는 자는 결코 저버리지 않으십니다. 그리고 그들을 이끄시고 동행하시며 생명과 구원이라는 결론을 주십니다.

　예수님은 믿기만 하라고 말씀하셨기 때문에 우리는 그 말을 정말로 믿어야만 합니다. 그러나 아무나 믿는 것은 아닙니다. 절박한 필요 속에서 예수님을 찾고 그가 어떤 분인지를 아는 사람이 믿게 됩니다.

　교회를 얼마나 오래 다녔든 회심한 자에게 있는 이러한 모습이 여러분에게 있기를 바랍니다. 만일 그것이 없다면 구하십시오. "주님만이 나를 죄에서 구원하실 수 있는 분이십니다. 나를 도우소서! 나를 불쌍히 여기소서!"라고 말입니다. 교회를 오래 다닌 것이나 여타 다른 것으로 자신을 포장하지 마십시오. 그분 앞에 겸손히 나오십시오. 자신이 죄인이기 때문에 예수님이 필요하다고 고백하십시오. 그리하면 주께서 구원의 은혜를 주실 것입니다.

우리의 지식이나 선행이나 교회 안에서의 직분은 여러분을 구원하지 못합니다. 그런 것은 구원을 얻는 데 있어서 아무것도 아닙니다. 우리의 무엇도 우리를 구원하지 못합니다. 자신의 부족함과 한계를 보십시오. 특별히 자신의 추함과 더러움과 죄로 말미암아 심판받아야 하는 자신의 한계를 보십시오. 그리고 더 늦기 전에 그분을 찾으십시오. 부디 회심하여 주를 믿고 변절 없이 끝까지 그분을 따를 수 있기를 바랍니다.

4 장
핵심 요약

- 예수님께 나아오는 사람은 절박한 마음으로 나오는 사람과 호기심이나 교만한 마음으로 나오는 사람으로 나뉜다.

- 일반적으로 인간은 자신의 부족함과 한계를 볼 때에야 비로소 예수 그리스도께서 주시는 구원을 바라며 그분께 나아가게 된다.

- 베드로는 예수님께서 고기를 많이 잡게 해 주신 것을 보면서 예수 그리스도가 어떤 분이신지 자각함과 동시에 자신이 죄인임을 깨달았다.

- 예수님에 대한 믿음이 막연하거나 추상적인 사람은 흔들리는 갈대와 같지만, 예수님을 인격적으로 아는 사람은 흔들리지 않는다.

- 야이로는 자신이 믿고 따라온 예수님이 구원주요, 죄의 결과인 죽음과 질병을 해결하시는 분임을 결정적으로 보았다.

- 자신의 추함과 더러움, 죄로 말미암아 심판을 받아야 하는 자신의 한계를 보라. 그리고 예수님께로 나아오라.

5장

돌아가야 할 아버지의 품

¹ 모든 세리와 죄인들이 말씀을 들으러 가까이 나아오니 ² 바리새인과 서기관들이 수군거려 이르되 이 사람이 죄인을 영접하고 음식을 같이 먹는다 하더라 … ¹¹ 또 이르시되 어떤 사람에게 두 아들이 있는데 ¹² 그 둘째가 아버지에게 말하되 아버지여 재산 중에서 내게 돌아올 분깃을 내게 주소서 하는지라 아버지가 그 살림을 각각 나눠 주었더니 ¹³ 그 후 며칠이 안 되어 둘째 아들이 재물을 다 모아 가지고 먼 나라에 가 거기서 허랑방탕하여 그 재산을 낭비하더니 ¹⁴ 다 없앤 후 그 나라에 크게 흉년이 들어 그가 비로소 궁핍한지라 ¹⁵ 가서 그 나라 백성 중 한 사람에게 붙여 사니 그가 그를 들로 보내어 돼지를 치게 하였는데 ¹⁶ 그가 돼지 먹는 쥐엄 열매로 배를 채우고자 하되 주는 자가 없는지라 ¹⁷ 이에 스스로 돌이켜 이르되 내 아버지에게는 양식이 풍족한 품꾼이 얼마나 많은가 나는 여기서 주려 죽는구나 ¹⁸ 내가 일어나 아버지께 가서 이르기를 아버지 내가 하늘과 아버지께 죄를 지었사오니 ¹⁹ 지금부터는 아버지의 아들이라 일컬음을 감당하지 못하겠나이다 나를 품꾼의 하나로 보소서 하리라 하고 ²⁰ 이에 일어나서 아버지께로 돌아가니라 아직도 거리가 먼데 아버지가 그를 보고 측은히 여겨 달려가 목을 안고 입을 맞추니 ²¹ 아들이 이르되 아버지 내가 하늘과 아버지께 죄를 지었사오니 지금부터는 아버지의 아들이라 일컬음을 감당하지 못하겠나이다 하나 ²² 아버지는 종들에게 이르되 제일 좋은 옷을 내어다가 입히고 손에 가락지를 끼우고 발에 신을 신기라 ²³ 그리고 살진 송아지를 끌어다가 잡으라 우리가 먹고 즐기자 ²⁴ 이 내 아들은 죽었다가 다시 살아났으며 내가 잃었다가 다시 얻었노라 하니 그들이 즐거워하더라 _ 눅 15:1-2, 11-24

하나님의 소생들을 위한 비유

탕자의 비유는 누구나 쉽게 읽을 수 있는 재미있는 이야기처럼 보이지만, 사실 그 안에는 죄 있는 인간의 구원에 대한 진리가 감추어져 있습니다. 이 비유는 예수님께서 당시 많은 사람에게 매국노 취급받던 죄인들, 자기 욕심만 채우는 자들로 여겨지며 미움받던 세리들과 관련하여 말씀하신 것입니다. 하지만 이 비유는 결국 모든 죄 있는 인간을 위한 말씀이라고 할 수 있습니다.

여기서 우리는 우리 모든 죄인을 가리키는 인물, 소위 탕자로 불리는 둘째 아들이 어떻게 회심하여 구원을 얻게 되었는가에 주목해 보려고 합니다.

이 비유에서 아버지는 죄인들을 찾으시는 하나님, 특히 죄인들을 구원하기 위해 친히 이 땅에 육신을 입고 오신 하나님의 아들 예수 그리스도를 말한다고 볼 수 있습니다. 그렇다면 예수님은 이 비유에서 세리와 죄인들을 왜 아들에 비유하셨을까요? 그것은 하나님을 떠난 이스라엘 백성들이 하나님께서 사랑해 오신 사람들이라는 사실을 상기시킨다고도 할 수 있습니다.

하지만 더 넓게 본다면, 그것은 모든 인간이 죄인이라 할지라도 근원적으로는 모두 하나님의 소생이라는 사실을 상기시킵니다. 본문에 나오는 맏아들과 같은 모습을 가졌든 둘째 아들과 같은 모습을 가졌든 말입니다. 이처럼 이 세상 모든 인간은 하나님께서 그들 각각의 생명을 창조하여 존재하게 하셨기 때문에 하나님의 소생입니다. 사도 바울도 아테네에서 복음을 전할 때 이 같은 사실을 명확하게 말했습니다.

"우주와 그 가운데 있는 만물을 지으신 하나님께서는 천지의 주재시니 손으로 지은 전에 계시지 아니하시고 또 무엇이 부족한 것처럼 사람의 손으로 섬김을 받으시는 것이 아니니 이는 만민에게 생명과 호흡과 만물을 친히 주시는 이심이라 인류의 모든 족속을 한 혈통으로 만드사 온 땅에 살게 하시고 그들의 연대를 정하시며 거주의 경계를 한정하셨으니 이는 사람으로 혹 하나님을 더듬어 찾아 발견하게 하려 하심이로되 그는 우리 각 사람에게서 멀리 계시지 아니하도다 우리가 그를 힘입어 살며 기동하며 존재하느니라 너희 시인 중 어떤 사람들의 말과 같이 우리가 그의 소생이라 하니 이와 같이 하나님의 소생이 되었은즉 하나님을 금이나 은이나 돌에다 사람의 기술과 고안으로 새긴 것들과 같이 여길 것이 아니니라"(행 17:24-29).

인간은 그 누구도 이 세상에 어쩌다가 태어나서 존재하게 된 것이 아닙니다. 하나님께서 각 사람에게 생명과 호흡을 주시고, 그 조건에서 살 수 있도록 만물을 주셨습니다. 그렇기에 성경은 모든 인간이 근원적으로 하나님의 소생, 하나님께서 낳으신 아들, 딸이라고 말하는 것입니다.

탕자와 같은 인간의 배은망덕함

그러나 이 세상에 존재하는 사람들을 한번 보십시오. 자신이 하나님의 소생임을 알고 하나님께 대하여 마땅히 보여야 할 반응을 가지고 살아가는 사람이 얼마나 됩니까? 우리는 모두 하나님의 소생임에도 불구하고, 도리어 본능적으로 하나님을 싫어합니다. 그 모습이 마치 아버지를 등지고 떠나 자기 맘대로 살고자 하는 본문의 둘째 아들과 같습니다. 그는 아버지에게 자신의 분깃, 곧 유산에 해당하는 몫을 달라고 한 뒤, 그것을 가지고 아버지를 떠나 먼 나라에 가서 자기 마음대로 삽니다. 이 비유에서 우리는 둘째 아들이 범한 어떤 허랑방탕함보다도, 그가 아버지와의 관계를 깨고 아버지의 영향과 간섭에서 벗어나고자 했다는 사실에 주목해야 합니다.

예수님 당시 고대 근동 지방에서 재산을 분할하는 경우는 주로 부모의 죽음이 임박했을 때입니다. 그러므로 건강하게 살아 있는 아버지의 유산을 요구한다는 것은 아버지가 빨리 죽기를 바란다는 의미였습니다. 당연히 그것은 당시 사람들에게는 있을 수 없는 일이었습니다. 그런데 둘째 아들이 그러한 요구를 한 것입니다.

이처럼 아버지를 떠나 자기 마음대로 살고자 하는 모습은 바로 인간의 모습을 말해 주기도 합니다. 하나님의 영향과 간섭 없이 살고 싶어서 하나님을 등지고 그분에게 대항하고 반역하여 사는 모습 말입니다. 그저 자신에게 돌아올 몫만 누리고, 자기 뜻대로 살고자 하는 것이 바로 모든 인간이 취하는 모습입니다.

어느 나라에서 태어났든지 우리가 누리는 모든 환경은 그저 우연히 있는 것이 아닙니다. 이는 모두 하나님께서 각 사람의 몫으로 주신 것들입니다. 그럼에도 인간은 모두 자신이 태어난 일부터 시작해서 자신이 살고 있는 환경까지도 우연한 것으로 여깁니다. 뿐만 아니라 자신에게 허락된 모든 조건도 스스로 쟁취한 것처럼 생각하며 살아갑니다.

하지만 놀랍게도 하나님은 자신을 등진 채 살아가는 배은망덕한 인간들에게 허락하신 모든 것을 거두지 않으십니다. 탕자 비유의 아버지처럼 각 사람에게 돌아갈 몫을 주셔서 살아가게 하십니다. 성경은 이것을 일반은총(common grace)이라고 말합니다. 그렇게 우리는 이 세상에 태어나면서 최소한 자신의 몫을 갖게 됩니다. 각 사람에게 주어진 고유한 재능, 인생의 길이, 물질 등 어떤 가정에서 태어나 성장하든 우리는 모두 하나님이 주신 몫을 가지고 살아갑니다.

그러나 하나님을 등진 인간의 삶은 마치 자기 몫을 챙겨서 아버지의 간섭과 영향이 없는 먼 나라에 가서 살았던 둘째 아들과도 같습니다. 인간은 아버지로부터 받은 것을 오직 자기 자신만을 위해 허비하며 살았던 둘째 아들처럼, 하나님께 받은 건강과 능력, 시간과 물질 등을 하나님과는 전혀 상관없이 자신만을 위해 쓰며 살아갑니다.

뿌리로부터 단절된 삶의 결론

그 둘째 아들은 자기 욕심을 위해 아버지와의 관계를 깨뜨렸습니다. 고대 근동 지방에서 아버지와의 관계가 깨진다는 것은 그의 뿌리로부터 자신을 단절시킨다는 의미가 있습니다. 흔히 '아브라함의 후손', '야곱의 후손'과 같은 성경의 표현에서 보듯이 그들에게 있어서 아버지와의 관계는 자신의 삶의 기반입니다. 거기서 결혼과 사회적인 관계의 모든 것이 보장되고, 심지어 노후의 관계까지 연결되어 있는 일종의 안식처였습니다. 그러므로 아버지와의 관계가 깨진다는 것은 삶의 모든 것이 깨짐을 의미합니다.

이러한 모습은 하나님의 소생인 인간에게서도 똑같이 보게 됩니다. 하나님과의 관계를 깨뜨린 인간의 모습을 보십시오. 인간은 자신의 뿌리가 되시는 하나님과의 관계를 단절시킴으로써, 자신의 장래까지 관련된 모든 것이 단절된 채 살아갑니다. 그러면서 하나님의 마음이 어떠한지, 하나님께서 원하시는 것은 무엇인지에 대해서는 전혀 생각하지 않고 살아갑니다. 이는 모든 사람이 취하는 삶의 모습입니다.

여기서 중요한 것은 그 결말입니다. 하나님과의 관계를 깨고 사는 삶은 오직 한 방향으로 나아갑니다. 바로 죽음의 기운을 크게 느끼며 사는 것입니다. 인간은 모두 태어남과 동시에 죽음의 기운을 느끼며 삽니다. 우리는 갓 태어난 신생아가 생명의 활동을 시작한다고 생각하지만, 실상은 태어난 즉시 죽음을 향해 달려가는 것입니다. 살아가면서 질병과 죽음의 위협을 느끼며 결국 죽음을 향해 달려갑니다. 이유는 하나님과의 관계를 깨고 죄 아래 있기 때문입니다. 그러한 조건에서 벗어난 인간은 아무도 없습니다.

이처럼 비참한 인간의 여정은 갈수록 죽음의 기운을 더욱 크게 느끼게 됩니다. 본문의 둘째 아들이 그 사실을 잘 보여 줍니다. 그는 자기에게 주어진 몫을 낭비하여 다 없앤 후 궁핍하게 되었고, 급기야 돼지들이 먹는 쥐엄 열매로 배를 채우고자 할 정도로 비참한 상태에 이르렀습니다. 이는 예수님 당시 유대인들의 관점에서는 상상할 수도 없는 일이었습니다. 왜냐하면 구약성경에서 돼지는 부정한 짐승으로 여겨졌기 때문입니다. 유대인들은 돼지 치는 일을 아주 역겹게 생각했고, 돼지 치는 사람 또한 상종하지 못할 사람으로 취급했습니다. 따라서 둘째 아들이 유대인의 명예를 지키려 했다면, 그 일을 거절했어야만 합니다.

하지만 그는 돼지를 쳐서라도 살고자 했으나, 그조차도 쉽지 않았습니다. 그만큼 그는 자기 삶을 지탱하려 애쓰며 비참한 상태에 놓여 있었습니다. 그런 그에게는 오히려 돼지의 신세가 더 나은 듯 보였습니다. 왜냐하면 돼지는 쥐엄 열매로 배를 채우면서 살고 있지만, 자신은 도무지 배를 채울 수 없는 상태였기 때문입니다. 그는 분명히 구걸도 했을 것입니다. 그런데도 주는 자가 없었습니다. 그렇게 자신의 안식처인 아버지와의 관계를 깨고 떠난 탕자의 결론은 "나는 여기서 주려 죽는구나"(17절)라고 고백한 대로, 죽음으로 나아가는 비참함이었습니다. 이것이 바로 하나님과의 관계를 깨고 그분을 떠나 살아가는 모든 인간이 이르게 되는 결론입니다. 이는 또한 최초의 사람 아담 때부터 모든 인간이 이르게 되는 결론이기도 합니다.

물론 살아 있는 동안에는 자신이 하고 싶은 대로 하면서 살 수 있습니다. 둘째 아들이 자신의 몫을 마음껏 쓰는 시간이 있었듯이, 모든 사람이 일정 기간 동안은 자신에게 허락된 건강과 능력, 시간과 물질을 원하는 대로 쓰면서 살아갑니다. 문제는 인생의 결말입니다. 하나님을 떠나 사는 인간의 삶은 탕자가 이르게 된 결론과 같습니다. 자신이 그동안 느껴 왔던 죽음의 기운의 끝자락에 이르는 것입니다.

부유하고 건강한 사람이나 탁월한 실력으로 인정받는 사람도 이러한 결론은 피해 갈 수 없습니다. 이처럼 죽음의 기운을 느끼지 않고 살아가는 사람도 없을 뿐만 아니라, 마지막에 이르게 될 죽음을 피해 갈 수 있는 사람도 없습니다. 이는 모두 최초의 사람 아담이 하나님과의 관계를 깨뜨리고 스스로 살아 보려고 했을 때부터 시작되어 이후의 모든 인간이 이르게 되는 결론입니다.

죄를 향해 내딛던 어두운 인생의 밝은 전환, 아버지를 생각함

그럼에도 사람들은 이러한 죽음의 기운과 그 결론을 생각하지 않고 무시하며 살아갑니다. 마치 탕자가 자신에게 쓸 것이 있는 동안에는 죽음의 기운과 그 결론을 생각하지 않고 살았듯이 말입니다. 어린아이들은 자기 마음대로 할 수 있는 자유만 주어진다면 자신에게 있는 모든 것을 마음껏 쓰면서 신나게 살 수 있다고 착각합니다. 어린아이들 뿐만 아니라 많은 사람이 아직 건강하고 삶을 즐길 여력이 있는 동안에는 자신의 재력이나 실력, 건강 등을 믿고 자신의 원대로 살고 싶어 합니다. 하지만 하나님을 등지고 사는 인간은 결국 예외 없이 자신이 그동안 무시하며 잊고 있던 죽음의 기운의 끝자락에 이르게 됩니다.

저는 지금까지 태어난 지 2주 만에 죽은 아이부터 시작해서 한두 살에 죽은 아이, 유치부, 초등부, 중고등부 학생, 청년들, 심지어 결혼한 지 얼마 안 된 부부 중에 한 사람이 죽는 것과 장수하다가 노년에 죽는 것까지 그야말로 모든 연령대의 죽음을 보았습니다. 이처럼 죽는 것은 결코 나이순이 아닙니다.

앞에서 살펴보았듯이 인간에게는 부인할 수 없는 한 가지 사실이 있습니다. 바로 태어나면서부터 모든 사람이 죽음의 기운이 감도는 채로 살아간다는 것입니다. 그리고 그 종착지는 죽음입니다. 생각하고 싶지 않지만, 이는 엄연한 현실입니다. 내가 매일 밥 먹고 돈을 버는 것만큼이나 현실적인 사실입니다. 그런데도 많은 사람이 사는 동안 이것을 탕자처럼 무시하고 살아갑니다.

그런데 이보다 더 중요한 사실이 있습니다. 바로 우리 인생이 죽음의 기운을 느끼며 그 끝자락으로 향하는 결론이 전부가 아니라는 것입니다. 우리는 그런 인생에 대반전이 있다는 사실을 탕자의 다음 여정을 통해서 보게 됩니다. 탕자에게 일어난 그다음 여정을 주목해 보십시오. 탕자가 만일 그 상태에 계속 머물렀다면, 그의 삶은 그것으로 끝났을 것입니다. 그러나 놀랍게도 본문은 그렇게 되지 않는 길을 말해 줍니다.

먼저 탕자는 자신이 관계를 깨뜨리고 떠났던 아버지를 생각하면서 그에게 돌아가고자 하였습니다. 여기서부터 그의 삶이 전환됩니다. 가만히 있으면 죽을 수밖에 없는 처지에서 그는 아버지를 생각하면서 이렇게 말합니다.

"이에 스스로 돌이켜 이르되 내 아버지에게는 양식이 풍족한 품꾼이 얼마나 많은가 나는 여기서 주려 죽는구나 내가 일어나 아버지께 가서 이르기를 아버지 내가 하늘과 아버지께 죄를 지었사오니 지금부터는 아버지의 아들이라 일컬음을 감당하지 못하겠나이다 나를 품꾼의 하나로 보소서 하리라 하고"(17-19절).

어떤 사람은 이를 회개와는 상관없는 내용이라고 말합니다. 죽을 처지에 있었던 그가, 그저 자기 배를 채우고 싶은 욕망을 드러냈을 뿐이기 때문에 긍정적으로 볼 내용이 없다는 것입니다. 그러나 이는 회개의 과정에서 꼭 필요한 내용입니다. 비록 죽음에 대한 두려움으로 인해서든, 자신의 한계로 인해서든 또는 죽고 싶지 않다는 이기적인 욕구에 의해서나 자신이 잘 되고 싶은 욕구에 의해서든, 인간이 전환하는 데 중요한 것은 그 조건에서 자신이 등지고 떠난 하나님을 생각한다는 점입니다.

세상에는 탕자처럼 자신이 돌아가야 할 관계를 다시 생각하지 않는 사람도 많습니다. 자신의 한계와 연약함 등 막다른 상황에 이르렀음에도 죽으면 끝이라고 생각하고, 거기서 끝나는 사람이 많습니다. 특히 이성적인 사람들은 인간이 연약해서 신이나 종교를 만들었다면서 이 사실을 스스로 무시해 버립니다.

그러나 우리가 주목할 점은 탕자의 전환이 아버지를 생각하는 데서 시작되었다는 사실입니다. 일반적으로 사람들은 어떤 일이 닥치고 죽음의 기운을 크게 느낄 때, 슬퍼하거나 절망하고 싫어하는 감정만 드러낼 뿐 그 근원에 대해서는 잘 생각하지 않습니다. 그러나 탕자는 자신의 한계 속에서 스스로 떠난 아버지를 생각했습니다.

우리에게 필요한 것은 '종교 생활'이 아니다

물론 그런 생각을 갖게 되었다고 해서 다 해결된 것은 아닙니다. 그런 생각을 한다고 해서 모두 옳은 결론에 이르는 것도 아닙니다. 많은 사람이 그러하듯 아버지께 돌아갈 생각을 한 탕자에게는 아직까지 자기 생각, 자기 원함밖에 없었습니다. 이를 진정한 회개라고 말할 수는 없습니다. 본문 17-19절에서 탕자는 아버지를 생각했지만, 자신이 깨뜨리고 떠난 아버지와의 관계에 초점이 맞춰진 것은 아니었습니다. 그는 아버지의 집에 양식이 풍족한 품꾼들을 생각했습니다. 돌아가면 자신도 그 품꾼들처럼 굶주리지 않을 수 있다고 생각했습니다.

이처럼 그는 자신이 하늘과 아버지께 죄를 지었으므로, 지금부터 아버지의 아들이 아닌 품꾼으로라도 일하면서 살길을 찾고 싶다고 생각하고 아버지 쪽을 바라본 것입니다. 구약에서 빚진 사람은 빚을 갚기 위해 자신을 노예로 팔아서 일정 기간 종살이하는 것이 관례였습니다. 어쩌면 탕자는 그런 관계를 자신에게 적용해서 생각했을지도 모릅니다.

그는 자신이 만일 품꾼으로 받아들여지면 (비록 가족의 집이 아닌 별도의 거처에서) 다른 품꾼들과 함께 살겠지만, 그래서 오히려 아버지와 형의 미움을 피할 수 있으리라 기대했을지도 모릅니다. 고대 근동 문화에서는 살아 있는 아버지의 유산을 탕진한 자와의 관계를 단절하고, 그에게 어떠한 존경심도 갖지 않고 무시하는 것이 통례였습니다. 그는 그런 상황을 받아들일 생각이었습니다.

여기서 탕자가 생각하고 기대한 바의 최대치를 보십시오. 그것은 아버지의 품꾼이 되어 자기 노력으로 관계를 개선하려는 것이었습니다. 아버지께로 돌아가겠다고 한 생각은 좋았지만, 그가 생각할 수 있는 최대치는 자신의 안식처인 아버지 품 안에서 모든 것을 다시 누리는 삶은 아니었습니다. 이는 결국 하나님께 범죄하여 타락한 인간이 생각하는 수준이 무엇인지를 잘 보여 줍니다.

오늘날 예수를 믿겠다고 교회에 나오는 사람 중 많은 사람이 이러한 수준에 머물러 있습니다. 이는 하나님과의 관계를 깨고 살아가는 인간이 하나님께 돌아오려고 할 때 흔히 취하는 태도입니다. 많은 사람이 그동안 자신이 잘못 살아온 것과 자신에게 구원이 필요하다는 것을 현실 속에서 느끼면서도, 자신의 노력으로 구원받아야 한다고 생각합니다.

구원을 주실 하나님보다는 자신이 뭔가를 함으로써 하나님과의 관계를 회복하려는 수준에서 신앙생활을 하는 것입니다. 그동안 자신이 느꼈던 죽음의 기운에서 벗어나거나 자신의 삶이 안정되고 복을 받기 위해 교회에 나오는 것입니다. 자신의 잘못과 지난날의 아쉬움을 씻기 위해서는 열심히 봉사하고 선행하면서 도덕적으로 괜찮은 사람이 되어야 한다고 생각하는 것입니다. 이것이 바로 탕자와 같은 모습입니다.

오늘날 교회 안에 있는 많은 사람이 이러한 생각을 지속적으로 갖습니다. 신앙생활을 한 지 10년이 지나고 20년이 되어도 그런 식으로 교회를 다니는 것입니다. 그러다가 상황이 조금 좋아지면 교회에 안 나오고, 갑자기 질병에 걸리면 다시 열심히 다니는 모습을 보입니다. 이는 탕자가 아버지께 돌아갈 때 보였던 수준에 지나지 않습니다. 또한 이는 참된 회개도, 구원을 얻은 것도 아닙니다.

처음에는 아는 것이 없어서 탕자와 같은 모습을 가질 수 있습니다. 하지만 그 이후에는 아버지와의 깨어진 관계를 회복하고, 그 관계 속에서 아버지의 모든 것을 누리는 데로 나아가야 합니다. 그것이 바로 성경에서 말하는 구원이요, 참된 회심입니다.

탕자에게 가장 큰 문제는 아버지와의 깨어진 관계였습니다. 마찬가지로 우리에게도 가장 큰 문제는 하나님과의 깨어진 관계입니다. 예수 믿기 전 자신이 누리고 있는 몫이 아니라, 하나님과 깨어진 관계가 회복되는 것이 가장 중요합니다. 이 관계가 회복되지 않는 한 그 어떤 행위와 열심도 소용없습니다. 그것은 모두 자기 나름의 종교 생활일 뿐, 구원과는 상관없습니다.

아들에게로 달려가시는 아버지

그렇다면 아버지와의 깨어진 관계는 어떻게 회복될 수 있을까요? 탕자가 아버지께로 돌아갔을 때 어떤 일이 일어났을지 상상해 보십시오. 탕자는 자신이 살던 곳으로 돌아갈 때 분명히 마을 사람들로부터 손가락질과 조롱을 받았을 것입니다. 당시 사람들은 그가 어떤 식으로 유산을 받아서 나갔는지 알기 때문입니다.

또 그가 아버지의 집에 도착했을지라도 아버지의 허락이 있기 전까지는 문 앞에서 기다려야만 했습니다. 설령 아버지가 나온다고 해도, 아버지는 그동안 자신과의 관계를 끊고 모든 것을 탕진한 자식을 향한 분노와 섭섭함과 안타까움을 드러내면서 책망하는 것이 일반적입니다. 그래서 자신을 품꾼으로라도 받아 주시기를 기대하는 것이 당시 문화 속에서 그려 볼 수 있는 일반적인 모습입니다. 실제로 탕자는 아버지나 마을 사람들이 그럴 것이라고 예상하며 아버지께로 향했을 것입니다. 그러면서 자신을 품꾼으로라도 받아 주면 좋겠다고 생각했습니다.

그러나 아버지와의 깨어진 관계 회복은 탕자가 생각한 과정을 거쳐 일어나지 않았습니다. 놀랍게도 아버지는 돼지를 치며 돼지와 함께 자던 모습 그대로 집을 향해 돌아오는 아들에게 달려갔습니다. 탕자가 아니라 아버지가 먼저 달려갔습니다. 아직도 거리가 멀어서 누추하게 돌아오는 자가 자신의 아들인지조차 정확하게 확인되지 않았음에도, 아들을 항상 기다려 왔던 아버지였기 때문에 자신의 아들임을 확신하고 측은한 마음으로 달려갔습니다.

여기서 "달려가"(20절)라는 말은 경기장에서 도보 경주에 쓰이는 전문

용어입니다. 그러니까 아버지는 경주하듯이 아들에게 달려갔다는 의미입니다. 예수님 당시 사람들은 긴 치마처럼 통으로 된 옷을 많이 입었습니다. 그런 옷을 입고 경주하듯이 달려가려면 긴 옷을 잡아 끌어올리고 뛰어야 했습니다. 이는 당시 유대 풍습으로 생각하면 다리가 다 보이게 되는 창피한 일입니다. 그런데 아버지는 바로 그런 모습으로 아들에게 달려갔습니다. 이를 통해 본문은 탕자의 아버지가 주변 사람의 시선이나 자신의 수치를 개의치 않고 달려갔음을 말해 줍니다.

아버지는 왜 이러한 모습으로 아들에게 달려갔을까요? 그 이유는 돌아온 아들에 대한 측은한 마음 때문이었습니다. 이것이 바로 아들을 향한 아버지의 사랑입니다. 그렇게 아버지는 아들에게 달려감으로써 아들이 마을 사람들에게 배척당하고, 무시와 수치를 당할 것을 자신이 모두 떠맡았습니다. 또한 본문은 아버지가 아들에게 입을 맞추었다고 말합니다. 여기서 '입을 맞춘다'라는 말은 한 번이 아닌 계속해서 입을 맞추는 것을 말합니다. 아버지는 아들에게 그런 사랑을 드러낸 것입니다.

아버지의 사랑에 압도된 자의 진정한 회개

이제 아들은 그러한 아버지의 사랑에 압도되었습니다. 자신이 전혀 생각지도 못했던 일, 자신의 생각을 완전히 넘어서는 일이 벌어진 것입니다. 그래서 그는 원래 아버지께 하려고 했던 말조차 하지 못했습니다. 자기가 생각한 대로 품꾼으로서 아버지와의 관계를 회복해 보겠다는 말조차 하지 못한 것입니다. 그는 그저 "아버지 내가 하늘과 아버지께 죄를 지었사오니 지금부터는 아버지의 아들이라 일컬음을 감당하지 못하겠나이다"(21절)라고 하면서 아버지의 뜻에 자신을 내어 맡긴다는 말밖에 할 수 없었습니다. 성경에는 그다음에 아들이 말한 내용이 없습니다. 이는 원래 말하고자 했던 내용을 다 하지 못했다는 것을 보여 줍니다. 이것이 바로 회개에서 가장 중요한 부분입니다.

탕자가 처음에 아버지를 떠날 때는 아버지의 간섭과 영향을 받지 않고 자기 뜻대로 살고 싶어서 그렇게 했습니다. 또한 그가 아버지께로 돌이킬 때도 아버지보다는 아버지 집의 풍족한 양식과 품꾼으로 일해서 빚을 갚아 관계를 회복하겠다는 생각에 집중되어 있었습니다. 그렇게 자신에게 집중되어 있었던 탕자가 아버지의 사랑에 압도되자 자신의 모든 것을 아버지의 손에 전적으로 맡기는 모습을 보게 됩니다.

그는 자신의 가장 큰 문제가 바로 아버지와의 관계라는 사실을 깨닫고, 아버지를 주목하며 자신의 삶을 아버지께 맡긴 것입니다. 지금까지 탕자는 자신을 삶의 주권자로 생각하며 살았습니다. 그러나 이제는 삶의 주권자가 아버지임을 인정하면서 그에게 자신의 모든 것을 의탁했습니다.

그런 아들에게 아버지가 뒤이어서 한 행동을 보십시오. 아버지의 아들이라 일컬음을 감당하지 못하겠다는 아들에게 아버지는 제일 좋은 옷을 입히고, 손에 가락지를 끼우고, 발에 신을 신기며, 살진 송아지를 잡아 잔치를 벌이라고 시킵니다. 아버지는 돌아온 아들에게 "가서 씻고 네게 맞는 옷을 입고 오라."고 말하지 않았습니다. 제일 좋은 옷을 내어다가 입히라고 종들에게 시켰습니다.

22절에서 "제일 좋은 옷"은 아버지가 가진 제일 좋은 옷을 말합니다. 이는 당시 유대인의 풍습으로 마치 에스더서에서 왕이 어떤 사람에게 영광을 주기 위해 어떻게 하면 좋겠느냐고 질문했을 때, 왕의 옷을 입히는 것이라고 대답한 내용과 같습니다(에 6:6-9 참조). 그렇게 아버지는 자신의 제일 좋은 옷을 탕자에게 입힘으로써 아들의 지위가 회복되었음을 확인시켜 주었습니다. 또한 이 아들은 여전히 내 아들임을 드러내며, 반지를 끼워 줌으로써 아버지의 인장을 가진 아들로 회복시켜 주었습니다.

또 발에 신을 신기는 행위는 당시 종이 맨발로 다녔다는 사실을 생각해 볼 때, 둘째 아들을 다시 가족으로 회복시켜 준다는 것을 시사합니다. 잔치를 열어 그런 모습의 아들을 드러내는 것은 아들과 아버지와의 관계가 회복되었음을 나타내는 것입니다. 동시에 사람들이 자신의 아들에 대해 가지고 있는 편견과 사회적인 배척을 정리함으로써 그들과의 관계 또한 회복되도록 해 준 것입니다. 지금까지 이 모든 것을 통해 아버지는 다음과 같은 사실을 강조합니다.

"이 내 아들은 죽었다가 다시 살아났으며 내가 잃었다가 다시 얻었노라"(24절).

이는 아버지와 죽었던 관계가 다시 살아 있는 관계로 회복되었음을 말합니다. 한 사람이 하나님께로 돌아오는 회심이 바로 이렇습니다. 한 사람이 회심하여 구원받게 되는 것은 바로 이런 변화가 생기는 것을 말합니다. 하나님께 대하여 죽었고, 하나님과 교제가 없이 단절된 상태,

하나님을 등진 채 저항하며 반역하던 상태에서 예수 그리스도를 믿음으로 다시 하나님과의 관계가 회복되는 것이 회심이고 구원입니다.

아버지의 품 안에만 있는 참된 안식

언제나 죽음의 기운이 감도는 인생을 살아가면서 구원을 얻고 싶다면, 한 가지 길이 있습니다. 지금까지 하나님을 등진 채 그분을 떠나 살던 상태에서 하나님께로 돌아오는 것입니다. 인간은 하나님께 돌아오기 전까지는 영혼의 안식이 없습니다. 무엇을 해도 마찬가지입니다. 돈을 많이 벌고 성공하거나, 게임이나 도박에 빠지거나, 심지어 여러 가지 종교에 기웃거려 보아도 영혼의 안식은 생기지 않습니다.

그런 점에서 여러분은 지금 어떻습니까? 영혼의 안식을 누리며 살고 있습니까? 그 무엇으로도 흔들 수 없는 답을 가지고 살고 있습니까? 혹시 무엇을 해도 불안하고, 무엇을 이루거나 또 하고 싶은 것을 해도 감출 수 없는 목마름이 있지는 않습니까? 이러한 어려움은 모두 하나님을 등진 채 살고 있기 때문에 생기는 것입니다. 따라서 모든 문제는 오직 하나님께 돌아올 때에 해결될 수 있습니다.

본문에서 그 해결책이 어떻게 제시되고 있는지 보십시오. 탕자가 아버지께 돌아가서 품꾼으로 빚을 갚아서 해결되었습니까? 아닙니다. 그 더럽고 추한 탕자의 목마름과 영혼의 안식은 사람들의 배척과 수치를 모두 받으며 탕자에게 달려와 그를 받아 주신 아버지의 품에 안겼을 때 비로소 해결되었습니다.

성경은 이러한 아버지의 행동을 하나님의 행동으로 설명합니다. 특히 육신이 되어 이 땅에 오신 하나님이 우리가 당해야 할 죄에 대한 수치와 배척을 대신 당하시고 고난받고 십자가에 달려 죽으신 것으로 말합니다. 죽음의 기운을 크게 느끼면서 절망하여 결국 삶의 끝을 생각하던 탕자가 영혼의 안식을 얻게 된 것은, 자신의 노력이 아니라 돌아온 자신을 사랑으로 받아 주신 아버지의 품에 안겼을 때입니다. 이처럼 아버지와의 깨어진 관계는 탕자가 아닌 아버지가 그 관계를 회복시킴으로써 있게 되는 것입니다.

하나님과 깨어진 관계 속에서 영혼의 안식이 없는 삶을 살고, 하나님 없이 죄악 가운데 사는 사람은 아무리 살아도 계속 그런 삶입니다. 그러나 지금까지의 삶이 탕자처럼 추하고 비참할지라도 전혀 다른 삶을 살 수 있는 길이 있습니다.

바로 자신의 죄를 용서받고 다시 하나님과의 관계가 회복되어 영혼의 안식을 얻는 길이요, 하나님의 생명과 그분의 모든 것을 지금부터 영원히 누릴 수 있는 길입니다. 그것은 탕자처럼 나의 죄로 인해 내가 당해야 할 수치와 저주와 심판을 대신 당하심으로 우리를 구원으로 이끄신 예수 그리스도께로 나오는 것입니다. 그분을 믿고 구원주로 받아들이는 것입니다.

예수 그리스도께 자신을 의탁하여 "나는 아들이라 일컬음을 받을 수가 없을 만큼 죄인입니다. 저는 아무 할 말이 없습니다. 제가 감히 무엇을 할 수 있겠습니까? 주님 원하시는 대로 하시옵소서."라고 하면서 자신을 전적으로, 진심으로 주님께 맡기는 것이 회개입니다.

죄인을 받아 주시는 그 품으로 돌이키라

자신의 지난날이 어떠하든, 다른 사람이 자신을 어떤 사람으로 취급하고 판단하든 개의치 마십시오. 나의 죄를 대신 지시고 내가 당할 수치와 배척과 저주와 심판을 모두 담당하심으로 나를 품길 원하시는 예수 그리스도께 자신을 내어 맡기십시오. 그분만이 나의 비참함을 해결하고 나를 죄에서 구원하실 구주임을 믿으십시오.

예수 믿기 전까지 인간은 모두 죽은 자와 같고 잃어버린 자와 같습니다. 무엇을 해도 죽음의 기운을 느끼며 사는 것이 전부입니다. 그러나 하나님과 살아 있는 복된 관계를 가질 수 있는 길이 있습니다. 바로 내가 받을 수치와 배척과 저주를 다 담당하신 예수 그리스도를 믿는 것입니다. 그가 십자가에 달려 우리 죄에 대한 수치를 친히 담당하심으로 자기에게 나아오는 자들을 모두 품으셨습니다. 탕자의 아버지가 목을 끌어안고 그를 받아 주신 것처럼 말입니다. 누구든지 그분을 믿는 자에게는 죽음의 기운을 벗어나는 영혼의 안식이 있습니다. 이렇게 인간은 비로소 죽음을 넘어 생명으로 나아가게 됩니다.

> "나는 부활이요 생명이니 나를 믿는 자는 죽어도 살겠고 무릇 살아서 나를 믿는 자는 영원히 죽지 아니하리니…"(요 11:25–26).

거듭 말씀드리지만, 자신이 지금까지 탕자보다 더 악한 죄를 범했다고 생각할지라도 죄를 용서받고 영생을 얻을 수 있는 길이 있습니다. 바로 예수 그리스도를 믿는 것입니다. 이것은 종교적인 이론이 아닙니다.

그러니 거부하지 마십시오. 이를 거부하는 자는 죽음의 기운의 끝자락에 이르러 자신이 지은 죄에 대한 책임을 스스로 져야 합니다.

그러나 탕자처럼 타락한 자라도 예수 그리스도를 믿으면 아버지의 모든 것을 누리게 됩니다. 그는 아버지의 옷을 입고, 아버지가 준 인장 반지를 끼고, 새로 신겨진 신발을 신고, 아버지가 배설한 잔치를 경험합니다. 이는 모두 하나님과의 관계 속에서 참 생명을 영원토록 누리는 것에 대한 설명입니다. 바로 이 복된 것이 예수 그리스도를 믿는 자에게 있습니다.

그러니 이 귀한 복음을 그냥 듣고 흘려보내지 마십시오. 하나님께서 여러분에게 주시는 기회로 아십시오. 이 기회를 가볍게 여기지 말고 반드시 예수 그리스도를 믿어 지금부터 죽음의 기운에서 벗어나 참 생명을 알고 누리길 소망합니다. 여러분에게 이런 참된 회심의 역사, 구원의 역사가 있기를 바랍니다.

5 장
핵심
요약

- 모든 인간은 근원적으로 하나님의 소생임에도 탕자와 같이 하나님을 등지고 자기 맘대로 살고자 한다.
- 자신의 뿌리가 되시는 하나님과의 관계가 단절된 채 살아가는 인간의 삶은 결국 죽음의 기운을 크게 느끼며 사는 방향으로 나아갈 수밖에 없다.
- 죽음의 끝자락을 향해 나아갔던 탕자는 아버지를 생각하며 돌아가고자 함으로써 그의 삶에 전환을 갖게 되었다.
- 아버지와의 깨어진 관계는 탕자가 아닌 아버지가 먼저 아들에게 달려감으로써 회복되었다.
- 지금까지의 삶이 탕자처럼 추하고 비참해도 다른 삶을 살 수 있는 길이 있다. 그것은 탕자와 같은 나의 죄로 인해 수치와 저주와 심판을 대신 당하심으로 우리를 구원으로 이끄신 예수 그리스도께 나아오는 것이다.

6장

교회 안에 있는 자들도 돌이켜야 한다

[11] 너는 그들에게 말하라 주 여호와의 말씀이니라 나의 삶을 두고 맹세하노니 나는 악인이 죽는 것을 기뻐하지 아니하고 악인이 그의 길에서 돌이켜 떠나 사는 것을 기뻐하노라 이스라엘 족속아 돌이키고 돌이키라 너희 악한 길에서 떠나라 어찌 죽고자 하느냐 하셨다 하라 _ 겔 33:11

내부인도 회심이 필요하다

오늘날 기독교회 안에는 예수를 믿겠다고 교회에 나온 사람들을 모두 회심한 사람들로 생각하는 풍조가 있습니다. 그러나 이는 착각입니다.

하나님은 선지자 에스겔을 통해 이스라엘 백성들의 착각을 지적하십니다. 에스겔 당시 이스라엘 족속은 자신들을 하나님의 택한 백성으로 생각하고 있었습니다. 그런데 하나님은 그들을 악인이라 하시며 죽고자 하는 자와 같다고 말씀하십니다. 돌이키지 않으면 죽을 수밖에 없는 상태에 있다고 말씀하신 것입니다. 여기서 "돌이키라"(11절)는 말씀은 구약에서 회심을 말할 때 사용하는 대표적인 표현입니다.

구약에서 말하는 회심은 하나님께 돌아가는 것입니다. 좀 더 구체적으로 말하면, 자신이 하나님이 되어 모든 것을 결정하며 자기를 섬기는 태도와 여러 가지 우상들을 버리고, 하나님을 등진 죄악 된 생활에서 하나님께로 돌이키는 것입니다. 이를 신약에서는 "하나님께 대한 회개와 우리 주 예수 그리스도께 대한 믿음"(행 20:21)으로 말합니다. 신약성경은 이처럼 회개와 믿음, 이 두 가지가 함께 있는 것을 회심으로 말합니다.

이러한 사실을 생각해 볼 때, 소위 하나님의 택한 백성들이었던 이스라엘에게 회심해야 한다고 하시며, 그렇지 않으면 멸망할 것이라고 하시는 하나님의 말씀은 매우 충격적입니다. 비록 경고로서 하시는 말씀이라도 하나님의 말씀은 결코 거짓되지 않습니다. 하나님은 말씀하신 대로 이루십니다. 그런 면에서 본문은 매우 심각한 내용입니다. 그럼에도 당시 이스라엘 백성들은 이 말씀을 충격적으로 받아들이지 않았습니다. 안타까운 사실은 오늘날에도 많은 사람이 이러한 내용을 그다지 충격적으로 생각하지 않는다는 것입니다.

하나님은 이와 같은 말씀을 예루살렘이 멸망하기 전부터 계속해 오셨습니다. 예레미야 선지자를 통해서도 하셨고, 예루살렘 멸망 이후에도 에스겔 선지자를 통해 이스라엘을 악인이라 하시며 회심해야 한다고 말씀하셨습니다. 하지만 정작 당사자들은 회심의 필요를 인지하지 못했고, 그러한 말씀을 새겨듣지도 않았습니다. 우리는 이러한 모습을 오늘날 교회 안에서도 찾아볼 수 있습니다. 오늘날에는 회심의 필요를 말하는 교회도 적지만, 말하더라도 사람들이 무겁게 받아들이지 않습니다.

그러나 우리는 교회 안에도 회심이 필요한 사람들이 있다는 사실을 기억해야 합니다. 교회에 처음 나온 사람들 뿐만 아니라, 예수 믿는 사람들의 자녀들 중에도 아직 회심치 못한 가운데 어린 시절을 보내는 이들이 있고, 교회를 다니고 있어도 아직 회심하지 않은 사람들이 있습니다. 그렇게 지상교회 안에는 언제나 회심이 필요한 사람들이 있습니다.

이런 현상은 하나님께서 이 땅에 육신을 입고 오셔서 구원의 말씀을 전했던 현장에도 있었습니다. 예수님은 씨 뿌리는 비유를 통해 그것을 말씀하셨습니다. 구원의 말씀을 들어도 길 가나 흙이 얕은 돌밭, 가시떨기와 같은 마음 상태로 인해 여전히 회심치 않아서 열매 맺지 못하는 사람들이 있다고 하신 것입니다(마 13:3-7; 막 4:3-7 참조). 실제로 그런 사람들이 예수님의 말씀을 듣고 따라다녔던 사람 중에도 있었고, 이후에 사도들이 전한 말씀을 듣는 무리 가운데도 있었습니다. 사도 요한도 요한일서 2장에서 한동안 교회 안에 함께 있었지만, 그리스도께 속하지 않은 자들이 있었다고 하면서 그들이 나중에는 나갔다는 사실을 말했습니다. 이처럼 지상교회 안에는 회심이 필요한 사람들이 있습니다.

물론 회심은 예수를 전혀 모르는 사람들, 즉 자신의 죄악 된 생활에서 돌이켜 예수를 믿어야 하는 교회 밖에 있는 사람들에게도 필요합니다. 그런 점에서 회심이 필요한 사람은 두 부류로 말할 수 있습니다. 한 부류는 구약의 유대인이나 기독교 가정에서 자란 사람들과 같이 어떤 연유에서든 교회를 다니면서 기초적인 성경 진리는 알고 있지만, 그리스도와 인격적인 관계는 맺지 못한 사람들입니다. 데이비드 웰스는 그들을 가리켜 '내부인'이라고 말하면서 그들의 회심을 '내부인의 회심'이라

고 말했습니다.[1]

또 다른 부류는 기독교에 대해 알지 못하는 상태에서 사는 사람들, 다른 종교를 가지고 있거나 이 세상의 이념과 사상에 찌들어 사는 사람들, 여러 가지 우상들을 섬기거나 심지어 자기 자신을 우상으로 섬기면서 사는 사람들입니다. 웰스는 이들을 '외부인'이라고 말하면서, 이들의 회심을 '외부인의 회심'이라고 말했습니다.[2]

하지만 오늘날 교회들은 주로 교회 밖에 있는 사람들에 대해서만 회심을 말합니다. 교회 안에 회심이 필요한 사람들이 있다는 것을 생각하지 않거나 또는 말하려고 하지 않습니다. 그것은 여러 이유가 있겠지만, 현실적인 이유로는 예배당에 앉아 있는 사람들의 심기를 불편하게 해서 교회에 나오지 않는 일이 생길까 봐 두려워하기 때문입니다.

더 긴급한 문제, 내부인의 회심

'내부인의 회심', 즉 믿는 가정 안에서 자라서 교회 안에는 있지만 여전히 예수 그리스도와 인격적인 관계를 맺지 않은 사람들의 회심은 교회가 진지하게 생각하고 기도하며 다루어야 할 현실 문제입니다.

교회만 나오면 모두 그리스도인이 되는 것이 아닙니다. 교회 안에 있어도, 집사나 권사 심지어 장로와 목사까지 되어서도, 교회에 문제를 일으키는 일이 한국교회 안에서 심심치 않게 벌어지고 있는 원인 중 하나는 그들 중에도 회심하지 않은 자들이 있기 때문입니다.

우리는 내부인의 회심 문제를 매우 중대하게 다룰 필요가 있습니다.

특히 교회와 목회자들은 교회 밖에 있는 영혼들 뿐만 아니라 교회 안에 있는 영혼들의 회심까지 사역의 목적으로 삼고 온 마음을 쏟아야 합니다. 성경은 다음과 같이 말합니다.

"나더러 주여 주여 하는 자마다 다 천국에 들어갈 것이 아니요 다만 하늘에 계신 내 아버지의 뜻대로 행하는 자라야 들어가리라 그 날에 많은 사람이 나더러 이르되 주여 주여 우리가 주의 이름으로 선지자 노릇 하며 주의 이름으로 귀신을 쫓아 내며 주의 이름으로 많은 권능을 행하지 아니하였나이까 하리니 그 때에 내가 그들에게 밝히 말하되 내가 너희를 도무지 알지 못하니 불법을 행하는 자들아 내게서 떠나가라 하리라"(마 7:21-23).

주님은 말씀을 전하는 사람들부터 시작하여 많은 사람이 회심하지 않은 채 가르치며 어떤 영적 역사를 행하는 일이 있으리라는 것을 시사하셨습니다. 이러한 현실에 대해 켄트 필폿(Kent Philpott)은 자신이 지금까지 잘못 사역한 것을 뒤늦게 깨닫고 뉘우치며 다음과 같이 말했습니다.

"여러 해 걸친 내 목회 기간 동안 스스로 그리스도인이라고 하던 어떤 사람들이 나중에 보니 그렇지 않은 것으로 판명되었다. 그전부터 나는 이런 사실들을 알고 있었지만, 그것에 대해 심각하게 생각하지 않았다. 그렇다면 실상은 그리스도인이 아니면서 스스로 그리스도인이라고 생각하면서 교회에 앉아 있다는 말인가? 자신이 천국으로 가고 있다는 착각에 빠진 사람들이 예배 시간에 앉아 있었다는 말인가? 거짓 회심이 있을 수 있다는 사실은 내게 가히 혁명적이었다. 그런 생각에 이르자 나는 왜 그 전에는 그런 사실을 깨닫지 못했을까 하는 생각이 들었다. 처음에는 내가 30년 목회를 제대로 한 것인가 하는 의심이 들어서 그 사실을 받아들이기가 쉽지 않았다. 그렇지만 새로운 사실에 눈뜬 나는 기독교의 회심이 무엇인지에 대해서 다시 깊이 생각해 보지 않을 수 없었다.

… 1997년이 되었을 때, 나는 개혁신학 쪽으로 기울기 시작했다. 내가 아르미니우스주의적인 사역을 했던 시기에는 거짓 회심들이 가장 많이 나타났다. 다시 말해서 그 이전이나 이후보다 더 많이 그런 것이 나타났다. 물론 우리가 아무리 노력할지라도 회심하지 못한 사람이 자신이 회심했다고 착각하는 일은 앞으로도 항상 일어날 것이다.

그러나 이제 나는 사람들이 그리스도인이 되도록 돕는 방법, 테크닉을 사용하는 것이나 이런저런 모양으로 나타나는 영적인 현상들을 회심의 징후로 보는 것을 받아들일 수 없다. 왜냐하면 이런 것은 내가 발견한 성경의 회심과 같지 않기 때문이다. 마음의 변화 없이 테크닉만을 사용하거나 다른 사람들에게서 나타나는 이런저런 영적 현상들을 흉내 내는 일은 얼마든지 있을 수 있다.

나는 사람들을 그리스도에게 인도한다는 통상적 방법을 사용하는 것이 거짓 회심을 낳을 수도 있다고 믿게 된 후로 사역의 방법을 바꾸기 시작했다. 복음을 증거하는 설교를 강하게 한 후에 사람들에게 '예수 그리스도를 구주로 영접할 분은 손을 들고 앞으로 나오십시오.'라고 말하는 방법에 익숙해진 나로서는 설교는 전과 똑같이 하지만 영접으로의 초대,

결신의 초청을 하지 않는 것이 매우 힘들었다. … 그렇지만 나는 사람들에게 죄를 회개하고 예수를 그들의 주와 구주로 믿으라고 촉구하는 것은 계속했다. 내가 포기한 것은 내 설교를 마친 후에 그들을 조정하는 것이다. 다시 말해서 설교 후에 그들을 강단 앞으로 나와서 영접 기도를 따라 하도록 시키는 것을 포기했다는 말이다.

나의 달라진 모습을 보고 교인들이 다소 비판적인 태도를 보였다. 나는 그들의 비판을 무시하지 않고 나름대로 깊이 생각해 보았다. 그렇지만 나는 성령님이 사람들에게 그들의 죄를 일깨워 주시고 그들에게 예수님을 주와 구주로 계시해 주시기를 의지하는 방법을 결코 포기하지 않았다.

그런데 한 가지 제안이 내게 던져졌고 나는 그것을 꽤 깊이 생각해 보았다. 그 제안은 이런 것이었다. '그물을 넓게 던지십시오. 다시 말해서 온갖 전도 방법을 다 사용해서 사람들을 최대한 교회로 모이도록 한 다음 하나님께서 그들을 다루도록 하십시오. 최근에 유행하는 예배 형식들도 도입하고 사람들을 결신으로 이끌고 기독교가 아주 매력적인 것으로 보이게 하며 삶의 질을 높여준다는 각종 프로그램을 사용하십시오. 이런 방법들을 사용하여 불러들인 사람들이 회심하지 못한다 해도 손해 볼 것은 없지 않습니까? 그들이 교회에 계속 출석한다면 복음을 계속 들을 것이고 그러다 보면 그들 중 회심자가 나올 수도 있을 것입니다. 그들이 교회에 전혀 나오지 않는 것보다는 어떤 식으로든 기독교와 계속 접촉하도록 하는 것이 더 좋지 않습니까?'

나는 이런 논리에 설득될 뻔했다. … 그러나 거짓 회심의 큰 위험성을 깨닫게 된 후로 나는 하나님께서 자신의 일을 하시도록 하나님을 의지하기를 원했으며 사람들을 회심으로 이끈다는 명분으로 비성경적인 방법들을 사용하기를 원하지 않게 되었다."[3]

그리고 뒤에 가서 그는 이렇게 덧붙였습니다.

"빠르고 손쉬운 인간적인 방법을 사용하여 의심스러운 회심의 고백을 얻어낼 바에는 차라리 조롱당하고 쫓겨날 각오를 하고 회심을 주제로 설교하겠다는 것이 나의 자세이다. 내가 볼 때 우리 자신의 회심과 다른 사람의 회심에 대해 의문을 품는 것은 어느 쪽의 답을 얻든 우리에게 이롭다. 만약 우리가 회심했다는 것을 깨닫게 되면 우리는 더 큰 구원의 확신을 얻게 된다. 이와 반대로 우리가 회심하지 못했다는 것을 깨닫게 되면 구원받기 위해서 예수께 나아갈 것이다. 그러므로 우리가 전에 했던 회심의 고백이 엉터리였는데도 그 사실을 깨닫지 못하는 것이야말로 큰 문제이다. 왜냐하면 그럴 경우 회심의 가능성이 없어지기 때문이다. 사도 바울이 강조했듯이 회심의 문제는 영원한 생명이냐 영원한 사망이냐의 문제이다."[4]

이 사람은 성경적인 결론에 이르렀습니다. 그러나 안타깝게도 아직 이러한 결론에 이르지 못한 채 사역하는 목회자들이 있습니다.

분명 교회를 섬기는 사역자들과 교사들은 영혼의 회심을 목표로 해서 말씀을 가르치고 전해야 합니다. 교회에 나오는 영혼들의 회심은 사역자가 기대를 가지고 기도하며 힘써야 할 가장 복된 일입니다.

교회 사역의 일차적인 목표

그것이 교회 사역의 일차적인 목표가 되어야 합니다. 그래서 제가 섬기는 교회에서는, 교회에 처음 온 사람들에게 등록 전에 『거듭남과 십자가』[5]를 공부하게 합니다. 회심한 사람이든 그렇지 않은 사람이든 그것을 통해 회심의 문제를 진지하게 생각해 볼 기회를 주고자 함입니다.

물론 거듭남과 회심은 교리적으로 구별됩니다. 거듭남은 출생과 같은 것입니다. 우리 중 누구도 태어나고자 하는 의지를 갖고 태어나는 사람은 없습니다. 출생의 문제가 나에 의해 결정되는 것이 아닌 것처럼 영적인 출생인 거듭남도 마찬가지입니다. 그것 자체는 오직 하나님에 의해서만 일어납니다. 거기에는 우리가 개입될 여지가 전혀 없습니다.

하지만 회심은 다릅니다. 회심은 성령께서 주도하시지만, 거기에는 우리의 반응이 포함됩니다. 즉 우리가 회개하고 믿는 것이 포함됩니다. 결론적으로 말해서 거듭남은 오직 하나님께서 역사하시는 일이고, 회심은 성령 하나님의 역사를 따라 우리의 인격이 반응하는 것입니다. 죄를 회개하고 예수 그리스도를 영접하는 우리의 반응이 어우러지는 것입니다. 앞에서 말씀드렸듯이 회심에는 우리의 지성과 감정과 의지가 움직이는 진실한 반응이 있어야만 합니다. 죄를 회개하는 것과 예수를 자신의 주와 구주로 믿는 일에 있어서 우리의 전인격이 움직여야만 합니다.

사도 바울은 사도행전 20장에서 "유대인과 헬라인들에게 하나님께 대한 회개와 우리 주 예수 그리스도께 대한 믿음을 증언한 것이라"(21절)고 하면서 자신의 사역을 회심을 위한 사역으로 요약했습니다. 이처럼 회심은 하나님께 대한 회개와 예수 그리스도께 대한 믿음 두 가지입니다.

인간은 누구든지 예수를 믿기 전까지는 자신을 신으로 여기며 삽니다. 굳이 '신'이라는 용어를 사용하지 않더라도 모든 인간은 자신이 주체자가 되어 모든 것을 결정하며 살아갑니다. 자신이 옳다고 생각하거나 좋다고 생각하는 바를 따라 삶으로써, 인간은 결국 자기 자신이 모든 일의 신이 됩니다. 그러므로 그 상태에서 회심한다는 것은 자신이 하나님이 된 삶을 회개하고, 예수 그리스도가 자신을 죄에서 구원하실 수 있는 구주임을 믿음으로써 옛 생활에서 돌이키는 것을 말합니다.

물론 이 일은 기계적으로 되지 않습니다. 회개의 필요와 예수 그리스도를 믿음으로 구원을 얻는다는 말씀에 전인격적으로 반응하는 가운데 있는 것입니다. 이는 생각의 변화 정도가 아니라 삶의 전환으로까지 이어지는 인격적인 반응입니다.

회심했는가?

그런 점에서 여러분은 자신이 멸망받을 수밖에 없는 악인임을 알고 자신을 신으로 여기며 살았던 옛 생활을 회개하며 하나님께 돌이켰습니까? 또 예수 그리스도만이 자신에게 생명을 주실 분으로 알고 믿었습니까? 이런 회심이 극적인 경험 속에서 있든 아니면 믿는 환경 속에서 오랜 시간을 보내면서 갖게 되었든, 중요한 것은 그런 전환과 변화가 자신에게 분명히 있었는가 하는 점입니다. 이는 교회를 얼마나 오랫동안 다녔는지 혹은 모태신앙인지를 묻는 것이 아닙니다. 집사인가 권사나 장로인가를 묻는 것도 아닙니다. 이는 자신이 주인 되어 자기 마음대로 살아온 지난날이 죄임을 알고, 그러한 옛 생활을 하나님께 회개하며, 예수 그리스도만이 자신의 삶을 인도하실 분이라는 분명한 믿음을 가졌는지를 묻는 것입니다. 그러므로 하나님의 계시의 말씀에 비추어 이 문제를 꼭 확인하십시오. 이로 인해 자신의 영원한 운명이 달라질 수 있습니다.

안타깝게도 오늘날 교회는 이런 질문을 제대로 하지 않습니다. 그저 윤리적으로 더 나은 사람이 되라고 말하거나 이 고통스러운 세상에서 마음을 잘 추스르면서 새로운 삶을 꿈꾸라고 말합니다. 그러나 그것은 교회가 전할 메시지가 아닙니다. 그런 얘기는 예수를 전혀 모르는 사람들이 쓴 책 한 권만 읽어도 쉽게 접할 수 있습니다.

교회는 이 세상이 줄 수 없는 것을 주는 곳입니다. 비록 옛 생활에서 돌이키는 것이 힘들지라도, 우리의 죄악 된 옛 생활을 회개하고 주 예수 그리스도를 믿어야만 우리의 영혼이 멸망하지 않고 하나님의 생명을 얻는다는 사실을 제시하는 곳이 교회입니다. 그들이 믿든 안 믿든 하나님이 제시하신 사실을 말하는 곳이 교회입니다. 이처럼 교회는 영원히 살고 죽는 문제를 말하고, 하나님의 생명을 얻도록 돕는 곳입니다.

확실한 것은 회심하지 않은 사람은 언젠가 교회를 떠나게 됩니다. 그리고 결국 본문 말씀대로 하나님에 의한 죽음, 곧 심판을 받게 됩니다.

교회를 떠나는 회심치 않은 자들

오늘날 우리는 과거에 교회를 다녔다가 지금은 다니지 않거나, 심지어 기독교를 싫어한다고 말하는 사람들을 봅니다. 그들 중에는 신천지 같은 이단으로 간 사람들도 있고, 절에 다니거나 가톨릭 신자가 되었다고 말하는 사람들도 있습니다. 그리하여 이단과 가톨릭과 불교의 숫자가 늘어나는 기현상이 벌어지고 있습니다. 이처럼 우리는 교회를 떠난 사람들의 숫자가 결코 적지 않은 현실을 경험합니다.

이는 이미 예고된 사실입니다. 왜냐하면 교회가 회심을 목표로 하지 않고, 기독교적인 문화에 적응된 소위 '기독교화'된 사람들을 만들었기 때문입니다. 그러므로 회심하지 않은 사람은 부모가 교회의 중직자라 해도 결국 교회를 떠날 것입니다. 저는 앞서 언급한 필폿 목사의 경험담을 통해 회심치 않고 교회를 떠난 사람들의 사례를 인용하고자 합니다.

"존이라는 사람은 자기가 여전히 예수를 믿는다고 말했다. 그의 말에 의하면 자기는 열두 살 때 교회 수련회에서 그리스도인이 되었다는 것이다. 그는 세례를 받았고 일주일에 적어도 두 번은 교회에 출석했다. 대학 다닐 때 신앙생활이 나태에 빠졌지만 결혼 후에 다시 아내와 함께 규칙적으로 교회에 다녔다. 그는 영적으로 안정된 것처럼 보였다. 심지어 목회자의 길을 걸을까 하는 생각까지 한 적이 있었다. 그에게는 거의 의심이 없었고 그는 깨끗한 삶을 살았다. 그의 행동을 보면 그는 모범적인 그리스도인처럼 보였다.

하지만 언젠가부터 그는 기독교의 모든 것에 싫증을 느끼고 그리스도인이기를 중단했다. 그렇다고 해서 다른 종교를 가진 것은 아니었다. 단지 교회에 나오지 않을 뿐이었다. 그 후 그는 어느 추도예배에서 나를 만났다. 그리고 내게 '나는 나를 위해서 내 아내와 가족이 기도한다는 것을 잘 압니다. 하지만 교회를 떠난 지금 나는 전보다 더 좋습니다.'라고 말했다. 전에 교회를 다닐 때 그는 단지 기독교 교리와 행동의 표준에 따랐을 뿐이다. 자기가 하나님 앞에서 죄인임을 깨닫지 못했기 때문에 예수님을 구주로 믿을 필요성을 느끼지 못했다. 그는 예수님을 위대한 영적 선생으로 존경했을 뿐이었다. 그는 회심하지 못했던 것이다."[6]

그는 또 다른 사례에 대해서도 말합니다.

"산호세 출신의 호세는 센 퀸틴 카운티 교도소 감방의 창틀 뒤에서 나를 뚫어지게 쳐다보았다. 그는 내가 건네주려고 하는 성경책을 받고 싶어 하지 않았다. 그는 샌프란시스코 카운티 교도소에 있을 때 이미 성경책을 한 권 받은 적이 있었다. 그는 가톨릭에서 성장했다. 하지만 그의 주장에 따르면 그는 10대 때 로스앤젤레스의 한 대형교회에서 성령세례를 받았다.

캘리포니아주는 세 번 중죄로 기소되어 세 번 유죄 판결을 받은 사람을 무조건 25년 형에 처하는 소위 삼진 아웃제를 시행하는데, 호세는 바로 이 형을 받고 복역하고 있었다. 감옥에서 그는 기독교 신앙을 가진 자기가 어찌해서 그 꼴이 되었는지 의아해했다. 나는 한 시간 정도 그와 대화를 나눈 후 그의 문제가 무엇인지 알게 되었다. 그는 예수님이 왜 십자가에 돌아가셨는지 몰랐고, 자기가 죄 사함 받았다는 느낌이 없었다. 더욱이 그는 기도하지 않았고 성경을 읽지 않았고 교도소에서 모이는 예배 모임에 참석하기를 거부했으며 그리스도인이라고 주장하는 수형자들을 경멸했다. 그러면서도 자신은 성령세례를 받았다고 주장했다. 그는 기독교화된 것뿐이었다. 그는 속고 있었다.

호세(Jose)의 바로 옆방에 오클랜드 출신의 마이크(Mike)라는 사람이 있었다. 호세보다 열두 살 어린 마이크는 구치소에 12년 동안 있다가 최근에 샌 퀜틴 교도소로 옮겨졌다. 5세 때 침례를 받은 그는 침례교에서 성장했다. 6세 때부터 주일학교 성가대에서 노래했고, 9세 때에는 말씀을 전하기 시작했다. 그러나 17세 때에는 캘리포니아주 청소년 교정국의 관리 아래 있었고, 25세 때에는 '네이션 오브 이슬람'(The Nation of Islam, 1930년 미국 미시건주에서 창설된 흑인 이슬람 운동 단체)로 개종했다. 내가 그에게 '그런데 당신은 정말로 그리스도인이었습니까?'라고 물었을 때, 그는 '목사님, 그런 식으로 말씀하지 마십시오. 내가 방금 교회에서 한 모든 일을 말씀드리지 않았습니까?'라고 말했다.

그러나 그는 회심의 체험이 없는 사람이었다. 다시 말해서 그는 죄를 용서 받기 위해서 자기에게 구주가 필요하다고 느끼지 못했다. 그런데도 그는 자꾸 자기에게 신앙이 늘 있었다고 내세웠다. 확신하건대 그는 많이 기독교화된 사람이었지만 그것이 사라졌을 때 다른 것이 그 자리를 차지하고 있었다."[7]

우리에게도 나타나는 또 다른 사례로서 쉐리(Sherie)라는 여인에 대한 얘기입니다.

"그녀는 두 번째 결혼이 파경을 맞았을 때 한 친구의 권유를 받고 내 집회에 참석했다. 그 집회 일정 동안 나는 그녀와 몇 시간 대화를 나누었다. 그때 들은 얘기는 이러했다. 그녀는 첫 번째 결혼이 실패했을 때 몇몇 친구들이 망가진 그녀의 삶을 다시 일으켜 세우도록 돕기 위해 그녀를 찾아왔다. 그들은 그녀를 자기들의 교회로 데려갔다. 그녀의 말에 따르면 그녀는 구원받은 순간부터 헌신적인 그리스도인이었다. 심지어는 은사 운동을 하는 교회에서 예배를 인도하기도 했고, 교도소를 찾아가 사역하기도 했다.

그러다가 몇 년 후 불신자와 만나 사랑에 빠져 결혼한 후 갑자기 교회를 떠나고 기독교를 버렸다. 그녀의 그리스도인 친구들은 충격과 실망에 빠졌지만, 그녀는 자기에게 일어난 일을 분명히 알고 있었다. 처음에 그녀는 단지 자기를 도와준 사람들의 생활방식과 철학을 받아들였을 뿐이었다. 그리고 자기가 옳은 일을 하고 있고, 옳은 것을 말하고, 열심히 신앙생활 하기 때문에 그리스도인이라고 생각했던 것이다. 하지만 점차적으로 흥미를 잃어가다가 재혼이라는 기회를 핑계로 교회를 떠났던 것이다."[8]

그런데 필폿은 그런 상태에서 이혼자를 위한 집회에 이 여인이 나타났다고 말합니다. 그러니까 회심의 경험이 없었던 것입니다. 이것은 우리에게도 얼마든지 있을 수 있는 다양한 사례들입니다. 마지막으로 한 가지만 더 인용하고 싶습니다.

"글래디스는 1975년에 예수님을 따르기로 결심했다. 그녀는 예수께서 죽은 자들로부터 부활하셨고, 장차 그녀를 천국으로 데려가시기 위해서 다시 오실 것이라고 확신하게 되었다. 그러나 대학의 교양 학부를 다닐 때, 그녀는 하나님이 필요 없고 사람들이 인생을 설명하고 사회 질서를 유지하기 위해 종교를 만들어 냈다고 주장하는 진화론을 받아들이게 되었다. 그리고 이성 교제가 실패로 돌아간 후에 그녀는 동양 종교들을 연구하게 되었다. 그러나 곧 싫증을 느낀 그녀는 다신 성경과 기독교 서적을 읽기 시작했다. 그녀는 하나님이 살아 계시다는 증거를 찾으려고 애썼다. 기독교를 변증하는 자료들을 연구한 후 그녀는 기독교가 진리라고 확신하게 되었다. 기독교 세계관이 믿을만한 것이라고 깨닫게 된 것이다. 그리고 많은 지성인이 그리스도인이라는 것을 알게 되었고, 기독교가 만들어 낸 문화가 세계에서 가장 가치 있는 문화라고 여기게 되었다. 기독교 미술, 기독교 역사, 기독교 음악, 기독교 건축, 기독교 예배와 의식이 그녀에게는 매우 매력적으로 보였다.

거의 같은 시기에 그녀는 소속감을 느끼게 해 주는 교회를 알게 되었다. 그녀는 좀 더 깊은 차원에서 그녀의 새 친구들과 일치감을 느끼길 원했고, 결국 예수님을 믿기로 결심했다고 공개적으로 밝혔다. 그러나 그 후 1980년에 그녀는 기독교를 흉내 낸 미국의 양대 사이비 종교를 번갈아 출석하기 시작했다. 하지만 어떤 것이 진짜 종교인지 갈피를 잡을 수 없었다. 결국 1990년 그녀는 종교 서적을 모두 꾸려서 자선 단체에 갖다 주었으며 자신은 그리스도인이 아니라고 결론 내렸다."[9]

그녀는 회심치 않은 상태에서 결국 배교한 것입니다.

돌이키지 않은 자는 하나님의 사람이 아니다

지금까지 인용한 사례들은 회심치 않은 자들에게 모두 일어나는 일입니다. 실제로 우리 주변에도 많이 일어나고 있고, 앞으로도 일어날 것입니다. 왜냐하면 지금도 한국교회 안에는 회심치 않은 자들이 제법 있기 때문입니다. 그들은 회심하지 않는 한 반드시 교회를 떠나게 됩니다.

그런 점에서 정녕 구원받은 참 신자이고 싶거든, 자신의 회심을 반드시 확인해야 합니다. 회심한 자와 회심치 않은 자는 겉으로는 비슷해 보입니다. 하지만 결국엔 분명한 차이를 갖고 드러냅니다. 문제는 당사자가 그 차이를 모르고 인정하지 않는 것입니다. 선지자 예레미야나 본문에 나오는 에스겔 당시 이스라엘 백성들처럼, 자신은 회심이 필요한 악인이라는 생각을 추호도 하지 않는 것이 문제입니다. 사실 외형적으로 이스라엘 백성들은 하나님의 택한 백성이었기에 스스로 악인임을 인정하기란 정말 어려운 일이었습니다. 그럼에도 하나님은 그들을 악인이라고 말씀하셨습니다.

그런 면에서 오늘날 교회 안에도 악인이 있을 수 있습니다. 교회에서 신앙생활을 하지만 회개하여 예수 그리스도를 전인격적으로 믿지 않은 사람은 본문 말씀대로 반드시 하나님께 돌이켜야 할 악인입니다. 돌이키지 않으면 하나님에 의한 죽음, 곧 멸망을 받을 수밖에 없는 사람인 것입니다.

우리 중에 누군가는 이런 말을 심히 불쾌하게 생각할지도 모릅니다. 우리가 살고 있는 포스트모더니즘 시대는 상대주의와 다원주의 사회이기 때문에 절대적인 진리를 말하면 거부감을 갖습니다. 그리고 이러한 포스트모더니즘은 모든 종교가 하나라는 소위 종교다원주의의 옷을 입고 교회 안에까지 들어왔습니다. 그러면서 '오직' 예수 그리스도만 믿어야 한다는 말에 대해 '오직'이라는 말을 빼자고 주장합니다.

그러나 하나님께서 수천 년에 걸쳐 사도들과 선지자들을 통해 계시해 주신 하나님의 말씀에 따르면 회심치 않는 자는 악인입니다. 우리는 이 문제를 우리의 기분과 감정으로만 생각해서는 안 됩니다. 포스트모더니즘의 세상 정신에 젖어서 기독교를 독선적이거나 무례하다고 말할 문제가 아닙니다. 이것은 영원하신 판단자요, 우리의 생명을 주관하시는 하나님의 계시 된 말씀에 비추어서 생각해야 할 문제입니다.

자신이 세상에서 아무리 착하고 숭고한 직업을 갖고 사회적으로 명망이 높으며 심지어 겉으로는 교회 생활을 잘하고 있어도, 자신의 옛 생활을 회개하지 않고 예수 그리스도를 자신의 구원주로 알지 못하고 믿지 않으면, 그 사람은 본문에서 말하는 악인의 상태에 있습니다.

만일 여러분이 회개하여 그리스도를 구주로 믿고 있는 자인지 알 수 없다고 생각한다면, 최소한 자신의 지정의에 변화가 있었는지를 생각해 보십시오. 다음과 같은 질문으로 자신을 비추어 보십시오.

자신이 그동안 하나님이 되어서 살아온 것이 죄악 됨을 알게 되었습니까? 자기중심적인 생각과 판단의 죄악 됨에서 벗어나 주님의 판단, 곧 하나님의 말씀에 비추어 그것만이 살길임을 알게 되었습니까? 자신이 범하는 죄가 하나님께 범하는 것임을 깨닫고 정서적으로 고통과 슬픔을 느끼며 옛 생활에 대해 혐오감을 느끼는 반응이 있었습니까? 자신을 죄에서 구원하실 분이 예수 그리스도임을 믿고자 하는 마음이 있었습니까? 과거에는 예수님 얘기만 나와도 거부반응이 일어났던 상태에서 이제는 예수 그리스도가 나의 죄를 위해 십자가에 달려 죽으셨다는 사실을 믿고, 오직 그분만이 나의 구세주요, 주가 되신다는 것을 믿게 되었습니까? 전체적으로 말해서 자신이 모든 것의 중심이었던 상태에서 그리스도 중심적으로 삶의 가치관과 정서, 의지의 변화가 생겼습니까? 그러한 전인격의 변화가 바로 회심입니다.

그런데 어떤 사람은 이러한 질문을 자신에게 너무 엄격하게 적용하여 그 질문에 완전하게 변화됐는지 여부를 판단하고는 자신이 회심하지 않았다고 단정합니다. 그런 사람은 자신이 회심했기 때문에 그렇게 생각할 가능성이 높습니다. 그보다 더 문제는 회심을 알지도 못하면서 자신은 회심했다고 생각하는 사람입니다. 하지만 멸망하지 않고 구원을 얻는 길은 성경이 말하는 대로 회심하는 길밖에 없습니다. 진실로 회개하여 예수 그리스도를 구주로 믿는 것밖에 없다는 말입니다. 회심하지 않으면 본문 말씀대로 하나님에 의한 죽음이 있고, 심판을 받게 됩니다.

이 사실을 부인하고 싶다면 부인해도 좋습니다. 하지만 그것은 자신이 신이 되어 판단하고 내린 결론일 뿐이며, 하나님이 그분의 계시로 말씀하신 죽음과 생명에 대한 객관적인 판단과 진리는 아닙니다. 따라서 그 결론은 자기기만 속에서 멸망과 심판에 이르게 될 것입니다.

돌이켜 생명을 얻으라

혹시 여러분 중에 누군가는 부모님이나 아내 등 가족을 통해 회개하고 예수를 믿으라는 말씀을 들은 사람이 있을지 모릅니다. 또 교회에서 목사의 설교나 성도들의 권면을 통해 다각적으로 회심으로 부르는 말을 듣고 기회를 제공받은 사람도 있을 것입니다. 아니면 선생님이나 친구 등 주변 사람의 돌봄과 기도 속에서 회심에 대한 말씀을 듣는 사람도 있을 것입니다.

그렇다면 이제 자신의 구원을 위한 회심을 진지하게 생각해 보십시오. 그리고 구하십시오. 지금 주어진 기회를 통해 구원의 은혜를 받고자 하십시오. 미루지 마십시오. 회심치 않은 자의 운명은 하나님에 의한 죽음입니다. 이는 하나님의 판단에 의해 주어지는 죽음이요, 심판입니다.

본문에서 하나님은 회심치 않은 자가 살길은 하나밖에 없다고 분명히 말씀하십니다. 그것은 하나님께 돌이키는 것입니다. 신약의 표현으로 말하면 회개하여 예수 그리스도를 믿는 것, 즉 회심하는 것입니다.

거듭 말씀드리지만, 회심은 우리의 전인격적인 반응 속에서 갖는 것입니다. 회개하고, 예수 그리스도를 믿는 것이 있어야 합니다. 성령께서 주도적으로 역사하심으로 그 같은 일이 있어야 합니다.

그러므로 아직 회심하지 않은 자이거든 자신의 회심을 구하십시오. 그동안 범한 자신의 모든 죄가 심판의 대상이 된다는 사실을 기억하고, 하나님께 자비와 긍휼을 베풀어 주시길 구하십시오.

하나님만으로 채워질 수 있는 자리를 다른 것으로 채우려고 여기저기 기웃거리며 살아왔던 것을 내려놓고, 이제 하나님 안에서 안식을 얻기 위해 자비와 긍휼을 구하십시오.

우리는 우리를 창조하신 하나님을 만날 때에만 비로소 그 빈자리가 채워집니다. 그러므로 이제 그분께 돌아오십시오. 그러면 영원히 살고 안식을 얻게 됩니다. 하나님은 자기에게 나아와 돌이킨 자들에게 생명을 주십니다. 그래서 이스라엘 백성들에게 돌이키는 것만이 살길이라고 말씀하셨습니다.

 이 땅에서 잘 먹고 잘사는 일보다 중요한 것이 죄로 말미암은 멸망과 심판에서 벗어나, 이 땅에서부터 하나님이 주시는 생명과 그분의 인도를 받는 삶을 살아가며 하나님의 생명을 영원히 누리는 것입니다. 이것을 믿으십시오. 회심하여 모두 그 같은 구원을 얻기 바랍니다.

6장
핵심 요약

- 교회와 목회자들은 교회 안에 있는 영혼들의 회심까지 사역의 목적으로 삼고 온 마음을 쏟아야 한다.

- 오늘날 교회를 떠나 이단이나 다른 종교로 가는 사람들이 늘어나는 이유 중 하나는 교회가 회심을 목표로 하지 않고, 기독교적인 문화에 적응된 소위 '기독교화'된 사람들을 만들었기 때문이다.

- 교회에서 신앙생활은 하고 있지만 회개하여 예수 그리스도를 전인격적으로 믿지 않는 사람은 반드시 하나님께 돌이켜야 할 악인이다.

- 회심 여부를 묻는 질문으로 자신을 엄격하게 적용하여 자신을 회심하지 않은 사람으로 단정하는 사람보다 더 위험한 사람은 자신을 회심했다고 단정해 버리는 사람이다.

- 회심치 않은 자가 살길은 하나님께 돌이키는 것밖에 없다. 하나님은 그렇게 돌이킨 자들에게 생명과 안식을 주신다.

참된 화심,
참된 그리스도인

2부

회심의 원천, 은혜

7장

대적하는 자를 돌이키시는 긍휼

¹³ 내가 전에는 비방자요 박해자요 폭행자였으나 도리어 긍휼을 입은 것은 내가 믿지 아니할 때에 알지 못하고 행하였음이라 ¹⁴ 우리 주의 은혜가 그리스도 예수 안에 있는 믿음과 사랑과 함께 넘치도록 풍성하였도다 ¹⁵ 미쁘다 모든 사람이 받을 만한 이 말이여 그리스도 예수께서 죄인을 구원하시려고 세상에 임하셨다 하였도다 죄인 중에 내가 괴수니라 ¹⁶ 그러나 내가 긍휼을 입은 까닭은 예수 그리스도께서 내게 먼저 일체 오래 참으심을 보이사 후에 주를 믿어 영생 얻는 자들에게 본이 되게 하려 하심이라 ¹⁷ 영원하신 왕 곧 썩지 아니하고 보이지 아니하고 홀로 하나이신 하나님께 존귀와 영광이 영원무궁하도록 있을지어다 아멘 _ 딤전 1:13-17

바울이 자신의 회심과 관련하여 말한 세 가지

이번 장에서 우리는 바울의 회심을 주목해 보고자 합니다. 디모데전서에서 바울은 자신의 회심과 관련해서 세 가지 사실을 말해 줍니다. 그가 여기서 말하는 세 가지는 다음과 같습니다. 첫째 회심하기 전 자신이 어떤 자였는지, 둘째 그런 자신이 어떻게 해서 예수 그리스도를 믿어 구원을 얻게 되었는지, 그리고 셋째 그 이후의 삶이 어떻게 되었는지입니다. 이는 회심한 사람이라면 누구나 가져야만 하고, 또 갖게 되는 바입니다.

비방자, 박해자, 폭행자의 조건

먼저 바울은 자신이 예수 믿기 전에는 "비방자요 박해자요 폭행자였"다고(13절) 말합니다. 그는 예수님과 예수 믿는 사람들에 대해 적당히 적대적이었던 사람이 아니었습니다. 그는 자신이 할 수 있는 모든 것을 다해 예수 그리스도와 그분을 믿는 사람들을 적대하였습니다.

본문의 "비방자"라는 말에서 '비방'은 말로써 다른 사람에게 해를 입히고 악하게 말하는 것을 뜻합니다. 예수 믿기 전 바울은 예수 그리스도를 모독하거나 그분에 대해 악하게 말했고, 더 나아가 예수 믿는 자들에게도 예수의 이름을 모독하도록 강요했습니다.

"나도 나사렛 예수의 이름을 대적하여 … 또 모든 회당에서 여러 번 형벌하여 강제로 모독하는 말을 하게 하고…"(행 26:9, 11).

많은 사람이 예수를 믿기 전까지 예수님과 그분을 믿는 사람들에 대해 싫은 감정을 갖고 빈정대거나 부정적으로 말하는 모습을 드러냅니다. 바울은 자신이 예수를 믿기 전에 바로 그런 자였다고 말한 것입니다. 물론 그는 자신이 옳은 일을 하고 있다고 생각했습니다. 지금도 사람들은 자신이 한 말이 얼마나 악하고 잘못되었는지 모르고 말합니다. 예수 그리스도가 누구인지를 정확히 알지 못하고 그렇게 하는 것입니다.

더 나아가 사람들은 예수 믿는 자를 적극적으로 박해하는 일까지 합니다. 바울은 자신이 박해자였다고도 말합니다. 여기서 '박해'는 바울이 행한 구체적인 행동을 가리킵니다. 실제로 바울은 예수 믿는 자들을 뒤

쫓아 가서 잡아 죽이려고 했습니다. 그는 갈라디아서 1장에서 그러한 자신의 과거를 다음과 같이 말했습니다.

"내가 이전에 … 하나님의 교회를 심히 박해하여 멸하고"(갈 1:13).

바울은 예수 믿는 자들을 모두 없애 버리겠다는 생각으로 그들을 잡으러 다녔습니다. 그런 그에게 예수님은 "네가 어찌하여 나를 박해하느냐"(행 9:4)라고 말씀하셨습니다. 이는 예수 믿는 자들을 박해하는 행동이 결국 예수님 자신을 박해하는 일이라고 말씀하신 것입니다. 바울은 그것도 모르고 그 일을 매우 적극적으로 행했습니다.

요즘 이러한 외적 박해는 무슬림이나 사회주의 국가에서나 있는 일이라고 생각할 수 있습니다. 물론 그들은 지금도 그러한 일을 합니다. 하지만 종교의 자유가 보장된 나라에서도 박해는 다른 방식으로 있습니다. 친구 사이나 직장에서 예수 믿는 자를 교묘하게 박해하는 일이 있습니다. 자신의 역량을 발휘해서 은근히 압력을 가하거나 왕따를 시키면서 괴롭히는 것입니다. 그런 일은 심지어 가족 안에서도 있습니다. 이는 모두 예수 믿기 전에 사람들이 기본적으로 드러내는 모습입니다. 바울과 같이 살기등등한 모습으로 그 일을 적극적으로 행하지는 않더라도 박해하는 모습은 기본적으로 모두 갖습니다.

그런데 바울은 이 정도로만 말하지 않고 자신이 폭행자였다고까지 말합니다. 여기서 '폭행'은 다른 사람을 거만하고 불순하게 대하며 학대한다는 뜻입니다. 존 스토트(John R. W. Stott)는 이 말이 다른 사람을 모욕하고 창피를 주는 일에서 만족을 얻으려는 것이라고 말합니다.[1] 예수 믿기 전에 바울은 바로 그런 의미에서 예수 믿는 자들을 폭행한 것입니다. 거만하고 불순한 모습으로 말입니다.

바울의 이런 모습은 회심하기 이전 사람이 가진, 예수 그리스도와 그분을 믿는 자들을 향한 생각과 태도가 어떠한지를 보여 줍니다. 바울이 말하는 예수 그리스도와 그분을 믿는 자들을 거스르고 적대하는 비방자로서의 말과 박해자로서의 행동과 폭행자로서의 태도는, 예수 믿기 전 사람들이 저마다의 방식으로 드러내는 모습입니다. 바울처럼 그 정도가 심하지 않을지는 몰라도, 예수 믿기 전 사람들은 예수 그리스도와 그분을 믿는 자들, 심지어 예수를 믿는 자신의 가족들에게까지 모두 이런 식으로 반응을 보입니다.

성경은 그렇게 반응하는 것은 죄와 허물로 죽었고, 하나님을 향해서는 살아 있지 않기 때문이라고 말합니다. 문제는 자신이 그렇게 죽어 있는지조차 모르고 그렇게 행하는 것입니다.

구원 얻는 자들의 표본

하지만 바울은 자신이 적대하던 예수 그리스도를 구원주로 믿게 되었고, 심지어 예수 그리스도를 섬길 수 있게 된 것을 감사합니다. 또한 바울은 본문 16절에서 자신이 회심하게 된 것은 그 이후로 주를 믿어 영생 얻는 자들, 곧 회심하여 구원 얻는 자들에게 본이 되게 하려 하심이라고 말합니다.

여기서 '본'은 견본 또는 표본이라는 뜻입니다. 즉 바울은 자신과 같이 불가능해 보이는 사람도 주님께서 오래 참으심으로 구원하시는 것의 표본이라고 말합니다. 다시 말해 하나님께서 구원하지 못할 사람은 이 세상에 아무도 없음을 보여 주는 표본이라는 것입니다. 아무리 예수 그리스도와 교회를 모독하고 적대적이었던 자신과 같은 죄인이라도 회심할 수 있음을 보여 주는 표본이라는 말입니다.

그러므로 예수를 믿기 전에 보였던 자신의 어떠함을 가지고 나는 절대로 구원을 받을 수 없다거나 회심할 수 없다고 단정 지어서는 안 됩니다. 하나님은 바울과 같은 사람도 구원하심으로 구원받지 못할 죄인은 없다는 것을 표본으로 보여 주셨습니다. 우리는 그 사실을 잊지 말아야 합니다.

적대하던 자를 돌이키게 하시는 긍휼

바울은 이미 나면서부터 유대교의 가르침으로 무장되었고, 그 가운데서도 가장 엄격한 바리새파에 속해서 율법을 철저하게 지킨 사람이었습니다. 그런 그가 과거의 모든 종교적인 신념을 버리고 예수 그리스도를 기뻐하며 감사하는 일은 종교적인 세뇌로는 불가능합니다. 그것은 협박을 하거나 사탕발림으로 회유한다고 해서 되는 일도 아닙니다.

그렇다면 예수님을 적대하던 자가 도대체 어떻게 해서 자기 생각과 삶을 부정하고 그토록 적대하던 예수 그리스도를 믿을 수 있었을까요? 이에 대해 바울은 주님으로부터 긍휼을 입었기 때문이라고 말합니다.

"내가 전에는 비방자요 박해자요 폭행자였으나 도리어 긍휼을 입은 것은…"(13절).

"…죄인 중에 내가 괴수니라 그러나 내가 긍휼을 입은 까닭은…"(15-16절).

한마디로 바울은 자기 스스로는 그렇게 될 수 없다고 말했습니다. 주님이 아무것도 모르고 행했던 자신을 긍휼히 여겨 주셔서 이런 놀라운 일이 있게 되었다는 것입니다. 그렇습니다. 회심 곧 예수를 믿어 구원을 얻는 일은 우리 스스로 할 수 있는 일이 아닙니다. 교회에 온다고 해서 자동적으로 회심하는 것도 아닙니다. 회심은 하나님께서 긍휼을 베풀어 주셔야만 가능한 일입니다.

이러한 사실을 우리는 회심하고 난 다음에야 비로소 깊이 인정하게 됩니다. 따라서 예수 그리스도를 적대하던 상태에서 스스로 예수를 믿게 되었다고 말하는 사람이 있다면, 그는 모르고 말하거나 거짓말하는 것입니다. 그런 일은 결코 있을 수 없습니다. 다시 말해 예수 그리스도를 거부하고 적대하던 상태에서 예수 그리스도를 자신의 구주로 믿는 회심은, 하나님의 긍휼을 입어야만 가능합니다.

죄인의 마음을 움직이는 소식

문제는 누가 그러한 긍휼을 입는가 하는 것입니다. 예수님을 거부하고 적대하는 모든 사람이 긍휼을 입어 예수님을 구주로 믿고 구원을 얻어서 주님을 위해 살지는 않습니다. 그리스도 예수께서 죄인을 구원하시려고 임하셨다는 소식이 전해져도 모든 사람이 이 소식을 듣고 회심하는 것은 아닙니다.

우리는 이 소식에 대한 반응을 통해 누가 하나님의 긍휼을 입었는지 알게 됩니다. 즉 본문 15절에서 말하는 것과 같은 반응의 유무로 알 수 있습니다. 비방자요, 박해자요, 폭행자였던 바울은 그리스도께서 죄인을 구원하시기 위해 이 땅에 오셨다는 사실로 말미암아 놀라워합니다.

"미쁘다 모든 사람이 받을 만한 이 말이여…"(15절).

그는 바로 이 소식, 즉 그리스도 예수께서 죄인을 구원하시려고 세상에 임하셨다는 것을 말한 뒤에 "죄인 중에 내가 괴수니라"(15절)고 반응하고 있습니다. 이것이 바로 하나님의 긍휼을 입어 회심한 사람들이 갖는 반응입니다.

이처럼 본문 15절은 긍휼을 입어 얻게 된 회심과 관련해서 두 가지 사실을 말해 줍니다. 하나는 모든 사람이 받을 만한 말, 곧 복음입니다. 그리스도 예수께서 죄인을 구원하시려고 이 세상에 임하셨다는 놀라운 소식을 알고 받아들이는 것입니다. 또 하나는 그 소식을 접하고 "죄인 중에 내가 괴수니라"고 반응한 것처럼 개인적인 반응을 하는 것입니다. 이것이 바로 자신이 긍휼을 입고, 회심했음을 말해 주는 증거입니다.

이 두 가지가 자신에게 있는지 생각해 보십시오. 그리스도 예수께서 죄인을 구원하시려고 세상에 임하셨다는 것이 자신에게 기쁜 소식으로 들려서 예수 그리스도께로 마음이 움직였는지를 말입니다.

바울은 죄인을 구원하시려고 이 땅에 오신 예수 그리스도를 영광 중에 처음 뵙기까지는 이 사실을 몰랐습니다. 그래서 예수 믿는 자들을 잡아 죽이려고 하면서 실제적으로는 예수 그리스도를 적대했던 것입니다. 그러나 바울은 그분이 자기와 같은 죄인을 구원하기 위해 세상에 임하셨다는 사실을 깨닫고 고꾸라졌습니다. 그만큼 그리스도께서 죄인을 구원하기 위해 오셨다는 사실이 죄인에게는 너무나 충격적이면서도 놀라운 소식입니다.

안타깝게도 오늘날 많은 사람이 이 소식을 듣고도 놀라지 않습니다. 그것이 왜 기쁜 소식인지 못 알아듣습니다. 하지만 이 소식에 대해 앞서 말한 바와 같은 반응은 긍휼을 입어 회심했음을 말해 주는 중요한 표지입니다. 따라서 본문 15절과 같은 반응이 없는 사람은 회심하지 않은 사람입니다. 회심한 사람은 예수 그리스도께서 자기 같은 적대자를 구원하기 위해 오셨다는 사실에 놀랍니다.

왜냐하면 예수 그리스도를 적대하며 죄 가운데 살았던 자에게 있어야 할 것은 정죄와 심판뿐인데, 그런 자신의 구원을 말씀하시기 때문입니다. 본문은 자신과 같은 죄인을 구원하기 위해 하나님께서 이 땅에 오셔서 자기 죄를 지시고 죽으시고 부활하심으로써 구원을 얻도록 하셨다는 놀라운 사실을 말하고 있습니다.

중요한 것은 바로 그 소식에 대한 반응입니다. 교회를 얼마나 오래 다녔는가는 중요하지 않습니다. 만일 교회를 다녀도 이 소식이 자신에게 별로 놀랍지도 않고, 기쁜 소식이 되지 않는다면, 일단 자신이 어떤 자인지도 모르고 있는 것입니다. 자신이 예수 그리스도와 그분을 믿는 자들에게 비방자, 박해자, 폭행자이며, 죄 가운데 사는 사람이어서 정죄와 심판밖에 받을 것이 없는 자임을 모르고 있는 것입니다.

아닙니다. 회심은 바로 자기와 같은 죄인을 구원하려고 예수 그리스도께서 오셨다는 기쁜 소식을 알고 믿는 것입니다. 그러므로 이 소식은 모든 죄인이 들어야 할 소식입니다.

바울이 말한 대로 그리스도께서 죄인을 구원하시려고 세상에 임하셨다는 소식은 모든 사람이 받을 만한 소식입니다. 이 세상 모든 나라, 모든 민족의 죄가 있는 사람이라면 누구나 말입니다. 물론 그렇다고 모든 사람이 이 소식을 자신을 위한 기쁜 소식으로 듣는 것은 아닙니다.

복음에 대한 개인적인 반응

여기서 바울은 긍휼을 입어 회심한 자에게 있는 또 다른 한 가지 사실을 더 말해 줍니다. 그것은 그리스도께서 죄인을 구원하시려고 이 세상에 오셨다는 소식을 자신을 위한 것으로 받아들이는 모습입니다. 다시 말해 복음을 개인적으로 받아들이고 반응하는 것입니다.

본문에서 바울은 그리스도께서 죄인을 구원하시려고 이 세상에 임하셨다고 말한 뒤에, 곧바로 그 죄인에 대해 이렇게 말합니다.

"…죄인 중에 내가 괴수니라"(15절).

내가 그 죄인이며, 그것도 죄인 중에 괴수라는 말입니다. 바로 이것이 하나님의 긍휼을 입어 회심한 사람들이 갖는 반응입니다. 즉 자신이 예수님과 그분을 믿는 자들을 조롱하며 적대했고, 지금까지 하나님을 거스르며 내 마음대로 살았으며, 특히 나 같은 죄인을 구원하기 위해 그리스도께서 오셨다는 사실도 모르고 그분을 적대하며 살았던 죄인이며, 그렇게 자신이 너무 무지하고 어리석었음을 깊이 받아들이는 것입니다. 그리하여 하나님께 "나는 죄인입니다. 아니, 가장 큰 죄인입니다."라고 고백하게 됩니다.

이처럼 예수 그리스도께서 죄인을 구원하시기 위해 오셨다는 사실을 개인적으로 적용하여 반응하는 것이 회심입니다. 그동안 자신이 죄인인 줄도 모르고 살았음을 자각하며, 자신의 죄로 인한 가책과 슬픔을 겪는 일이 회심한 자에게는 있습니다.

죄의 자각과 죄의 고백

오늘날 교회의 분위기는 죄에 대한 이러한 자각과 고백은 몰라도 된다고 가르칩니다. 그런 것이 없어도 그리스도인이요, 구원받은 자라고 말하는 것입니다. 설교자는 회중들에게 "간단히 제 말을 따라서 하세요. 나는 죄인입니다. 이제 예수를 믿기 원합니다. 이제 믿습니다. 그러므로 예수님은 이제 나의 구주입니다."라고 하면서 그렇게 따라 한 것만으로 죄가 다 해결되었다고 말합니다. 그러나 그것은 거짓이요, 기만입니다.

하나님의 긍휼을 입어 회심한 자는 자신이 죄인임을 깨닫고, 그 죄로 인해 마음 아파하면서 자신의 죄인 됨과 그 죄를 고백합니다. 바울이 본문에서 자신은 비방자요, 박해자요, 폭행자였다는 사실을 자각하고 고백했듯이, 회심하는 사람들 또한 죄인을 구원하기 위해 오신 그리스도를 적대하며 살았던 것을 자각하며 자신이 바로 그런 죄인임을 인정합니다. 그러한 과정에서 자신의 어리석음과 지난날 자신이 행했던 말과 행동과 생각이 얼마나 죄악 되었는지를 깨닫고 마음에 심한 가책과 슬픔을 느끼기도 합니다. 하나님의 긍휼을 입어 회심하는 과정에는 바로 이러한 사실을 수용하면서 반응하는 일이 있습니다.

어떤 사람은 바울이 죄인 중에 내가 괴수라고 한 말을 의아하게 생각할지도 모릅니다. 왜냐하면 오늘날 우리가 사는 세상은 죄와 같은 것은 생각하지 말라고 가르치는 심리학의 영향을 받고 있기 때문입니다. 그런 심리학적 관점에서는 바울이 말한 고백을 너무 자학적이라고 생각합니다. 그냥 죄인이라고 말해도 거슬리는데, 죄인 중에 괴수라고 말하니 더 거슬리는 것입니다.

여기서 바울의 이러한 고백은 영어 번역 성경에 의하면 "내가 죄인 중에 으뜸가는 자다", "내가 죄인 중에 가장 큰 자다", "내가 죄인 중에 가장 나쁜 자다"라는 뜻으로 설명할 수 있습니다. 더 흥미로운 사실은 바울이 "죄인 중에 내가 괴수였다."라고 과거형으로 말하지도 않고, "죄인 중에 내가 괴수이다."라고 현재형으로 말했다는 사실입니다. 한마디로 말해서 그리스도께서 죄인을 구원하시기 위해서 오신 사실을 생각할 때, 나는 과거에 그런 자였다는 정도가 아니라, 지금도 그런 자라고 말하는 것입니다.

성경은 죄를 회개하고 돌이킨 사람, 곧 회심한 사람은 의롭다 함을 받는다고 말합니다. 그래서 예수 믿는 사람을 하나님 앞에서 의인이라고 말합니다. 바로 그러한 사실을 말했던 바울이 지금 자신을 죄인 중에 괴수라고 말하고 있습니다. 그렇다면 바울이야말로 이 세상 모든 죄인보다도 가장 나쁜 자일까요?

이 세상에는 극악한 범죄를 저지른 사람들이 많습니다. 물론 바울이 그런 사람들보다 더 나쁜 행위를 한 사람이라는 의미는 아닙니다. 자신을 죄인 중에 가장 나쁜 자라고 말한 바울과 같은 반응은 하나님의 긍휼을 입어 회심한 사람들이 회심하는 과정에서 갖는 것입니다. 또는 그 이후에도 자신이 받은 은혜가 한없이 크다는 것을 생각하며 갖는 반응이요, 성령께서 그 은혜에 비추어 자신의 죄를 깨닫게 하실 때 갖는 반응입니다.

그런 과정에서 우리는 모든 비교를 다 포기하게 됩니다. 성령께서 받은 은혜에 비추어 자신의 죄를 너무 생생하게 깨닫도록 하시기 때문에 이 세상에서 나보다 악한 사람은 없다고 생각하게 되는 것입니다.

회심하기 전까지 우리는 자신이 다른 사람보다 낫다고 생각합니다. 그러나 성령께서 죄를 깨닫게 하실 때, 우리가 다른 사람과 비교하는 것들은 모두 다 깨져 버립니다. 모든 비교 의식이 사라지면서 이 세상에서 자신보다 악한 사람은 없다고 생각하게 됩니다. 이것은 그동안 예수 그리스도를 향해 죄를 범한 줄도 모르던 상태에서 성령 하나님에 의해 양심이 일깨워지고 책망받을 때 공통적으로 갖게 되는 반응입니다. 존 뉴턴(John Newton)이 지은 "나 같은 죄인 살리신"(새찬송가 305장)이란 찬송가의 제목처럼 '나 같은 죄인'은 없다고 생각하게 되는 것입니다.

　이러한 반응과 변화는 교회를 다닌다고 해서 모두 다 갖는 것은 아닙니다. 이는 예수 그리스도께서 나 같은 죄인을 구원하기 위해 십자가에 달려 죽으셨다는 복음을 듣고, 그 복음을 통해 비췸을 받은 사람들에게만 있는 것입니다. 결국 이것은 회심한 사람이 회심하는 과정에서 갖는 반응입니다.

죄의 자각을 넘어 크신 긍휼에 감격하며 영광을 돌리는 회심자

　예수님 당시 위선적인 바리새인들은 자신의 잘못과 죄를 알지 못한 채 계속해서 예수님을 적대했습니다. 그럼에도 그들은 하나님을 향해 "하나님이여 나는 다른 사람들 곧 토색, 불의, 간음을 하는 자들과 같지 아니하고 이 세리와도 같지 아니함을 감사하나이다"(눅 18:11)라고 말했습니다. 그들은 자신이 어떤 자인지를 하나님께서 보게 하신 대로 보지 못했습니다. 이것이 바로 회심치 않은 사람들의 반응입니다. 아무리 교회를 오래 다녀도 회심치 않은 사람은 복음을 듣고 예수님을 대면해도 바리새인들이 본 것과 같은 수준에 머물러 있습니다.

　그런 점에서 여러분은 자신과 자신의 죄를 하나님께서 보게 하신 대로 보았고, 또 보고 있습니까? 성령께서 자신의 양심을 일깨워 책망하심으로써 누군가와 비교하는 것을 포기하고, 자신의 죄인 됨만을 깨닫고 반응하게 되었냐는 말입니다. 예수 그리스도를 거부하던 조건에서 그를 믿게 되는 회심 속에는 이런 놀라운 일이 있습니다. 그런 과정에서 자신이 하나님의 크신 긍휼을 입었다는 사실을 결론적으로 깨달으며 감사하게 되는 것입니다.

바울은 자신이 긍휼을 입었음을 반복해서 말하며 감사하고, 심지어 디모데전서 1장 12절에서 말한 것처럼 자신이 주님을 믿고 섬기게 된 것도 감사합니다. 그뿐이 아닙니다. 지금의 자신을 보면서 자신이 이렇게 되기까지는 주님께서 일체 오래 참으셨다는 것(16절)으로 인해 또한 감사하게 됩니다. 그동안 그렇게 악한 죄를 지을 때도 주님이 오래 참고 인내하셨다는 사실을 나중에 깨닫게 된 것입니다. 지금까지 말한 모든 사실을 깨닫고 개인적으로 받아들이게 된 사람만이 하나님의 크신 긍휼을 입었다는 사실을 알고 감격하며 하나님께 영광을 돌리게 됩니다.

"영원하신 왕 곧 썩지 아니하고 보이지 아니하고 홀로 하나이신 하나님께 존귀와 영광이 영원무궁하도록 있을지어다"(17절).

그리스도 안에 있는 하나님의 그 크신 긍휼을 찬송하라

기독교의 예배는 단순한 종교 행위가 아닙니다. 우리는 종교적인 행위로써 구원을 얻기 위해서 예배하는 것이 아니라, 감사의 이유를 가지고 예배하지 않을 수 없기 때문에 예배합니다. 곧 나 같은 죄인을 오래 참으사 긍휼을 베푸시고 구원하신 하나님께 감사한 마음으로 예배하는 것입니다. 이것이 회심한 사람에게 있는 예배, 기독교의 예배입니다.

지금까지 말한 회심의 역사와 반응을 갖고 구원받은 자로 살 수 있는 길은, 예수 그리스도께서 죄인을 구원하시기 위해 오셨다는 이 복된 소식을 듣고 받아들이는 것입니다. 다른 사람이 아닌 바로 나를 위한 소식으로 말입니다. 예수 그리스도를 거부하고 대적하던 비방자요, 박해자요, 폭행자인 나와 같은 죄인을 구원하시기 위해 하나님의 아들 예수 그리스도께서 오셨다는 이 놀라운 소식을 받아들이는 것입니다.

이미 살펴본 바와 같이 바울은 예수 믿는 자들을 잡아 죽이려고 할 때, 예수 그리스도가 진짜 구세주이심을 몰랐습니다. 그분이 자신과 같은 죄인을 구원하시리라는 사실을 몰랐던 것입니다. 그러나 그는 예수님이 자기와 같은 죄인을 위해 오신 메시아라는 사실을 듣고 앎으로써 회심의 전환을 갖게 되었습니다.

하나님의 긍휼을 경험하는 것은 다른 것이 아닙니다. 그리스도께서 나와 같은 죄인을 구원하기 위해 오셨다는 소식을 듣고 자기에게 적용하는 것입니다. 이는 하나님의 긍휼을 경험하는 것의 시작이요, 회심의 시작입니다.

바울은 로마서 10장에서 회심의 역사 속에서 갖는 반응은 들음에서 난다는 말로 표현했습니다(17절). 바로 그리스도의 말씀인 복음을 들음으로써 회심의 믿음이 생긴다는 말입니다. 그러므로 자신이 만일 회심하지 않았다면 복음을 들으십시오.

지금까지 자신이 예수 그리스도를 비방하고, 예수를 믿지 않는 자들까지도 비방하면서 살았을지라도, 하나님의 아들 예수 그리스도께서는 그렇게 죄를 범하며 살아온 여러분을 구원하기 위해 이 땅에 오셨습니다. 예수 그리스도께서 구원하기 위해 오신 죄인 앞에는 '비교적 선한'

죄인과 같은 수식어가 없습니다. 이것은 예수 그리스도께서 모든 죄인을 구원하기 위해 오셨다는 사실을 말해 줍니다. 이는 분명한 사실입니다. 그분은 우리의 죄를 지시고 십자가에 달려 죽으시고 부활하심으로써 죄를 해결하셨습니다.

혹시라도 이 소식이 자신에게 기쁘지 않다면, 여러분은 자신을 모르고 있는 것입니다. 자신을 정확하게 직시하십시오. 예수 그리스도를 싫어하고 거역하며 살았던 자에게 있는 결론은 정죄와 심판뿐입니다. 그런데 하나님의 아들 예수 그리스도께서 바로 그런 우리를 위해 이 땅에 오셨고, 우리의 죄를 지시고 십자가에 달려 죽으셨습니다. 이것은 이 세상 모든 사람이 받을 만한 말입니다.

그러므로 이 복음의 말씀을 나를 위한 말씀으로 들으십시오. 이 말씀을 자신에게 그대로 비추어서 들으십시오. 그리하여 자신이 정말 죄인이라고 여겨진다면 자신이 지금까지 어떤 자였는지를 바울처럼 그대로 고백하십시오. 그리고 나 같은 죄인을 위해 오신 하나님께 긍휼히 여겨 달라고 구하십시오. 그런 일이 여러분에게 일어난다면, 지금 여러분은 하나님의 긍휼을 입고, 회심의 역사로 인도되고 있는 것입니다. 부디 이러한 회심의 역사가 여러분에게 있기를 소망합니다.

7장
핵심 요약

- 예수 그리스도와 그분을 믿는 자, 심지어 자신의 가족까지 거스르고 적대하는 태도는 모두 예수 믿기 전에 사람들이 드러내는 모습이다.

- 하나님은 바울의 회심을 통해 구원받지 못할 죄인은 없다는 것을 표본으로 보여 주셨다.

- 그리스도 예수께서 죄인을 구원하시려고 이 세상에 임하셨다는 놀라운 소식을 알고 받아들이는 것과 그 소식을 접하고 개인적인 반응을 하는 이 두 가지 사실은 자신이 긍휼을 입고, 회심했음을 말해 주는 증거이다.

- 하나님의 긍휼을 입어 회심한 자는 자신의 죄인 됨과 그 죄를 고백한다. 그렇게 성령께서 자신의 죄를 깨닫게 하실 때, 우리는 다른 사람과의 비교를 포기하게 된다.

- 회심한 자는 바울과 같이 감사의 이유를 가지고 예배하지 않을 수 없기 때문에 하나님을 예배한다. 이것이 기독교가 말하는 예배이다.

8장

하나님께서 주시는 놀랍고 중대한 변화

[17] 그러므로 내가 이것을 말하며 주 안에서 증언하노니 이제부터 너희는 이방인이 그 마음의 허망한 것으로 행함 같이 행하지 말라 [18] 그들의 총명이 어두워지고 그들 가운데 있는 무지함과 그들의 마음이 굳어짐으로 말미암아 하나님의 생명에서 떠나 있도다 [19] 그들이 감각 없는 자가 되어 자신을 방탕에 방임하여 모든 더러운 것을 욕심으로 행하되 [20] 오직 너희는 그리스도를 그같이 배우지 아니하였느니라 [21] 진리가 예수 안에 있는 것 같이 너희가 참으로 그에게서 듣고 또한 그 안에서 가르침을 받았을진대 _ 엡 4:17-21

그리스도인, 변화된 사람

성경은 예수 믿는 자를 변화된 사람으로 강조합니다. 에베소서에서 바울은 에베소 교회 성도들에게 그들이 과거 이방인으로 있을 때와 같지 않고, 또 그렇게 행하지도 않는다고 말합니다. 그리고 에베소서 4장 24절에서는 그리스도인으로서 그들의 변화된 모습과 상태를 "새 사람"이라고 묘사합니다. 우리는 이렇게 예수를 믿어 변화된 사람을 거듭난 사람 또는 회심한 사람이라고 말합니다.

신자 곧 회심한 사람의 상태는 그의 과거와 선명하게 구분됩니다. 먼저 에베소서 4장 17-19절에서 바울은 회심하기 전 인간의 모습과 상태를 말해 줍니다. 여기서 말하는 이방인들의 모습은 예수를 믿기 전 에베소 교회 성도들도 가지고 있던 모습이었습니다. 반면 이어지는 20절 이하의 말씀은 회심한 이후 신자의 모습과 상태를 말해 줍니다.

먼저 회심하기 전 인간의 모습과 상태는 다음과 같습니다. "총명이 어두워지고 그들 가운데 있는 무지함과 그들의 마음이 굳어짐으로 말미암아 하나님의 생명에서 떠나 있"고(18절), 또 "감각 없는 자가 되어 자신을 방탕에 방임하여 모든 더러운 것을 욕심으로 행"합니다(19절). 이러한 특징은 "그 마음의 허망한 것으로 행"하는(17절) 것으로 요약될 수 있습니다. 지성이 어두워지고, 정서 또한 어둠을 좋아하며, 의지도 어둠 가운데서 행합니다. 지정의 곧 전인격이 어둠 가운데 있는 것입니다.

그러나 그런 상태에서 회심한 자는 마음의 허망한 것으로 행함과 같이 행하지 않습니다. 회심한 자들은 이전과 정반대의 상태, 곧 총명과 마음, 행함이라는 지정의의 변화를 갖습니다. 이처럼 성경이 말하는 회심한 자는 어둠 가운데 있던 지정의가 빛으로 나아와 변화를 갖게 된 사람입니다.

회심에 대한 무관심과 치우친 관심

성경이 말하는 예수 믿는 자의 변화는 그저 교회를 다니는 것 정도가 아닙니다. 예수 믿는 자는 지정의 전인격에 있어서 이전과는 분명히 달라진 상태를 갖습니다. 교회를 오래 다닌 사람 중에는 이것을 생각하지 않고 지나치는 사람들이 있습니다. 그러나 우리는 장차 주님 앞에 서기 전에 반드시 이 문제를 생각해 보아야 합니다. 주님 앞에 서게 되면 그때는 이미 늦습니다.

요즘 한국교회의 타락한 모습을 보면서 많은 사람이 교회 안에 거짓 목자와 거짓 신자들이 많다고 말합니다. 이러한 모습에 대해 의식 있는 사람들은 회심의 문제를 제기하기도 합니다. 그런데 흥미롭게도 이 회심의 문제를 강조하는 사람들은 크게 두 부류입니다. 하나는 예로부터 사람들을 구원으로 확고히 인도하고 진실한 신앙과 삶을 갖도록 회심의 문제를 거론하는 사람들입니다. 또 다른 부류는 오늘날 교회의 타락상에 대한 지나친 판단 아래 교회 안에는 회심한 자가 거의 없다고 단정 짓는 사람들입니다. 그들은 오늘날 교회 안에는 아주 극소수의 사람만이 회심했다고 단정하면서, 회심을 하나님과 연관 지어 말하기보다는 회심한 사람에게 나타나야 할 열매의 측면에만 집착합니다.

후자는 자연히 극단적인 견해로 치우칠 수밖에 없습니다. 하지만 흥미로운 사실은 사람들이 후자에 더 큰 관심과 매력을 느낀다는 것입니다. 왜냐하면 후자는 회심하기 위한 일종의 매뉴얼을 제공하고, 이를 따르는 데서 갖는 위안과 만족감이 있기 때문입니다. 그러나 그것은 구원의 문제로 사람들을 미혹하는 이단들과 유사한 모습을 갖게 합니다.

회심에 진지한 관심이 필요한 이유

우리가 회심의 문제를 생각해야 하는 이유는 이 시대가 더욱 타락했기 때문이 아닙니다. 우리가 이 문제에 관심을 갖는 이유는 다른 누군가의 회심 여부를 단정적으로 말하기 위함도 아닙니다. 하지만 하나님께서 우리를 구원으로 이끄실 때, 성령께서는 선포되는 하나님의 말씀을 통해 우리 각 사람의 상태를 비추어 주시고 깨닫게 해 주십니다. 성령께서는 하나님의 진노와 심판에서 구원받아 천국 백성이 되는 것과 관련된 말씀에 직면하게 하십니다. 이런 점에서 보았을 때, 교회 안에 오랫동안 신앙생활을 했음에도 불구하고 회심에 무관심하거나, 회심의 여부가 불확실한 사람들이 많다는 사실은 분명 우려할 만한 일입니다.

우리가 사업에 성공하여 큰돈을 벌거나 공부를 잘해서 좋은 대학과 직장에 가는 것은 우리 인생의 어느 시점에서 일시적으로 중요할 수는 있습니다. 하지만 그것이 '나'라는 존재와 인생에 있어서 가장 중요한 문제라고 할 수는 없습니다. 그 무엇도 우리가 진실로 회심하여 천국을 소유한 백성인가 하는 것보다 더 중요하지 않습니다. 자신이 과거에 무슨 일을 했고, 현재는 무슨 일을 하고 있는지, 또 자신이 언제부터 교회 생활을 했으며 무슨 직분을 맡고 있는지는 중요하지 않습니다. 정말 중요한 것은 성경이 말하는 회심이 무엇인지 바르게 알고 이를 진실로 소유하는 것입니다.

총명이 어두워진 인간의 조건

앞에서 언급했듯이 성경은 회심하기 전 인간의 상태를 다양하게 묘사합니다. 먼저 회심하기 전 인간은 총명이 어두워져 있다고 말합니다.

여기서 '총명'은 지성 곧 생각을 말합니다. 다시 말해 우리의 지성이 영적인 것에 대해 무지하다는 의미입니다. 즉 눈이 어두워져 있는 것입니다. 이것은 단순히 머리가 나쁘다거나 똑똑하지 못하다는 말이 아닙니다. 아무리 똑똑하고 공부를 잘한다고 해도 그와 상관없이 인간의 지성이 영적인 데 관해서는 눈이 감긴 자와 같이 무지하다는 말입니다.

예를 들어 오늘날 세상에서 총명하다고 알려진 한 교수는 학문에 상당히 해박한 지식을 갖고 있습니다. 그는 동양철학과 서양철학을 섭렵해서 사람들에게 자신의 지식을 드러내고 자랑할 뿐만 아니라, 심지어 성경까지도 학문적인 탐구 차원에서 연구하고 해석하는데, 성경 전체와 일치되지 않는 해석과 주장을 합니다. 결국, 성경을 철학적인 관점에서 말할 뿐 성경의 핵심과 전체 내용을 이해하지 못합니다. 그래서 삼위일체와 같은 내용도 모두 부정하고 있습니다. 이는 스스로 자신이 성경의 진리를 이해하지 못하고, 믿음에 이르지도 못했음을 말해 줍니다. 이것이 바로 세상적인 관점에서는 지성적으로 똑똑하다고 말할지 몰라도 성경의 계시에 비추어 볼 때는 총명이 어두워져 있는 모습입니다.

우리 중에도 세상적으로는 명석하지만, 성경의 핵심 진리는 전혀 이해하지 못하는 사람이 있을 수 있습니다. 물론 그런 사람도 성경에 어떤 내용이 있는지는 알 수 있습니다. 그러나 그것이 자신의 존재와 삶을 변화시키고 인격을 움직이게 할 만큼의 내용이 되지는 않습니다. 그래서 결국 믿음에 이르지 못합니다. 이에 대해 성경은 다음과 같이 말합니다.

"육에 속한 사람은 하나님의 성령의 일들을 받지 아니하나니 이는 그것들이 그에게는 어리석게 보임이요, 또 그는 그것들을 알 수도 없나니 그러한 일은 영적으로 분별되기 때문이라"(고전 2:14).

여기서 "육에 속한 사람"은 에베소서 본문의 표현으로 말하면 총명이 어두워진 사람을 가리킵니다. 결국 회심하지 않은 사람은 하나님의 일을 이해하지 못할 뿐만 아니라, 오히려 그것을 어리석다고 생각합니다. 그러면서 자신은 똑똑하다고 생각하는 것입니다.

그러나 성경은 오히려 그의 총명이 어두워져 있기 때문에 그가 영적인 것을 어리석다고 생각할 수밖에 없다고 말합니다. 아니, 그런 조건에 있는 사람은 아예 하나님의 일을 알 수가 없다고 말합니다. 자신은 뭔가 안다고 생각할지 모르지만, 정작 예수 그리스도에 대한 말씀 곧 구원의 복음을 알지 못합니다.

더 흥미로운 사실은 교회를 제법 오래 다녔거나 교회에서 나름대로 열심히 신앙생활을 하는 사람 중에도 복음의 빛을 알지 못하는 사람들이 있다는 것입니다. 이상하게도 그들은 하나님의 주권적인 은혜와 복음에 대한 내용을 거부해 버리는 태도를 보입니다. 소위 모태신앙이라고 불리지만, 그리스도께서 십자가에 달려 죽으신 것에 대한 복된 의미와 그 안에 감추어진 부유한 은혜와 메시지의 의미를 모른다고 하는 사람들이 있습니다.

이것은 모두 총명이 어두워져 있기 때문입니다. 마치 회개하라는 세례 요한의 증거만 알고, 그 이상의 복음은 알지 못하는 것과 마찬가지입니다. 바꾸어 말해 복음의 빛이신 예수 그리스도 안에 있는 구원을 제대로 알지 못하는 사람은 총명이 어두워져 있다고 할 수 있습니다. 이처럼 회개는 알지만, 복음은 모르는 기이한 일이 있습니다. 우리는 보통 그런 상태를 '내적인 무지' 또는 '내적인 어두움의 상태'라고 말합니다.

성령의 비추심

이처럼 복음을 모르고 복음의 빛을 싫어한다는 것은 총명이 어두워져 있음을 드러내는 결정적인 증거입니다. 아무리 교회를 오래 다녀도 말입니다. 회심한 자에게 가장 먼저 일어나는 일은 바로 이렇게 어두워진 총명에 빛이 비추는 변화를 경험하는 것입니다. 눈을 떠서 영적인 것을 보고 알게 되는, 바로 이 변화가 회심의 시작입니다. 총명 곧 지성이 영적으로 밝혀지는 것입니다. 이 일을 바로 성령 하나님께서 하십니다. 이 때문에 에베소서 1장 17절은 지혜와 계시의 영이신 성령께서 하나님을 알게 하신다고 말하고 있습니다.

인간은 하나님이 비추어 주실 때에야 비로소 하나님께 속한 일들을 깨닫고 보게 됩니다. 아무리 공부를 잘하고 똑똑해도 우리 스스로는 성경의 진리를 깨닫지 못합니다. 그 일은 우리가 마음을 먹는다고 되는 일이 아닙니다. 오직 성령께서 우리의 어두운 지성을 비추실 때, 마치 맹인이 비로소 눈을 뜨는 것과 같은 변화가 있게 됩니다. 이전에는 따분하고 어리석다고 생각했던 하나님의 일들이 최고의 지혜가 담긴 것임을 깨닫게 됩니다. 하나님께서 십자가 안에서 엄청난 지혜를 드러내셨다는 사실을 깨닫게 됩니다. 이전과는 정반대의 현상이 일어납니다. 하나님의 아들 예수 그리스도께서 십자가에 달려 죽으심으로 이루신 구원이 너무나도 놀랍고 비밀스러운 하나님의 지혜요, 우리에게는 한없는 은혜와 축복이라는 사실을 깨닫게 됩니다. 물론 이러한 깨달음은 모두 성령께서 우리의 어두워진 총명을 조명하심으로써 있게 된 것입니다.

성령과 하나님의 말씀

이때 성령께서 어두워진 총명을 비추시는 도구가 바로 하나님의 말씀입니다. 그러므로 회심은 하나님의 말씀을 통해 일어난다는 것을 잊지 말아야 합니다.

그런데 여기서 가장 중요한 사실은 내가 하나님의 말씀을 읽고 듣는 것 자체가 아닙니다. 또 말씀을 전하는 목사나 성경 자체도 아닙니다. 가장 중요한 것은 성령 하나님입니다.

우리는 회심에 대해 자꾸 내가 무엇을 해야만 하는 것으로 생각하는 경향이 있지만, 이는 우리가 회심하고 싶다는 마음을 나타내는 것일 뿐입니다. 하나님의 말씀이라는 도구와 설교자를 통해 한 사람의 심령을 여시고 빛을 비추시는 분은 다름 아닌 성령 하나님입니다. 이러한 성령 하나님의 신적인 역사가 없다면, 우리의 모든 증거는 그저 성경의 유용한 지식 정도밖에 되지 않습니다. 따라서 우리가 하나님의 말씀을 통해 구원의 지식에 이르려면 우리의 총명을 밝히시는 성령 하나님의 역사가 있어야만 합니다. 아무리 탁월한 목사나 교사가 성경을 잘 가르친다 해도 성령 하나님의 역사가 없다면, 성경의 유용한 지식을 전달하는 수준밖에 될 수 없습니다. 또 신학교 교수가 성경을 신학적으로 잘 설명한다 해도 성령 하나님의 도우심이 없으면 이 역시 마찬가지입니다.

우리의 지성을 밝히시는 것은 오직 성령 하나님의 역사입니다. 그 역사가 아니면 '나'라는 한 인격체 안에 그러한 일이 일어나지 않습니다. 이는 오직 하나님의 역사입니다. 그러므로 회심하지 않은 사람은 이 사실을 기억하고, 성령께서 어두워진 총명을 밝히시기 위해 사용하시는 도구인 하나님의 말씀을 듣고 읽어야 합니다.

바울은 "믿음은 들음에서 나며"(롬 10:17)라고 말했습니다. 하나님의 말씀을 들을 때 믿음이 생긴다는 말입니다. 그러므로 성령께서 자신의 어두워진 총명을 밝혀서 구원의 지식을 갖게 하시는 회심에 이르고자 한다면, 무엇보다도 하나님의 말씀을 들어야 합니다. 단순히 지식적으로 아는 수준에서 말씀을 듣는 것이 아니라, 진심으로 그 말씀을 들어 알고자 하며 회심하고자 하는 마음으로 들어야 합니다.

하나님의 일을 싫어하는 마음

또한 회심은 어두워진 총명, 곧 지성에만 변화가 생기는 것은 아닙니다. 앞에서 말한 대로 어두워진 마음에도 변화가 일어납니다. 본문은 회심하지 않은 자의 마음을 굳어진 마음으로 묘사하고 있습니다(18절).

성경에서 마음은 전인격을 나타내기도 하고, 정서를 표현하기도 합니다. 회심하지 않은 자가 하나님과 그분에게 속한 것에 대해 갖는 정서는 적대감과 거부감입니다. 예수 믿기 전 여러분의 정서가 어떠했는지 생각해 보십시오. 인간적으로는 사람이 너무 좋고 선하다고 해도 회심치 않은 자에게는 감출 수 없는 정서가 있습니다. 바로 하나님과 그분에게 속한 것을 불편해하고 싫어하는 감정입니다. 그것이 나중에는 적대감으로 드러나기까지 합니다. 이러한 모습은 모두 회심치 않은 자가 본성적으로 드러내는 정서입니다.

예수 믿지 않던 자가 예수 믿으라는 말을 무조건 환영하며 좋아하는 경우는 없습니다. 아무리 사랑하는 아내와 남편, 부모와 자식이 말해도 싫어합니다. 하나님을 예배하거나 그분의 말씀을 듣고 배우는 것도 당연히 좋아하지 않습니다. 이것이 회심치 않은 자의 진심입니다. 즉 하나님께 나아가는 것을 싫어하고, 세상에 속하는 것을 좋아합니다. 회심치 않은 자의 입과 귀는 세상의 노랫가락을 즐거워할망정 예수 그리스도에 대한 말씀이나 그분을 찬송하는 것은 즐거워하지 않습니다.

이러한 정서를 가진 인간이 "그러면 이제부터 한번 잘해 봐야지. 진심으로 좋아해 봐야지."라고 다짐하고 노력한다고 달라질 수 있을까요? 불가능합니다. 다짐하고 결심한다고 해서 지금까지 그토록 싫어하던 하나님의 말씀이 달콤해지고 찬송이 즐거워질 수는 없습니다.

사람들은 종종 새해부터 열심히 믿어 보겠다고 말하지만, 이는 그저 바람일 뿐 회심하기 전까지 그 결심은 한두 달도 가지 못합니다. 진정한 변화는 하나님께 대하여 굳어진 마음, 대리석처럼 단단한 마음을 하나님께서 친히 깨뜨리시고 부드럽게 하셔야만 가능합니다. 이 일은 인간 스스로는 결코 할 수 없습니다. 바울은 고린도후서 4장에서 이렇게 말합니다.

"만일 우리의 복음이 가리었으면 망하는 자들에게 가리어진 것이라 그 중에 이 세상의 신이 믿지 아니하는 자들의 마음을 혼미하게 하여 그리스도의 영광의 복음의 광채가 비치지 못하게 함이니…"(고후 4:3-4).

여기서 바울은 회심치 않은 자의 굳어진 마음을 이 세상 신인 사탄이 혼미하게 하는 마음으로 말합니다. 이것이 바로 회심치 않은 자가 스스로 자신의 굳어진 마음을 깨트리지 못하고, 그 굳어진 마음에서 벗어나지 못하는 이유입니다. 자신을 구원할 복음의 빛, 곧 예수 그리스도 안에 있는 구원의 소식을 싫어하는 마음을 자신이 바꾸지 못하는 이유는 바로 이 세상 신인 사탄이 그 마음을 혼미하게 하고 있기 때문입니다.

사람들은 자신이 그리스도에 대한 말씀을 듣기 싫어하는 이유에 대해, 그냥 싫어한다고 생각합니다. 아닙니다. 어떠한 인간도 그냥 싫어하는 사람은 없습니다. 본문은 인간이 하나님의 말씀을 싫어하는 이유에 대한 해답을 제시해 주고 있습니다. 곧 인간이 본성적으로 타락하여 하나님께 대하여 굳어진 마음을 가지고 있기 때문이라고 말합니다. 조금 전에 인용한 고린도후서 4장은 사탄이 그의 마음을 혼미하게 하고 있기 때문이라고 말합니다. 우리에게는 그런 존재적인 특성이 있습니다. 이처럼 우리는 모두 태어나면서부터 굳어진 마음을 가지고 있습니다.

가족이나 친한 친구가 아무리 예수를 믿어 보라고 권해도 회심치 아니한 사람의 굳어진 마음은 좀처럼 바뀌지 않습니다. 부패한 본성 속에서 굳어진 마음을 가지고 있을 뿐만 아니라, 사탄이 또한 회심치 아니한 사람의 마음을 계속해서 혼미하게 하기 때문입니다.

굳은 마음을 제거하고 새 마음을 주시는 하나님

성경의 계시는 바로 이러한 실체를 우리에게 알려 줍니다. 회심치 않은 사람은 이 사실을 인정하지 않을지도 모릅니다. 하지만 이러한 실체가 있기 때문에 인간은 스스로 그 상태에서 벗어나지 못하고, 하나님에게 속한 것과 복음의 빛을 싫어하는 것입니다.

그렇다면 어떻게 해야 인간이 그러한 상태로부터 돌이킬 수 있을까요? 이에 대해 에스겔 36장은 다음과 같이 대답합니다.

"또 새 영을 너희 속에 두고 새 마음을 너희에게 주되 너희 육신에서 굳은 마음을 제거하고 부드러운 마음을 줄 것이며"(겔 36:26).

하나님께서 굳은 마음을 제거하시고 거기에 부드러운 마음, 즉 새 마음을 주시는 역사가 있어야 합니다. 왜냐하면 인간은 스스로 자신의 굳은 마음을 깨트리지 못하기 때문입니다. 하나님께서 그러한 마음을 주실 때에야 비로소 인간은 그동안 사악했던 자신을 돌아보면서 통회하는 정서를 갖게 됩니다. 자신이 듣기 싫어했던 예수님이 자신을 죄에서 구원하실 구세주요, 자신의 생명과 빛이신 분임을 보면서 마음이 감동되어 그분을 사모하고 사랑하는 데까지 나아가게 되는 것입니다. 그야말로 이전에는 전혀 없었던 하나님을 향한 정서가 생겨난 것입니다.

특히 정서의 변화를 가장 크게 나타내는 부분은 죄와 예수 그리스도에 대한 것입니다. 성령께서 역사하심으로써 우리의 굳어진 마음을 일깨우고 정서에 변화를 가져오게 하실 때, 우리가 가장 예민하게 반응하는 부분이 바로 이것입니다. 그동안 자신이 죄인이라고 생각하지 못했지만, 이제는 죄가 보이고 그것이 자신을 사망과 멸망으로 이끄는 모습을 보게 됩니다. 특히 하나님께서 그 죄를 심히 싫어하신다는 사실을 알게 되고, 무엇보다도 자신의 죄가 하나님의 아들 예수 그리스도를 십자가에 못 박아 죽으시게 했다는 사실을 알게 됨으로써 통회합니다. 그리고 결국 죄를 싫어하고 거부하는 마음을 갖게 됩니다. 회심한 자에게는 정도의 차이가 있지만, 바로 이런 정서의 변화가 일반적으로 함께 있습니다.

그리고 더 나아가 그렇게 죄악 된 자신을 위해 십자가에 달려 죽으신 예수 그리스도와 아들을 죽게 하시기까지 나를 사랑하신 하나님의 사랑에 대한 감격 또한 함께 갖습니다. 그래서 하나님께 더욱 나아가고 싶어 합니다. 이것이 바로 회심에 대해 성경이 말하는 바요, 실제로 회심하는 자들 가운데 있는 일입니다.

허망한 것을 따르던 의지의 변화

그런데 회심은 앞서 말한 지성과 정서의 변화만 있는 것이 아닙니다. 회심에는 한 가지 변화가 더 내포되어 있는데, 바로 의지의 변화입니다. 회심하기 전 인간은 "감각 없는 자가 되어 자신을 방탕에 방임하여 모든 더러운 것을 욕심으로 행"합니다(19절). 이를 어떤 영어 성경은 더러운 욕심을 충족시키기 위하여 어떤 일도 망설이지 않는다고 번역했습니다. 회심치 않은 사람은 그렇게 죄를 짓는 데 자신의 의지를 발휘합니다.

인간은 태어나서부터 온통 자신의 욕심을 충족시키는 방향으로 의지를 발휘합니다. 공부를 열심히 하거나 자신의 재능과 실력을 연마하는 이유도 실상은 자기가 하고 싶거나 이루고 싶은 것, 즉 자기 욕심을 위함입니다. 그렇게 함으로써 사회에 기여하고 국가를 위한다고 말해도 그 기저에는 자기 욕심이 있습니다. 인간은 그렇게 본성적으로 자기 욕심을 충족시키기 위해서 행합니다.

더 나아가 인간은 자신의 욕심을 위해서라면 어떤 일도 망설이지 않습니다. 어려서부터 인간은 자기에게 방해되는 자를 미워하는 모습을 보입니다. 누군가 왕따를 시키기도 하고, 자기편을 만들기도 합니다. 심지어 사기를 쳐서 남의 것을 빼앗기도 하고 극단적으로는 사람을 죽이기까지 합니다. 이처럼 인간은 자기 욕심을 위해서라면 어떤 행위도 망설이지 않는 의지를 드러냅니다. 누가 가르쳐 주지 않아도 욕심을 가지고 본성적으로 그런 의지를 발휘합니다.

바로 그러한 인간이 회심할 때, 자신의 욕심을 충족시키려던 의지에 변화가 일어나기 시작합니다. 17절에서 말한 바대로 "그 마음의 허망한 것으로 행함 같이 행하지" 않습니다. 어두워진 마음, 곧 욕심에 따른 생활을 하지 않게 된다는 것입니다. 또 19절에서 말한 바대로 "모든 더러운 것을 욕심으로 행하"는 생활을 하지 않습니다. 대신 "하나님을 본받는 자가 되고"(엡 5:1) "빛의 자녀들처럼 행하"게(엡 5:8) 됩니다. 이는 모두 의지에 변화가 생긴 것을 말합니다.

물론 이런 의지의 변화 또한 인간이 스스로 가질 수 없습니다. 하나님과 그의 말씀을 태어나면서부터 즐거워하며 행하는 사람은 이 세상에 아무도 없습니다. 오히려 정반대입니다. 내 욕심, 내 본성, 내 원함, 내 생각대로 하고자 하는 것이 인간입니다. 그런 인간에게 하나님과 그분의 말씀에 대한 의지에 변화가 생기는 것은 오직 하나님에 의해서입니다. 에스겔서 36장은 이렇게 말합니다.

"또 내 영을 너희 속에 두어 너희로 내 율례를 행하게 하리니 너희가 내 규례를 지켜 행할지라"(겔 36:27).

무엇을 말합니까? 성령 하나님께서 우리 안에 역사해야만 우리의 굳은 마음이 부드럽게 되어 욕심으로 행하던 상태에서 하나님의 말씀을 지켜 행하는 상태로 변화된다는 것을 말하고 있습니다. 실제로 그렇게 의지에 변화가 생긴 사람은 시편 119편 말씀대로 "내가 주의 율법을 항상 지키리이다 영원히 지키리이다"(44절)라고 말하면서 자신의 의지를 발휘하게 됩니다. 물론 이것은 인간 스스로는 가질 수 없는 변화입니다. 본문 20-21절이 말하는 바와 같이 회심한 자는 예수 그리스도에게서 배우고 듣고 가르침을 받아서 그분을 따르는 일에 의지를 갖게 됩니다.

회심은 지정의 전인격의 변화이다

지금까지 함께 살펴본 바와 같이 회심은 지성과 정서와 의지가 함께 변화되는 것입니다. 우리는 어떤 사람이 교회에 와서 하나님의 말씀을 이해하고 깨닫는 지성의 변화가 생긴 것만으로도 굉장히 놀랍게 여기면서 그가 회심했다고 말하고 싶어 합니다. 심지어 거기서 더 나아가 그가 외적으로 열심히 교회에 나오고 나름의 신앙생활을 하면 우리는 그가 정말 회심했다고 생각합니다.

그러나 야고보서는 귀신도 하나님이 한 분이신 것을 믿고 떤다고(약 2:19) 하며, 하나님의 대적자인 귀신도 그 정도의 지식은 가지고 있음을 말하고 이어서 참되게 믿는 자가 가진 행함, 곧 삶의 변화와 증거를 강조하고 있습니다. 그러므로 신학 지식을 많이 알고, 예수님이 구세주이심을 아는 것만으로 회심했다고 단정할 수 없습니다. 또 지성과 함께 정서적인 어떤 반응이 있는 것만으로도 회심했다고 말할 수 없습니다.

구약 시대 발람 선지자도 하나님에 대해 알고 감정적으로 동요하기까지 했지만, 결국 하나님을 등졌습니다. 신약의 표현으로 말하자면, 그는 회심치 않은 사람이었습니다. 의지가 없었던 것입니다. 이처럼 지정의 전인격이 변화되지 않는 것은 성경에서 말하는 회심이 아닙니다.

코르넬리스 프롱크(Cornelis N. Pronk)는 지정의 전인격의 변화가 아닌 그중 "한두 가지만 가지고 있다면 구원받지 못한 것입니다."라고 하며, "세 가지 전부이거나 아무것도 아니거나 둘 중 하나입니다."라고 말했습니다.[1]

우리는 누군가 은혜를 받고 감동을 받았다고 말하면 쉽게 회심했다고 생각하는 경향이 있지만, 성경은 그렇게 말하지 않습니다. 의지의 변화까지 함께 있어야 합니다. 말로는 은혜를 받았다고 하지만 하나님과 그분의 말씀을 좇아서 행하지 않는다면 그것은 회심과는 상관없습니다.

물론 지정의의 변화가 완전하지 않거나 또는 그 변화가 처음부터 크게 드러나지 않을 수는 있습니다. 그러나 분명한 것은 회심은 반쪽짜리가 아니라는 사실입니다. 다시 말해 지정의 중 어느 한두 가지만 변화된다고 해서 회심이라고 말하지는 않는다는 것입니다. 회심은 분명 세 가지의 변화가 함께 있는 것입니다. 정도의 차이가 있을 수 있지만, 지정의 전체가 전환적으로 변화를 갖는 것은 분명합니다. 회심에 있어서 성령 하나님의 역사는 결코 부분적이지 않기 때문입니다.

놀랍고 중대한 변화

그러므로 묻고 싶은 것은, 여러분은 예수께서 자신의 죄를 지시고 십자가에 달려 죽으신 것을 앎으로써 자신의 죄의 악함과 그러한 죄에서 구원하신 예수 그리스도를 보게 되었습니까? 굳어진 마음으로 하나님께 속한 것들을 싫어하던 상태에서 죄를 미워하게 되었습니까? 더욱이 자신을 위해 십자가에 달리신 예수 그리스도를 흠모하며 사랑하는 정서의 변화가 생겼습니까? 과거에는 따분하게 생각하며 싫어했던 그분의 말씀을 사모하여 듣고자 하는 열의가 생겼느냐는 것입니다. 그리고 거기서 한걸음 더 나아가 더는 이전과 같은 생활을 하지 않고 예수 그리스도와 그분의 말씀을 따르고자 하는 적극적인 의지의 변화까지 생겼습니까? 이 세 가지 전체에 변화가 생기는 것이 성령 하나님의 역사로 말미암은 회심입니다.

혹시 그런 변화는 너무 어려운 일이라고 생각하는 사람이 있습니까? 그러나 사람으로는 할 수 없는 일을 하나님은 하신다는 사실을 기억하십시오. 이것이 성경이 말하는 한 가지 원리입니다.

거듭 말씀드리지만, 모든 사람이 어렵다고 여길 만한 지정의의 놀라운 변화는 사람이 스스로 할 수 없습니다. 성령께서 역사하심으로써만 있는 변화입니다. 그렇기 때문에 지정의의 변화 또한 선명합니다. 사람으로부터 시작된 변화는 힘든 일이 생기면 중간에 멈추는 것이 일반적입니다. 그러나 성령께서 역사하신 변화는 모든 상황과 유혹을 이기게 합니다. 그래서 순교하면서까지 주님을 따르게 되는 것입니다.

성경은 구원을 얻은 자의 모습과 상태에 대해 결코 모호하게 말하지 않습니다. 우리가 모호하게 생각할 뿐입니다. 그러니 예수 믿는 것을 대충 생각하지 마십시오. 예수 믿는 것은 단순한 종교적인 행동이 아닙니다. 그것은 죄와 심판에서 구원을 받아 영원히 사는 것과 관련되어 있습니다. 나의 영원한 운명과 관련되어 있다는 말입니다. 그러므로 이 문제를 중대하게 여기십시오.

성령 하나님의 역사를 구하라

혹시 지정의의 변화 중 어느 한두 가지 정도의 변화만 있거나 아예 그런 변화가 없는 사람이 있다면, 그 사람은 아무리 교회를 오래 다녔어도 아직 구원받지 못했을 가능성이 큽니다. 그 상태로 죽는다면 그 사람은 심판을 받게 될 것입니다.

인간이 자신의 기억에 의존해서 회개하는 것은 한계가 있습니다. 교회에 와서 과거 몇 가지 잘못을 떠올리면서 회개하고 고백한 것만으로 회심했다고 말할 수 없습니다. 회심은 전인격의 변화입니다. 그런 변화가 없다면 그 사람은 꾸준히 하나님의 말씀을 들으면서 성령 하나님의 역사를 구해야 합니다. 왜냐하면 성령께서 그 사람 안에서 역사하시지 않는 한 지정의 전인격의 변화는 일어나지 않기 때문입니다.

우리는 주님 앞에 서는 그날이 오기까지 이 문제를 명확하게 해야만 합니다. 우리에게는 구원을 소유하는 것보다 더 중요한 문제는 없습니다. 이 세상 모든 것은 다 지나가 버리기 마련입니다. 그런 점에서 우리가 가장 먼저 해결해야 할 문제는 구원입니다. 물론 우리에게는 이것만 중요하다는 말은 아닙니다. 구원받은 자는 그 이후에도 교회 지체로서 살아가야 할 중요한 내용이 남겨져 있습니다. 그러나 이것이 먼저 해결되지 않는 한 우리의 인생은 아무런 의미가 없습니다.

그러므로 이 회심의 문제를 자신의 생각으로 짜맞추려 하지 마십시오. 그런 사람은 오래지 않아 하나님을 예배하기 싫어하고, 그분의 말씀을 즐거워하지 않는 본색을 드러내게 됩니다. 물론 회심한 자도 일시적으로는 죄의 유혹을 받아 그런 모습을 보일 수 있습니다. 그러나 그러한 모습이 점점 더 본심으로 드러난다면 그것은 아닙니다.

자신이 교회 생활에 익숙한 자인지 아니면 전인격의 변화를 가진 자인지를 물으십시오. 만일 과거와 비교해 볼 때 전인격에 그런 변화가 분명히 생겼다면, 심히 복된 사람입니다. 또한 이 땅에 있지만 하늘을 소유한 자입니다. 요한복음 3장의 말씀대로 영생을 소유한 자요, 심판을 넘어 영광으로 나아가게 될 자입니다.

그러나 그렇지 않은 사람은 이 세상에서 아무리 많은 것을 소유하고 성공해서 건강하고 행복하게 살아도 실상은 가장 불행한 자입니다. 왜냐하면 그 삶은 본문 말씀대로 모두 어둠 속에서의 삶이기 때문입니다. 결국 하나님의 심판과 그러한 삶에 따른 영원한 형벌을 받아야 할 존재이기 때문입니다. 그 사람이 구원 얻을 수 있는 길은 그런 상태에서 회개하고 예수 그리스도를 믿는 것뿐입니다.

또한 하나님의 말씀을 꾸준히 들으면서 자신의 어두운 마음을 비춰 주시기를 구해야 합니다. 성령 하나님은 하나님의 말씀을 통해 그 같은 역사를 행하시기 때문입니다. 우리가 행하는 그 무엇에 의해서가 아니라 성령 하나님께 전적인 주권이 있다는 것을 알고, 그분의 주권에 자신을 의탁해서 이 두 가지 일을 구하십시오.

모든 것은 하나님께 달려 있습니다. 하나님이 역사하셔야만 회심은 확실한 것입니다. 부디 성령에 의한 확고한 회심을 가지고 신앙생활을 하기 바랍니다. 그리하여 이 땅에서부터 복 되고 영광스러운 구원을 소유한 자로 순례의 길을 가기 바랍니다.

혹시 이 문제가 아직 해결되지 않은 사람이 있다면 너무 불안해하지는 마십시오. 다소 마음에 두려움과 불안이 일어날 수는 있습니다. 하지만 이것이 그 사람에게는 출발이 될 수 있습니다. 하나님은 이런 계기를 통해 우리를 부르시고 기회를 주시기 때문입니다. 그러므로 여기서 물러서거나 멈추지 말고 자신의 회심과 구원을 위해 하나님께 간절히 구하십시오. 은혜로우신 하나님은 자신을 간절히 찾는 자를 결코 외면하지 않으십니다. 부디 여러분에게 이런 복되고도 놀라운 구원의 은혜, 회심의 역사가 있기를 소망합니다.

8장
**핵심
요약**

- 성경은 회심한 자를 총명과 마음, 행함이라는 지정의의 변화를 갖게 된 사람으로 말한다.

- 총명이 어두워져 있는 사람은 하나님의 일을 알지 못할 뿐만 아니라, 그것을 어리석다고 생각한다. 성령께서는 이러한 어두운 지성을 하나님의 말씀을 통해 밝히심으로 하나님께 속한 일들을 깨닫고 보게 하신다.

- 하나님은 본성적으로 하나님과 그분에게 속한 것을 거부하는 마음을 제거하시고 부드러운 마음을 주심으로써 자신의 죄에 대해 통회하며, 하나님과 예수 그리스도를 사랑하는 마음을 갖게 하신다.

- 성령 하나님은 죄를 짓고 자신의 욕심을 채우기 위해 의지를 발휘하는 우리를 변화시켜 하나님의 말씀을 지켜 행하는 데 의지를 발휘하게 하신다.

- 총명과 마음, 행함의 전인격적인 변화를 구하는 자를 결코 외면하지 않으시는 하나님께 회심의 은혜를 구하라.

9장

죄인들의 유일한 소망

> ³⁵ 여리고에 가까이 가셨을 때에 한 맹인이 길 가에 앉아 구걸하다가 ³⁶ 무리가 지나감을 듣고 이 무슨 일이냐고 물은대 ³⁷ 그들이 나사렛 예수께서 지나가신다 하니 ³⁸ 맹인이 외쳐 이르되 다윗의 자손 예수여 나를 불쌍히 여기소서 하거늘 ³⁹ 앞서 가는 자들이 그를 꾸짖어 잠잠하라 하되 그가 더욱 크게 소리 질러 다윗의 자손이여 나를 불쌍히 여기소서 하는지라 ⁴⁰ 예수께서 머물러 서서 명하여 데려오라 하셨더니 그가 가까이 오매 물어 이르시되 ⁴¹ 네게 무엇을 하여 주기를 원하느냐 이르되 주여 보기를 원하나이다 ⁴² 예수께서 그에게 이르시되 보라 네 믿음이 너를 구원하였느니라 하시매 ⁴³ 곧 보게 되어 하나님께 영광을 돌리며 예수를 따르니 백성이 다 이를 보고 하나님을 찬양하니라 _ 눅 18:35-43

구원 얻는 자들이 만난 예수 그리스도

예수 그리스도를 진실로 만나 구원 얻는 사람은 그가 사회적으로 지위가 높은 사람이든 낮은 사람이든, 부유하든 가난하든, 건강하든 병 중에 있든 상관없이 성경이 말하는 특징을 갖습니다. 누가복음 18장 말씀은 예수님을 만나 변화된 그 많은 사람 중 한 인물에 대해 기록합니다.

예수님은 이 땅에 계실 때 하나님 나라가 가까이 왔다는 복음을 전하시면서, 마태복음 4장 23절에 기록된 대로 "백성 중의 모든 병과 모든 약한 것을 고치"셨습니다. 그리고 예수님에 대한 그러한 소문이 퍼지면서 사람들은 예수님이 가는 곳마다 몰려들기 시작했고, 그때 많은 병자를 예수님께로 데려왔습니다.

"그의 소문이 온 수리아에 퍼진지라 사람들이 모든 앓는 자 곧 각종 병에 걸려서 고통 당하는 자, 귀신 들린 자, 간질하는 자, 중풍병자들을 데려오니 그들을 고치시더라"(마 4:24).

누가복음 4장에서 예수님은 자신이 그 많은 병자를 고치신 일은 이미 수백 년 전 선지자들의 예언을 이루시기 위함이라고 말씀하셨습니다. 예수님은 나사렛 회당에서 이사야 선지자의 예언을 기록한 두루마리를 펴서 그중에 한 부분을 읽으셨습니다.

"주의 성령이 내게 임하셨으니 이는 가난한 자에게 복음을 전하게 하시려고 내게 기름을 부으시고 나를 보내사 포로 된 자에게 자유를, 눈 먼 자에게 다시 보게 함을 전파하며 눌린 자를 자유롭게 하고 주의 은혜의 해를 전파하게 하려 하심이라 하였더라"(눅 4:18-19).

이것은 예수님이 오시기 약 700여 년 전, 이사야 선지자가 장래에 이런 일을 하실 메시아가 올 것이라고 예언한 내용입니다. 예수님은 바로 이 예언이 기록된 두루마리를 펴서 읽으시면서, 지금 이 예언이 이루어졌다고 말씀하셨습니다. 예수님은 이 말씀처럼 많은 병자를 고치셨습니다. 그리고 여기서 포로 된 자에게 자유를 준다고 했는데 그 말은 감옥에 있는 사람들을 풀어 준다는 말이 아니라, 죄의 포로가 된 자들을 자유롭게 하는 일을 하고 계셨다는 말입니다.

예수님은 이러한 사역을 공생애 3년 동안 계속하셨습니다. 그리고 마침내 십자가에 달리시기 위해 예루살렘으로 향하셨습니다. 예수님은 자신이 사람들의 손에 넘겨져 죽임을 당하고, 죽은 지 3일 만에 부활하실 것을 제자들에게 미리 말씀하셨습니다. 예수님은 그렇게 십자가에 달려 죽으실 것을 미리 아시고 예루살렘을 향해 가셨습니다. 그리고 그 여정의 끝자락에 여리고에 이르시어, 한 맹인을 고쳐 주셨습니다.

구원 얻는 자들이 귀하게 듣는 소식

예수님께서 십자가로 나아가기 위해 예루살렘에 당도하시기 전 마지막으로 행하신 누가복음 18장의 그 이적에서 우리가 주목해 보아야 할 것 중 하나는, 예수님께서 고쳐 주신 그 맹인이 예수님에 대하여 보인 반응입니다. 우리는 이를 통해 회심하는 자에게서 드러나는 특징을 보게 됩니다.

본문에서 맹인은 평상시처럼 길가에 앉아 구걸하고 있었습니다. 그러던 중에 그는, 시끄러운 소리를 듣고 많은 사람이 이동한다는 사실을 알게 되었습니다. 그는 뭔가 특별한 일이 있다고 느껴 사람들에게 무슨 일이냐고 물었습니다. 그러자 사람들은 나사렛 예수가 지나가고 있다고 말해 주었습니다.

그 말에 맹인은 뜻밖의 반응을 보였습니다. 그는 곧바로 "다윗의 자손 예수여 나를 불쌍히 여기소서"(38절)라고 외쳤습니다. 그런데 이는 흔히 예수님을 인격적으로 만나는 사람, 예수님을 구주로 믿어 구원받는 사람들이 갖는 반응입니다.

나사렛 예수가 지나간다는 말은 그런가 보다 하고 지나갈 수도 있는 말입니다. 지금도 우리는 그런 경우를 흔하게 봅니다. 사람들은 예수님에 대한 이야기를 들어도, 그저 교회에 다니는 사람들이 믿는 신인가 보다 생각하고 맙니다. 심지어 교회를 오래 다닌 사람들과 소위 모태신앙을 가진 사람들조차 그동안 들어 왔던 지식으로 예수 그리스도에 대해 알 만큼 안다고 생각하고, 그분에 대한 말씀에 특별하게 반응하지 않습니다. 이는 예수 그리스도가 지나간다는 말을 듣고도 시큰둥해하는 것과 같습니다.

하지만 구원받는 사람은 나사렛 예수가 지나간다는 말을 평범하게 생각하지 않습니다. 맹인은 예수님께서 가까이 지나가신다는 소식을 특별하게 여겼습니다. 이것이 예수님을 만난 사람, 구원받는 사람들에게 있는 첫 번째 특징입니다. 예수님에 관한 말씀은 그저 종교적인 얘기가 아닙니다. 구원 얻는 자들에게 이는 소망의 빛이요 생명의 끈입니다.

구원 얻는 자들이 가진 특별한 기대와 믿음

예수님을 만나 회심한 사람에게 있는 두 번째 특징은 예수님에 대한 특별한 기대와 믿음입니다. 맹인은 나사렛 예수가 지나간다는 소식을 듣고 자기가 들은 대로 "나사렛 예수여"라고 부르지 않고, "다윗의 자손 예수여"라고 불렀습니다. 여기에는 예수님을 향한 기대와 믿음이 내포되어 있습니다.

그가 나사렛 예수 대신 "다윗의 자손 예수여"라고 불렀다는 것은, 그동안 예수님에 대한 소문을 귀담아들어 알고 있었음을 시사합니다. 그렇지 않았다면 그는 "다윗의 자손 예수여"라고 외칠 수 없었을 것입니다. 그는 예수님이 그동안 어떤 일을 하셨는지 들어 알고 있었습니다. 그는 예수님에 대한 소문을 듣고 그분이 바로 다윗의 자손으로 오실 메시아라고 생각하게 되었던 것입니다.

당시 이스라엘 사람들은 메시아가 다윗의 자손으로 오리라 생각하고 있었습니다. 그러나 정작 예수님이 이 땅에 오셨을 때 그들 중 다수가 예수님을 메시아로 인정하지 않았습니다. 구약의 예언대로 예수님께서 처녀의 몸에서 잉태된 다윗의 자손으로 오셨는데도 말입니다.

하지만 맹인은 그동안 소문으로 들어 온 나사렛 예수가 다윗의 자손으로 오시는 메시아라고 생각했습니다. 그래서 나사렛 예수가 자기 앞을 지나간다는 말을 듣자, "다윗의 자손 예수여"라고 불렀던 것입니다.

누가복음에는 예수님을 다윗의 자손이라고 고백한 경우가 본문에 단 한 번 기록되어 있습니다. 즉, 누가는 예수님을 향한 그 맹인의 고백이 당시로서는 일반적이지 않은, 특별한 고백이라는 사실을 밝혀 주고 있습니다. 또 누가는 이 사람의 고백을 통해 누가복음의 독자들에게, 잠시 뒤 십자가에 달려 죽으실 그분이 바로 다윗의 자손으로 온 메시아임을 상기시켜 줍니다. 이 사람처럼 예수님을 메시아로 고백하는 믿음은 구원 얻는 사람에게서 발견되는 가장 중요한 특징입니다.

나에게 예수는 누구인가

예수님 당시 사람들은 예수님께서 많은 이적을 행하시는 모습을 보고 천국 복음을 전하시는 것을 들었어도, 예수님을 좀 특별한 분이나 선지자 정도로만 생각했습니다. 어떤 사람은 예수님이 어떤 능력을 행하시는지 보고 싶어서 따라다니기도 했습니다. 또 예수님께서 오병이어의 기적으로 사람들을 먹이신 일 때문에 예수님으로부터 무언가를 얻고자 따르는 사람들도 있었습니다. 물론 그들 중에는 남다른 관심을 갖고 예수님께로 나아온 사람들도 있었습니다. 그러나 거의 대부분은 예수님을 메시아로 생각하지는 않았습니다.

이것은 지금도 마찬가지입니다. 오늘날 예수에 관한 얘기를 전혀 듣지 못한 사람은 거의 없습니다. 교회에서 예수님이 행하신 일과 말씀하신 것을 오랜 세월 들어 온 사람들도 적지 않습니다. 그러나 중요한 것은 예수님이 자신에게 어떤 분이신가 하는 점입니다.

우리는 맹인이 예수님에 대해 듣고 나서 보인 반응에 주목해야 합니다. 그 맹인은 예수님의 이야기를 듣고 그분이 뭔가 특별한 일을 행하실 분 정도로만 생각하지 않았습니다. 그는 자신이 들은 예수님을 다윗의 자손으로 오신 메시아로 생각했습니다. 자신을 불쌍히 여겨 고치시고 구원해 주실 메시아라고 말입니다.

여러분도 맹인과 같이 예수님을 죄와 죄로 인해 겪는 비참함과 사망, 내면의 고통에서 자신을 구원해 주실 분으로 생각하십니까? 만일 예수님이 자신을 죄에서 구원해 주실 메시아라는 기대와 믿음이 없다면, 이는 자신에 대한 자각이 없거나 또는 그것을 인정하지 않기 때문입니다.

달리 말해 자신은 맹인과 같이 불쌍히 여김을 받을 만한 조건에 있지 않다고 생각하기 때문입니다. 그래서 예수님이 절실하지 않은 것입니다.

예수 믿는 사람 중에는 실제로 죽을 병에 걸리거나 큰 사고를 당하거나 사업이 실패할 때에야 비로소 예수를 찾아온 사람들이 제법 많습니다. 그전까지 그들은 자신이 불쌍히 여김을 받을 필요가 없고, 예수님이 자신을 위한 구원자라고 생각하지 않았습니다. 이처럼 인간은 어느 정도 살 만한 환경이나 현실만 주어지면 구주의 은혜나 불쌍히 여김을 필요로 하지 않습니다.

가련한 죄인의 유일한 소망

그러나 모든 인간은 한 가지 이유로 인해 불쌍히 여김을 받을 처지에 있습니다. 바로 죄 때문입니다. 우리는 모두 우리의 죄 때문에 불쌍히 여김 받음이 필요한 자들입니다.

십계명 중 하나의 계명을 단 한 번이라도 어겼다면, 그것 역시 하나님이 미워하시는 죄입니다. 하나님 외에 다른 신을 섬기지 말라고 했지만, 우리는 나면서부터 하나님이 아닌 다른 신과 하나님보다 더 사랑하는 무엇을 우상으로 섬깁니다. 또 이웃의 소유를 탐내고, 마음으로부터 다른 사람을 미워하고, 음욕을 품습니다. 예수님은 이것을 모두 죄라고 말씀하셨습니다. 우리 중에 그런 죄가 없는 사람은 없습니다. 그리고 십계명 중 단 하나라도, 또는 단 한 번이라도 범한 죄가 있다면, 그 죄로 인한 상함과 비참함과 죽음이 있으며, 더 나아가 영원한 형벌을 받아야 할 처지에 있다고 성경은 분명하게 말합니다.

아무리 돈이 많고, 건강하고, 실력이 있고, 외모가 뛰어나서 현실적으로 아무런 걱정이 없어도 인간은 모두 자신의 죄에 대해 죽음과 함께 심판을 받아야 합니다. 이처럼 인간은 모두 근본적으로 불쌍히 여김을 받아야 할 조건에 있습니다. 죄로 인한 비참함과 사망과 영원한 형벌에서 구원받아야 할 조건에 있는 것입니다.

맹인은 앞을 보지 못하고 구걸하면서 살아가는 자신의 처지에 대해서뿐만 아니라, 죄로 인해 있게 된 인간의 비참함에서 구원하실 메시아에 대한 지식도 있었습니다. 그는 그런 기대와 믿음을 가지고 "다윗의 자손 예수여 나를 불쌍히 여기소서"(막 10:47)라고 외쳤던 것입니다.

찰스 스펄전(Charles H. Spurgeon)은 자기 교회 회중 가운데 구원을 갈망하는 사람들을 향해 "여러분은 영적으로 … 눈멀고 가난하지 않습니까?"라고 묻고는 그들의 마음이 어둠에 싸여 있다고 말하면서, 그것이 본문의 맹인과 같은 처지라고 말했습니다.[1] 육신의 눈은 뜨고 있을지 몰라도 하나님을 알아보지 못하고, 자신에게 회개할 죄가 있는데도 그것을 알아보지 못하는 영적인 맹인 상태가 아닌지 그들에게 물었던 것입니다. 신체적으로 건강하고, 지성을 발휘할 수 있고, 현실적으로 별다른 문제가 없어도 영적으로 눈먼 자는 본문의 맹인과 같이 불쌍히 여김을 받아야 할 처지에 있는 것입니다.

그렇다면 우리도 맹인과 같이 "다윗의 자손 예수여 나를 불쌍히 여기소서"라고 고백하고 구해야 할 자들이 아닙니까? "나를 구원해 주실 수 있는 구주 예수여, 나를 불쌍히 여겨 주십시오. 나를 구원해 주십시오."

라고 말입니다.

맹인과 달리 육신의 눈은 뜨고 있지만 예수님이 메시아이심을 보지 못해서 그분을 부르지 못한다면, 그 사람은 분명 맹인보다 더 불쌍한 처지에 있는 것입니다. 맹인은 비록 육신의 눈은 감겨 있었지만, 육신의 눈을 뜬 사람들이 보지 못한 메시아를 보았습니다. 그래서 그는 예수님이 자신을 고치실 구원주임을 믿고 그분을 불렀던 것입니다.

여러분, 이 맹인처럼 예수 그리스도를 보십시오. 그분은 우리의 죄와 그 죄로 인해 비참하게 된 조건에서 구원해 주실 메시아입니다. 성경은 예수님이 바로 그런 분으로 오실 것이라고 수천 년 동안 예언했습니다. 그리고 마침내 그분이 오셔서 우리의 죄를 지시고 십자가에 달려 죽으셨습니다. 우리는 예수님께서 나를 죄와 사망에서 구원해 주실 분으로 알고, 맹인과 같이 나를 불쌍히 여겨 달라고 구해야 합니다.

예수께서 지나가실 때에 그에게로 나아가라

찰스 스펄전은 예배당에 앉아 있는 사람들을 향해, "복음이 능력 있게 설교되는 때가 그리스도께서 지나가시는 때"라고 말했습니다.[2] 1세기에는 예수님이 실제로 지나가시는 것이 맹인에게 기회가 되었지만, 오늘날에는 복음이 전해지는 현장이 바로 예수님께서 지나가시는 때와 같은 기회라고 말한 것입니다. 그러므로 지금 예수 그리스도에 대한 말씀을 들을 때, 그분을 향하여 반응하십시오.

물론 우리가 예수 그리스도께 나아가려 할 때, 그것을 가로막는 일이 있습니다. 사람들이 맹인의 외침을 꾸짖으면서 잠잠하라고 말했던 것처럼 말입니다. 사람들은 맹인의 외침이 시끄러워서 그렇게 말했겠지만, 이는 예수님을 찾고 구하는 자들에게 흔히 있는 시험과 방해입니다.

성경은 예수님을 믿으려고 하거나 또는 믿는 여정 속에 영적인 방해가 있다고 말합니다. 겉으로는 상황이나 환경이나 가까운 사람들이 반대하고 훼방하는 것 같지만, 어떤 경우든 이런 방해의 배후에는 악한 영의 역사가 있습니다. 강한 자가 자기 집을 지키듯 사탄은 그에게 속한 자가 예수 그리스도를 믿는 것을 막고 방해합니다.

성경은 또한 "우리의 씨름은 혈과 육을 상대하는 것이 아니요"(엡 6:12)라고 말합니다. 우리 가까이 있는 가족이나 친구, 직장 동료가 아니라 이런 혈과 육의 배후에서 나를 방해하는 악한 영들의 역사가 있음을 말해 주고 있습니다. 이처럼 예수 그리스도를 믿고자 할 때는 이런 사탄의 유혹과 방해가 있습니다.

본문의 맹인은 그런 방해와 유혹에도 불구하고 예수 그리스도께 나아가는 것을 포기하지 않았습니다. 이것이 예수 그리스도를 만나 구원 얻는 사람들에게 있는 또 다른 특징입니다. 예수님께 나오는 사람 중에는 처음에 마음에 감동을 받고 믿으려고 하다가도 중간에 멈추는 이들이 많습니다. 하나님께 기도하면서 자신을 불쌍히 여겨 달라고 말하다가도 포기하는 것입니다. 이렇게 포기하게 만드는 내면의 유혹으로부터 시작해서 주변 환경과 다양한 일들에 마음을 빼앗겨서 결국 포기하는 것입니다.

성경은 하나님께 나아가는 것에 대한 방해는 단순히 심리적이고 환경적인 문제가 아니라 사탄의 방해라고 말합니다. 하지만 그런 방해 속에서도 예수를 만나기 위해서 포기하지 말아야 합니다.

구주를 향한 간절함

맹인은 자기 앞을 지나가는 다윗의 자손 예수를 포기할 수 없었습니다. 자신의 운명, 곧 자신의 장래가 달린 것이기에 그 정도의 방해와 시험에 넘어가지 않았습니다. 그는 더욱 간절하고 열렬하게 예수님을 찾고 구했습니다. 예수님께서 자신을 반드시 불쌍히 여겨 주셔야만 한다는 간절함으로 "다윗의 자손이여 나를 불쌍히 여기소서"(39절)라고 더욱 크게 소리를 질렀습니다.

여기서 더욱 크게 소리 질렀다는 말은 더욱 크게 외치는 것을 계속했다는 뜻입니다. 조용히 하라는 주변 사람들의 압박에도 불구하고 포기하거나 멈추지 않고 예수님께서 자신을 고쳐 주시리라는 믿음을 갖고 필사적으로 계속 부르짖었던 것입니다.

오늘날에는 예수 믿는 것에 대해 이러한 간절함을 모르는 사람들이 많습니다. 그 이유 중 하나는 자신이 마음먹고 예수를 믿는다고 생각하기 때문이거나 부모를 따라 수동적으로 교회 생활을 하기 때문입니다. 그들은 그런 필요를 못 느낍니다. 그러다 보니 신앙생활을 그저 선택적인 것으로 여기고 그 어떤 매력도 못 느낍니다. 그 대신 세상 즐거움에는 쉽게 요동하는 모습을 보입니다. 그러나 구원을 얻고자 하는 사람, 회심하는 사람들에게는 어떤 방해와 압박에도 예수 그리스도를 찾는 간절함이 있고 그분을 믿어 구원을 얻고자 하는 마음이 있습니다.

그러한 간절함으로 예수 그리스도께 나아간 본문의 맹인을 보십시오. 어떤 일이 일어났습니까? 결국 예수님을 만나게 되었습니다. 본문에서 이처럼 예수님은 자신을 간절히 찾는 자를 만나 주십니다. 예수님은 맹인의 외침에 발걸음을 멈추시고, 그 맹인을 데려오라고 하셨습니다. 그가 가까이 왔을 때 예수님은 그에게 "네게 무엇을 하여 주기를 원하느냐"(41절)라고 물으셨습니다.

예수님은 다른 맹인의 눈도 뜨게 하셨고, 수많은 병자를 고치셨습니다. 바리새인들이나 다른 사람들이 무슨 말을 하기도 전에 그들 마음속의 생각을 아셨습니다. 따라서 예수님은 맹인이 무엇을 원하는지도 알고 계셨습니다. 그럼에도 이런 질문을 하신 것은 맹인에게 있는 믿음이 드러나길 원하셨기 때문입니다.

예수님을 믿는 것은 생각만으로 되는 일이 아닙니다. 물론 생각도 믿음의 내용에 포함되지만 예수님을 향한 믿음은 그것을 넘어 밖으로 드러나야 하는데, 맹인은 그리하였습니다. 그는 예수님의 물음에 대해 "주여 보기를 원하나이다"(41절)라고 대답했습니다.

맹인이 눈을 뜬다는 것은 결코 범상하거나 쉬운 일이 아닙니다. 아예 일상에서는 볼 수 없고 불가능하다고 여기는 일입니다. 그럼에도 맹인은 그 큰일을 대범하게 말했습니다. 여기서 '보다'라는 말은 누가복음 7장 21-22절에서 메시아가 와서 하는 일로서, "맹인이 보며"(22절)라고 말한 단어와 동일한 단어입니다. 바꾸어 말하면 메시아가 와서 보게 한다는 그 단어를 본문에서 맹인이 사용한 것입니다. 즉 "메시아로 오신 주께서 나를 보게 해 주실 것을 믿으니, 보게 해 주십시오!"라는 말이었습니다.

예수님은 그렇게 말한 맹인에게 그가 쓴 그 단어를 그대로 써서 "보라"고 하시며, "네 믿음이 너를 구원하였느니라"(42절)고 그의 믿음을 칭찬하셨습니다. 본문 43절은 이러한 예수님의 말씀 이후 맹인이 즉시 보게 되었다고 말합니다. 예수님의 말씀 한마디로 맹인이 즉시 보게 된 것입니다.

귀하고 값진 이 믿음을 소유하라

맹인이 눈을 뜨게 된 것은 당시에도 많은 사람이 놀라워했을 일입니다만, 우리에게도 놀라운 일입니다. 하지만 여기서 우리가 주목해야 할 사실은 예수님의 칭찬입니다. 예수님은 두 가지 내용이 담긴 맹인의 믿음을 칭찬하셨습니다. 하나는, 예수님이 오래도록 구약에서 예언되었던 다윗의 자손 메시아임을 믿었다는 것이고, 또 다른 하나는 예수님께서 자신을 고치고 구원하실 수 있음을 믿고 포기하지 않고 구했다는 사실입니다.

예수님은 그런 그를 향해 "네 믿음이 너를 구원하였느니라"(42절)고 말씀하셨습니다. 사실 실제로 맹인을 고치신 분은 예수님입니다. 예수님은 스스로 보지 못하는 맹인의 눈을 뜨게 하심으로써 그의 신체적인 어둠뿐만 아니라, 죄로 인한 영적인 어둠에서도 구원하셨습니다. 그럼에도 예수님은 "네 믿음이 너를 구원하였느니라"고 말씀하심으로써, 맹인의 그와 같은 믿음이 예수님으로 하여금 그를 고치고 구원하도록 한 도구 역할을 했다고 말씀하신 것입니다.

그러므로 맹인처럼 예수 그리스도가 여러분을 죄와 영적인 어둠과 영원한 심판에서 구원해 주실 구원주임을 믿고 구하십시오. 예수님께서 나를 고치시고, 인생의 비참함과 죄 된 조건에서 구원해 주실 것을 믿고, 포기하지 말고 구하십시오.

그런데 그러한 믿음으로 구원받은 사람에게는 결론적으로 있는 또 다른 특징이 있습니다. 바로 맹인이 자기 스스로 눈을 뜨지 않았다는 사실입니다. 그가 스스로 구원받은 것도 아니었습니다. 전적으로 예수님에 의해서 있게 된 것이었기에, 그는 이 모든 것을 행하신 하나님께 영광을 돌리며 예수님을 따랐습니다. 이것이 바로 예수님을 믿고 구원받은 자에게 있는 일입니다.

이는 단순히 교회를 다니는 것을 말하지 않습니다. 자신을 구원한 예수 그리스도를 자신의 삶의 주권자로 인정하고 따르는 것을 말합니다. 이전에는 자신이 삶의 주인이었지만, 이제 예수님을 만나 그분의 긍휼을 입고 나니 죄와 사망으로부터 구원을 얻는 것보다 더 가치 있는 일은 없다는 사실을 자각하게 되었습니다. 그 때문에 예수님을 자기 삶의 주인으로 인정하며 그분을 따르는 일이 있게 되는 것입니다. 이것이 바로 예수 믿는 사람들에게 생기는 일입니다.

가끔 예수 믿지 않는 사람들은 일요일에 교회에 가서 시간을 보내고 헌금하는 신자들을 어리석다고 비아냥거립니다. 그것은 예수 그리스도를 통해 맹인이 변화됨과 같은 놀라운 구원의 가치를 모르기 때문입니다. 예수님이 내 삶의 주인이 되심으로 그분께 영광을 돌리며 그분을 따르는 것이 얼마나 복되고 기쁜지 모르기 때문입니다. 그러나 영적으로 눈먼 상태에서 눈을 뜨고 구원받은 자는 자신을 구원한 하나님을 예배하고 주께 영광 돌리는 것이 기쁨이 되고 즐거움이 됩니다. 아니 가장 중요한 것이 됩니다.

기회는 영원히 주어지지 않는다

아직 이런 구원을 알지 못하거나 소유하지 않고 있다면, 예수님이 자신을 죄에서 구원해 주실 분임을 믿고 구하십시오. "나를 불쌍히 여겨 주십시오. 나를 구원해 주십시오."라고 진심으로 말하십시오. 그 어떤 방해가 있어도 포기하지 말고 주님께 구하십시오. 예수 그리스도께서 지나가신다는 말이 맹인에게 인생의 기회였듯이, 여러분에게도 이것이 기회임을 알고 주님을 찾으시길 바랍니다.

혹시 예수님이 내 앞을 지나가신다 해도, 또는 예수 얘기를 해도 나는 관심이 없다고 말하는 사람이 있을지 모르겠습니다. 저는 그들에게 찰스 스펄전의 설교를 인용하고 싶습니다. 당시 스펄전은 구원받을 기회를 놓칠 수 있는 사람들을 향해 다음과 같이 말했습니다.

"여러분 중의 많은 사람들이 마치 자신의 죄가 전혀 중요하지 않고, 또 자신의 영혼이 급박한 처지에 있지 않은 것처럼 자기 자신에 대해서 관심을 갖지 않고 있습니다. 이 자리에 있는 어떤 사람들은 구원받을 때가 되었습니다. 짧은 시간이 지나면 여러분은 다른 세계에 있게 될 것입니다."[3]

이렇게 말한 뒤, 그는 그 예배당 기둥 곁에 항상 앉아서 예배를 드리던 한 부부가 그날 집에 불이 나서 연기에 질식해 죽은 사건을 말하면서 이렇게 말했습니다.

"갑작스럽고 신비스럽게 일어난 재난, 그들을 우리 곁에서 데려간 재난은 인생의 불확실성을 말해 주고 있습니다. 그리고 우리에게 떠날 준비에 대해서도 생생하게 말해 주고 있습니다. 우리는 감정을 억누를 수 없고, 동정심을 억누를 수가 없습니다. 그들의 사망은 우리에게 떠날 준비가 돼 있는가 묻고 있습니다. 그리고 그것은 자신의 영혼에 대해 신경 쓰지 않는 사람들의 마음에 만약 부지불식간에 사망의 화살이 당신에게 덮친다면 어떻게 이 세상을 떠나갈 것인지 질문하고 있습니다. 사소한 사고도 치명적일 수 있고, 사소한 질병이 사람을 속히 죽게 하는 전조가 될 수도 있습니다."[4]

그러면서 그는 하나님의 자비를 얻을 수 있는 사람과 그 기회를 저버리는 사람의 예를 덧붙였습니다.

"어떤 사람이 진지하게 복음을 권고하는 것을 들었습니다. 그리고 그가 그것을 들었을 때, 그는 설교자가 자기에게 그의 속마음을 이야기하고 있다고 생각했습니다. 그는 속으로 '그것은 중요한 문제다!'라고 생각했습니다. 그가 그것을 듣고 있는 동안에 그 문제의 중요성을 더욱 심각하게 느꼈습니다. 그래서 그의 눈물이 흐르기 시작했습니다. 그리고 그는 자기가 그날 밤 집으로 돌아가서 주님을 찾으리라고 결심했습니다.

(그런데) 그가 집으로 가는 길에 친구를 만났습니다. 그는 자기를 따라오라고 하고는 … 어떤 술집으로 데리고 갔습니다. 그는 잠시 동안 그 생각에 대해서 반감이 생겼습니다. 그는 가만히 서 있었습니다. 그리고 마음속으로 곰곰이 생각했습니다. '어떻게 할까? 나의 유쾌한 친구를 따라갈까? 아니면 내가 결심한 대로 열렬히 기도할까?' 그는 잠시 동안 망설였습니다. … 그 안에 거하시는 성령이 이겼습니다. 그날 밤 그가 무릎을 꿇었을 때 밝은 영이 그의 영혼을 비추어 주었습니다. 그리고 그는 크리스천이 되었습니다.

바로 그 순간에 또 다른 사람이 있었습니다. 그도 역시 동일한 체험을 했습니다. 그리고 그에게도 동일한 유혹이 찾아왔습니다. 그러나 그는 그 유혹에 굴복했습니다. 그리고 그 일이 있은 후 그는 결코 그와 같은 어려움을 당하지 않았습니다. 그는 또다시 설교를 들었습니다. 그러나 그는 결코 이전 같은 느낌을 받지 못했습니다. 그는 그 설교에 대해서 흥미를 잃어버렸습니다. 잠시 후에 그는 은혜의 수단에 참석하는 일을 중단했습니다. 그리고 그는 이제 신성 모독자가 되었습니다. 이전에는 그가 구원의 경계선에 서 있는 것 같아 보였을지라도 그렇게 되었습니다. 아마 이 사람에게는 은혜의 날이 결코 다시 찾아오지 않을 것입니다. 그는 은혜의 범위를 넘은 곳에 서 있습니다. 왜냐하면 그는 예배하는 곳에 참석도

하지 않고 그와 같은 종류의 일에 대해서는 신경도 쓰지 않기 때문입니다. 그에게 있어서 신앙은 우스운 일이 되었습니다. 그리고 설교자는 그의 조롱의 대상이 되었습니다. 여기에 두 인생의 전환점이 있었습니다. … 전자의 사람은 천국을 향하고 있고, 후자의 사람은 지옥을 향하고 있습니다."[5]

우리 중에도 이런 두 인생이 있을 수 있습니다. 여러분은 이 두 인생 중에 어떤 인생을 갖고 계십니까? 저의 간절한 바람은 여러분이 전자와 같은 사람이길 바랍니다. 들은 복음으로 유혹을 이기고, "주님, 나를 불쌍히 여기소서!"라고 구하는 가운데 진실로 예수 그리스도를 만날 수 있기를 바랍니다. 그리하여 그 지긋지긋한 죄가 주는 상함과 허함, 답을 얻지 못하는 인생의 목마름과 죽음이라는 두려움에서 건짐을 받고 참 생명을 얻는 일이 있기를 바랍니다.

그러므로 여러분을 지나가시는 예수 그리스도를 보십시오. 그분을 만나십시오. 여러분에게 주어진 기회를 놓치지 마십시오. 부디 주께서 여러분에게 구원의 복을 주시길 소망합니다.

9장
핵심
요약

- 예수님을 만나 구원받은 사람에게는 예수님에 대한 말씀을 특별하고 귀한 소식으로 듣는 반응과 함께 그분을 메시아로 고백하는 믿음이 있다.

- 예수님이 자신에게 어떤 분이신가 하는 것이 중요하다. 그런 점에서 여러분에게 예수님은 어떤 분이신가?

- 모든 인간은 자신의 죄로 인한 죽음과 심판 때문에 불쌍히 여김을 받아야 할 처지에 있다.

- 예수를 믿으려 하거나 또는 믿는 여정 속에는 다양한 방식으로 찾아오는 사탄의 방해와 유혹이 있다.

- 그런 방해에도 불구하고 자신이 들은 복음으로 유혹을 이기고 예수 그리스도를 만남으로써 인생의 목마름과 죽음에서 건짐을 받고 참 생명을 얻으라.

10장

복음으로 부르시고 살리시는 은혜

⁶우리가 아직 연약할 때에 기약대로 그리스도께서 경건하지 않은 자를 위하여 죽으셨도다 ⁷의인을 위하여 죽는 자가 쉽지 않고 선인을 위하여 용감히 죽는 자가 혹 있거니와 ⁸우리가 아직 죄인 되었을 때에 그리스도께서 우리를 위하여 죽으심으로 하나님께서 우리에 대한 자기의 사랑을 확증하셨느니라 ⁹그러면 이제 우리가 그의 피로 말미암아 의롭다 하심을 받았으니 더욱 그로 말미암아 진노하심에서 구원을 받을 것이니 ¹⁰곧 우리가 원수 되었을 때에 그의 아들의 죽으심으로 말미암아 하나님과 화목하게 되었은즉 화목하게 된 자로서는 더욱 그의 살아나심으로 말미암아 구원을 받을 것이니라 ¹¹그뿐 아니라 이제 우리로 화목하게 하신 우리 주 예수 그리스도로 말미암아 하나님 안에서 또한 즐거워하느니라 _ 롬 5:6-11

가장 기쁜 소식을 알고 그 수혜자가 되는 회심

기독교는 이 세상이 들을 수 있는 가장 기쁜 소식인 복음을 말합니다. 하지만 많은 사람이 복음이라는 단어에는 익숙하지만 정작 그 내용에 대해서는 무지합니다. 복음을 아는 것은 그렇게 소홀히 할 수 있는 문제가 아닙니다. 교회를 아무리 오래 다녔어도 복음을 알고 그것의 수혜자가 되기 전까지는 참된 그리스도인이라 할 수 없습니다. 한 사람이 복음을 알고 그 수혜자가 되는 것은 그 사람의 존재와 삶에서 가장 결정적인 변화입니다. 이는 우리가 놓치지 말아야 할 회심의 중요한 본질입니다.

모든 사람을 위한 가장 기쁜 소식

로마서 5장에서 바울은 성경이 말하는 복음의 핵심을 말해 줍니다. 성경이 말하는 복음은 어느 특정인이 아닌 모든 시대, 모든 사람을 위한 좋은 소식입니다. 1세기부터 지금까지 2천 년이라는 세월이 지났음에도 각 시대 각계각층의 사람들은 바로 이 복음을 듣고 예수를 믿어 구원을 얻게 되었습니다.

성경은 우리의 자녀가 공부를 잘해서 좋은 대학과 직장에 들어가는 것을 좋은 소식으로 말하지 않습니다. 중병에서 치유되고 어려운 문제가 해결되거나 자신이 바라던 바를 얻게 되는 것을 좋은 소식이라고 말하지도 않습니다. 성경에서 말하는 좋은 소식은 그런 수준이 아닙니다.

세상에서 좋은 소식이라고 말하는 것들은 모두 다 시간이 지나면 잊히게 됩니다. 그러면서 우리는 또다시 새로운 어려움과 힘든 문제를 직면하고 경험하게 됩니다. 특히 우리는 언젠가 죽음을 맞이해야 하기 때문에 이 땅에서 말하는 좋은 소식들은 모두 일시적이고 지나가는 것이 됩니다. 그런 점에서 기독교가 말하는 복음은 일시적으로 기쁜 소식이 아닌 영원히 기뻐할 소식입니다.

안타깝게도 누군가는 이토록 복된 소식을 듣고도 믿지 않을 수 있습니다. 하지만 복음을 들은 자는 임종의 때에 자신이 들었던 복음을 생각하게 될 것입니다. 그만큼 강력하고 인상 깊은 소식이기 때문입니다.

모든 사람은 죽음 앞에서 '죽으면 어떻게 될까? 죽고 나면 모든 것이 끝나는 것일까? 정말 구원은 있는 것인가?'라고 한 번쯤은 생각하게 됩니다. 누군가는 이것을 부정하고 싶을지도 모르지만, 죽음 앞에서 이런 생각을 하지 않는 사람은 거의 없습니다.

그렇기에 우리는 영원토록 기뻐할 소식인 그 복음의 내용을 지금부터 깊이 생각해 볼 필요가 있습니다. '경건하지 않은 자', '죄인', '원수'의 조건에 있는 우리를 위해 그리스도께서 죽으셨고, 그분의 죽음으로 말미암아 경건하지 않은 우리가 하나님의 진노하심에서 구원 얻을 수 있게 되었다는 소식의 복됨을 주의해서 들으십시오. 이 좋은 소식을 듣고 그것이 자신에게도 진정으로 좋은 소식이 되는지 보십시오. 진정 그러해야 합니다. 그것 없이는 회심도 없습니다.

복음을 복음으로 받기 위해 먼저 자각해야 할 사실

하지만 만일 이 소식이 자신에게 그리 좋은 소식으로 들리지 않는다면, 그것은 자신이 어떤 자인지 자각하지 못하고 있기 때문입니다.

성경은 예수 그리스도께서 '위하여 죽으신' 인간의 조건을 세 가지로 표현합니다. 곧 "경건하지 않은 자"(6절), "죄인"(8절), "원수"(10절)입니다. 이 세 가지 표현은 모두 특정한 사람들이 아닌 하나님께로 돌아오기 전의 모든 인간이 가진 모습과 상태를 가리킵니다. 아무리 세상에서 인정받고 도덕적으로 살았던 사람이라도 이 세 가지 표현에서 예외일 수는 없습니다.

지금까지 예수를 믿지 않던 사람이 교회에 와서 가장 힘들어 하는 것 중 하나는 자신에게 죄인이라고 말하는 것입니다. 나름대로 착하게 살아왔고 사회에서도 인정받으며 살아왔는데, 그러한 자신을 향해 죄인이라고 말하는 상황이 불편하고 거북스럽게 느껴지는 것입니다. 그래서 더 이상 교회에 가고 싶지 않은 마음을 가지면서 결국 복음이라는 좋은 소식을 들을 수 있는 기회를 스스로 차단해 버리는 일이 있습니다.

그러나 성경이 말하는 복음, 곧 자신의 존재와 삶을 바꿀 좋은 소식을 듣고 그 복음의 수혜자가 되려면, 먼저 예수 그리스도께서 어떤 자를 위하여 죽으셨는지부터 정확하게 알아야만 합니다. 바로 경건하지 않은 자, 죄인, 원수입니다. 그런데 이러한 표현들은 어느 특정한 사람들을 가리키는 것이 아니라, 하나님께 돌아오기 전 모든 인간의 모습과 조건을 말합니다.

1. 성경의 첫 번째 진단: 경건하지 않은 자

먼저 하나님께로 돌아오기 전 인간은 모두 "경건하지 않은 자"(6절)입니다. 여기서 경건하지 않은 자는 하나님 없이 자기 뜻대로 살아가는 자를 말합니다. 그는 하나님을 싫어하고, 진리를 싫어합니다. 특히 로마서 1장 18절은 경건하지 않은 자가 진리를 막는다고 말합니다. 이것은 진리를 억누른다는 뜻입니다. 하나님을 배제하고 자기 뜻대로 사는 경건하지 않은 자는 결국 자신이 의식하든 의식하지 않든 진리를 싫어하고 거부함으로써 진리를 억누릅니다. 이것이 예수를 믿기 전 인간의 모습과 조건입니다.

2. 성경의 두 번째 진단: 죄인

두 번째로 말하는 우리 모두는 본래 "죄인"(8절)입니다. 여기서 죄인은 흉악범과 같은 특정한 죄를 지은 사람이 아니라, 나면서부터 죄악 된 본성을 가진 인간 조건을 말하는 것입니다. 그러한 인간은 어려서부터 죄를 가르쳐 주지 않아도 하나님을 싫어하고 자신이 하고 싶은 대로 하려고 합니다. 그것이 안 되면 울고, 짜증 내고, 반항하면서 죄악 된 본성을 거침없이 드러냅니다. 거룩하고 선한 것보다는 이기적이고 자기중심적인 생각 속에서 말하고, 다른 사람을 대하며, 심지어 공격하기도 합니다. 본문은 바로 이러한 죄악 된 본성을 가진 인간 조건을 죄인이라는 말로 표현합니다.

우리 중에 이러한 죄악 된 본성을 갖지 않고 사는 사람은 아무도 없습니다. 하나님을 처음부터 좋아하는 사람은 없습니다. 인간은 모두 본성적으로 하나님을 싫어하고 거역할 뿐만 아니라, 온갖 악한 생각과 욕심을 가지고 삽니다. 비록 누군가를 직접 죽이지는 않아도, 누군가를 죽일 때 시작되는 미워하는 마음은 모두 다 갖고 있습니다. 가까운 형제 사이에도 어렸을 때부터 서로를 향해 미워하는 본성을 드러내기도 합니다.

사도 요한은 요한일서 1장 8절에서 "만일 우리가 죄가 없다고 말하면 스스로 속이고 또 진리가 우리 속에 있지 아니할 것이요"라고 말했습니다. 우리 중 누구도 죄가 없다고 말할 사람은 아무도 없습니다. 그래서 성경은 모든 사람이 죄를 범하였다고 말하면서(롬 3:23) 모든 사람이 죄인이라는 사실을 선명하게 밝혀 줍니다.

3. 성경의 세 번째 진단: 원수

마지막으로 구원받기 전 인간은 본질상 하나님의 "원수"(10절)입니다.

그렇다면 성경은 왜 인간의 조건을 하나님의 원수라고 말하고 있는 것일까요? 그 이유는 로마서 10장 3절에서 말하는 바대로 "하나님의 의를 모르고 자기 의를 세우려고 힘써 하나님의 의에 복종하지" 않기 때문입니다.

하나님께 돌아오기 전까지 모든 인간은 이런 모습을 갖습니다. 자기 의를 세우려고 힘써 하나님의 의에 복종하지 않으며 스스로 주권자가 되어 사는 것입니다. 내가 왕이고, 내가 신이고 내 생각과 판단에 따라 사는 것입니다. 내가 하고 싶은 것이 중요하고, 내 판단과 생각이 결정적입니다. 내가 옳지 않을 수도 있고, 죄악 될 수도 있다는 생각은 하지 않습니다.

그런 식으로 자신의 생각과 판단만 의로 여기면서 자신의 의를 세웁니다. 마땅히 하나님의 의와 대척점에서 생각해야 할 자신의 판단과 생각이 옳은지는 생각하지 않기 때문에, 결국 하나님의 의에 힘써 복종하지 않습니다. 성경은 그런 인간의 조건을 하나님의 원수라고 말하고 있습니다. 굳이 하나님에 대해 거친 말과 적대적인 행위를 하지 않아도 인간은 모두 이런 모습을 본성적으로 가짐으로써 하나님의 원수가 되어 살아갑니다.

이런 점에서 하나님의 원수가 아닌 사람은 아무도 없습니다. 인간은 하나님께 돌아오기 전까지는 자신의 생각과 판단과 행위를 옳다고 여기면서 자신이 왕이 되어 살아갑니다. 자신이 모든 것의 주권자가 되어 살아가면서 자기 의를 세워 갑니다. 그러면서 하나님의 의에는 복종하지 않습니다.

복음이 말해 주는 놀라운 사랑

기독교의 복음은 바로 그런 조건을 가진 인간에게 영원히 기뻐할 좋은 소식을 말합니다. 하지만 자신이 경건하지 않은 자요, 죄인이요, 원수라는 사실을 모르는 사람에게는 성경이 말하는 복음이 전혀 좋은 소식으로 들리지 않습니다.

그러므로 우리는 먼저 우리의 경건하지 않은 조건, 나면서부터 하나님을 배제하고 거역하며 자기 뜻대로 살아온 우리의 죄악 된 본성, 자신이 주권자가 되어 자기 생각과 판단과 행동을 옳게 여기며 하나님의 의에는 복종하지 않는 하나님의 원수 된 상태를 정직하게 보아야 합니다. 기독교의 복음은 바로 그런 우리를 구원하기 위해 하나님의 아들 예수 그리스도께서 죽으셨다는 소식입니다. 이것이 죄인 된 우리가 가장 기뻐할 소식입니다.

지금까지 인류 역사 속에 한 사람이 다른 사람을 위해 죽는 일은 종종 있었습니다. 부모가 자식을 위해, 형제가 다른 형제를 위해, 또는 왕이나 나라를 위해 죽는 일은 있었습니다. "의인을 위하여 죽는 자가 쉽지 않고 선인을 위하여 용감히 죽는 자가 혹 있거니와"(7절)라고 말한 그런 숭고한 죽음이 간혹 있었습니다. 그러나 누구나 아는 죄인과 자신의 원수를 위해 기꺼이 자기 목숨을 내어 주는 사람은 없습니다.

오직 그리스도만이 그렇게 "경건하지 않은 자를 위하여 죽으셨"고(6절), "우리가 아직 죄인 되었을 때에 … 우리를 위하여 죽으"셨습니다(8절). "우리가 원수 되었을 때"(10절) 하나님의 아들 예수 그리스도께서 우리를 위해 죽으셨습니다. 결코 대신 죽을 이유가 없는 경건하지 않은 자, 죄인, 하나님의 원수인 우리를 위해 죽으신 것입니다. 사도 바울은 이런 사실을 근거로 "그의 피로 말미암아 의롭다 하심을 받았으니 더욱 그로 말미암아 진노하심에서 구원을 받을 것이니"(9절)라고 말합니다.

얼마나 놀라운 소식입니까? 경건하지 않은 자요, 죄인이요, 하나님의 원수로서 진노하심에 이르러야 할 나를 위해 예수 그리스도께서 죽으심으로써 거기서 구원받을 수 있게 되었다니 말입니다. 이를 깨닫지 못할 때 이 소식은 별일이 아니었지만, 마침내 깨닫게 되었을 때 이것은 우리에게 가장 놀라운 소식입니다. 일시적이 아닌 우리를 영원히 살게 할 놀라운 소식을 말하고 있기 때문입니다.

여기서 의외로 많은 사람이 두 가지 사실로 인해 주춤거립니다. 하나는 자신이 경건하지 않은 자요, 죄인이요, 하나님의 원수라면 그렇게 산 것에 대해 마땅히 벌을 받거나 거기에 상응하는 심판을 받아야 하는데, 왜 그런 나를 위해 예수 그리스도께서 죽으셨는지 의문이 들기 때문입니다. 또 다른 하나는 그리스도께서 원수인 나를 위해 죽으심으로 내가 진노하심에서 구원받는 일이 어떻게 가능한지 의문이 들기 때문입니다. 이러한 두 가지 의문 때문에 사람들은 대부분 좋은 소식을 듣고도 멈칫거립니다. 본문은 첫 번째 의문에 대해 다음과 같이 말합니다.

"우리가 아직 죄인 되었을 때에 그리스도께서 우리를 위하여 죽으심으로 하나님께서 우리에 대한 자기의 사랑을 확증하셨느니라"(8절).

하나님께서 원수인 우리를 사랑하셔서 그리스도께서 죽으셨다는 사실을 말하고 있습니다. 이것을 요한복음은 "하나님이 세상을 이처럼 사랑하사 독생자를 주셨으니"(요 3:16)라고 말합니다. 도저히 이해할 수 없는 사랑을 말하고 있습니다. 여기서 우리는 그 '사랑'에 대한 이해에 또 다른 어려움을 맞게 됩니다만, 이는 성경이 우리에게 분명히 말해 주는 답입니다. 다만 우리의 이해가 미치지 못하는 부분이 있을 뿐, 성경은 '사랑'을 그 대답으로 말하고 있습니다.

사실 우리는 이 세상에 살면서 원수를 위해 대신 죽는 것과 같은 사랑을 경험적으로 알지 못합니다. 그래서 우리는 성경이 말하는 이러한 사랑에 대해 어리둥절해합니다. 그러나 성경은 분명히 말합니다. 아니 이 사실만이 하나님의 원수인 나를 위해 하나님의 아들 예수 그리스도께서 죽으신 것이 설명될 수 있다고 말합니다. 다른 것으로는 설명할 수 없습니다.

문제는 우리가 이 사랑을 모르기에 잘 이해가 안 된다는 점입니다. 이 사랑은 우리가 하나님께로 돌아오고, 예수를 믿고 나서야 비로소 눈을 뜨게 되고, 조금 알게 됩니다.

복음이 말해 주는 값없는 은혜

한편 로마서 3장은 하나님의 원수인 나를 위해 그리스도께서 죽으신 것을 사랑이 아닌 다른 말로 설명합니다.

"그리스도 예수 안에 있는 속량으로 말미암아 하나님의 은혜로 값 없이 의롭다 하심을 얻은 자 되었느니라"(롬 3:24).

여기서는 하나님의 원수인 우리를 위해 그리스도께서 죽으신 것을 하나님의 은혜로 설명합니다. "은혜"라는 말의 가장 기본적인 의미는 자격이 안 되는 자에게 "값 없이" 호의를 베푸는 것을 말합니다. 그런데 이 은혜는 우리의 문제 하나를 해결하거나 조금 도와주는 정도가 아닙니다. 이 은혜는 예수 그리스도께서 하나님의 원수인 우리를 위해 죽으신 것을 말합니다. 성경은 바로 이 엄청난 은혜가 하나님의 원수인 우리에게 있다는 소식을 말하고 있습니다.

하지만 사람들은 이 은혜에 대해서도 불편해합니다. 나의 기여나 공로가 아닌, 예수 그리스도께서 나를 위해 죽으심으로써 나를 값없이 구원하신다는 복음의 선언을 뭔가 꺼림칙하게 느낍니다.

우리는 나면서부터 알고 경험해 온 삶의 계산 방식이 있습니다. 그것은 거기에 합당한 값을 치러야 뭔가를 얻는다는 방식입니다. 이러한 방식은 우리가 어려서부터 자연스럽게 배운 것이고, 살아오면서 경험으로 터득한 것입니다. 그러니 아무 일도 안 했음에도 나를 위한 구원을 값없이 은혜로 주신다는 사실이 너무 무책임하고 비논리적이라는 생각이 드는 것입니다. 그러한 이유로 많은 사람이 성경이 말하는 은혜와 구원을 믿지 못합니다.

복음이 정녕 우리를 놀라게 하는 좋은 소식인 이유는 이 세상에 없는 다른 계산 방식을 통용하고 있기 때문입니다. 바로 세상에 없는 경제 시스템을 따라 우리를 대하시고 우리에게 복된 결론을 주시기 때문입니다. 바로 은혜의 방식으로 말입니다. 값을 치르거나 아무것도 한 것이 없는데도 값을 치른 자에게 있는 결론을 주신다는 것입니다. 아무 자격도 없는 하나님의 원수인 우리에게 말입니다. 그리하여 진노하심에서 우리를 구원하신다는 이런 사실을 로마서 4장은 다음과 같이 말합니다.

"일하는 자에게는 그 삯이 은혜로 여겨지지 아니하고 보수로 여겨지거니와"(롬 4:4).

일을 하는 자가 자신이 한 일에 대해 삯을 받는 것은 마땅한 일입니다. 그러나 은혜는 일을 아니할지라도 경건하지 아니한 자를 의롭다 하는 것입니다. 경건하지 않은 조건에서 일을 하거나 기여한 바가 없는데도 그런 나를 의롭다 하시고 구원하시는 것이 바로 은혜입니다. 이것이 바로 기독교가 말하는 복음입니다.

이처럼 복음은 아무런 자격도 없는 경건하지 않은 자요, 죄인이요, 하나님의 원수인 우리를 의롭다 하시고, 구원하시는 은혜를 말합니다. 이 세상에는 이런 계산 방식이 없습니다. 그래서 은혜로 우리를 구원하신다는 복음을 비논리적이라고 생각하면서 거부합니다. 그러나 이것이야말로 하나님의 원수된 자들을 구원하기 위한 하나님의 방식입니다.

나름 착하게 살아왔고, 모범적이라는 소리를 듣는 사람일수록 이 부분에서 어려움을 겪습니다. 값없는 은혜로 나를 위해 그리스도께서 죽으심으로 구원하셨다는 이 복음을 수용할 수 없는 것입니다. 찰스 스윈돌(Charles R. Swindoll)은 은혜는 천국의 통화, 곧 '하나님의 경제 시스템'이기 때문에 '이 세상에서 가장 부조리한 개념'이라고 말했습니다.[11] 그렇습니다. 이러한 하나님의 은혜는 이 세상에서는 결코 이해되지 않는 개념입니다. 그러나 오직 이 은혜만이 하나님의 원수 된 자의 구원을 설명할 수 있습니다.

우리를 위한 죽음, 우리를 대신한 그리스도의 보배로운 죽음

사람들이 복음을 선뜻 받아들이기 어려워하는 또 다른 이유는 그리스도께서 죽으심이 어떻게 하나님의 원수인 나를 진노에서 구원할 수 있느냐 하는 의문 때문입니다. 본문 9절은 분명히 진노하심에 대해 말합니다. 이것은 죄에 대하여 하나님께서 심판하시는 내용을 말합니다.

성경은 이 땅에서부터 하나님의 진노 아래 살기 시작해서 육체적인 죽음과 그 이후에 받는 죄에 대한 영원한 형벌을 진노로 설명합니다. 특히 로마서 1장 18절은 "하나님의 진노가 불의로 진리를 막는 사람들의 모든 경건하지 않음과 불의에 대하여 하늘로부터 나타"난다고 말하고, 로마서 6장 23절에서는 "죄의 삯은 사망이요"라고 말합니다.

또 요한계시록 21장 8절에서는 "둘째 사망"이라는 표현을 사용합니다. 육체적으로 죽는 첫 번째 죽음 외에 둘째 사망을 통해 영원토록 형벌을 받는 것을 말합니다. 죄인이요, 하나님의 원수로 산 자는 모두 이런 진노를 받아야 한다는 것입니다.

그런데 그리스도께서 그런 우리를 위해 죽으심으로 우리가 그 진노에서 구원받게 된다고 말합니다. 성경은 어떻게 그런 일이 가능한지를 "우리를 위하여"(8절)라는 말로 잘 설명해 줍니다. 여기서 "우리를 위하여"라는 말은 '우리를 대신하여'라는 의미를 동시에 갖습니다. 즉 그리스도께서 우리를 위하여 죽으심으로 우리를 진노에서 구원 얻을 수 있게 하신 것은 그분이 경건하지 않은 자요, 죄인이요, 하나님의 원수인 우리의 자리에 대신 서셔서 우리가 받아야 할 진노를 대신 받으셨다는 말입니다. 그리하여 우리가 진노하심에서 구원 얻는 일이 있게 된 것입니다. 이것을 바울은 고린도후서 5장에서 이렇게 말합니다.

"하나님이 죄를 알지도 못하신 이를 우리를 대신하여 죄로 삼으신 것은…"(고후 5:21).

여기서 "우리를 대신하여"는 로마서 본문에서 "우리를 위하여"와 같은 말입니다. 죄를 알지도 못하신 분, 곧 하나님의 아들이 우리의 죄를 지시고 우리를 대신하여 진노를 받으심으로 우리가 구원을 얻도록 하셨습니다. 하나님을 싫어하며 적대하는 자가 받을 진노를 예수 그리스도께서 대신 받으심으로 우리가 더 이상 그 진노를 받지 않고 구원을 얻는다는 것입니다. 그러니 이 소식이야말로 인간에게는 최고의 소식입니다.

이 사랑과 은혜의 수혜자 되게 하는 회개와 믿음

지금까지 말한 내용, 즉 우리는 모두 경건하지 않은 자, 죄인, 하나님의 원수로서 우리가 가진 것으로는 구원은커녕 진노밖에 없고, 오직 은혜로만 구원을 얻을 수 있다는 말이 듣기 불편할지도 모릅니다. 그러나 하나님께 돌아오기 전까지 우리는 모두 하나님 없이 사는 자들이고, 하나님을 싫어하는 자들이며, 죄악 된 본성을 가지고 사는 자들입니다. 우리는 이 사실을 솔직하게 인정해야 합니다.

하지만 이보다 중요한 것은 그와 같은 우리에게 좋은 소식이 있다는 사실입니다. 바로 그런 우리를 위하여 그리스도께서 우리의 자리에 서서 우리가 범한 죄에 대한 모든 저주와 심판을 받으심으로써, 그 저주와 심판으로부터 구원을 얻게 하신다는 것입니다. 나의 무엇이나 어떠함이 아닌 하나님의 값없는 은혜로 그렇게 하셨다는 것입니다.

그리고 이 좋은 소식의 수혜자가 되는 일은, 이것이 자신에게 실제로 좋은 소식으로 들려서 자신은 죄인이며 하나님의 원수임을 고백하며 회개하고 예수 그리스도를 믿음으로써 있게 됩니다. 본문에 나오는 "우리"는 이 세상에 사는 사람 모두를 말하는 것이 아닙니다. 그것은 자신이 죄인이요, 하나님의 원수임을 알고 고백하며 예수를 믿게 된 사람들을 가리킵니다.

우리의 인생을 바꿀 이 좋은 소식이 성령께서 부르시는 가운데 전해짐에도 자신에게 좋은 소식으로 들리지 않는다면, 두 가지 이유 중 하나입니다. 하나는 처음부터 별로 듣고 싶지 않기 때문이고, 또 다른 하나는 들어도 뭔가 명확하게 이해되지도 수용되지도 않기 때문입니다. 여기서 후자는 성경이 제시한 답을 기억할 필요가 있습니다. 즉 성경이 "믿음은 들음에서 나며"(롬 10:17)라고 말했듯이, 복음을 계속 들음으로써 그것에 대해 명확히 알고 믿게 되는 일이 있음을 기억해야 합니다.

한편 누군가 이 좋은 소식을 부인할 수 없는 사실, 곧 '좋은 소식이라고 할 만한 내용'으로 들었다면, 이제 그 사람에게 놀라운 일이 시작된 것입니다. 기독교의 회심은 예수 그리스도께서 나를 위해 죽으셨다는 소식이 좋은 소식으로 들려서 예수 그리스도를 믿음으로 하나님 안에서 즐거워하는 삶을 누리는 것입니다. 이것이 회심의 결론입니다(롬 5:11).

예수를 믿기 전 우리는 다른 것을 즐거워하면서도 여전히 목말라했습니다. 왜냐하면 이 세상에서 주는 쾌락과 즐거움은 모두 잠깐이기 때문입니다. 우리가 이 세상에서 말하는 좋은 것은 무엇이든 오래가지 못합니다. 그렇게 사랑해서 결혼한 부부도 시간이 지나면 다툽니다. 오랫동안 노력해서 집을 장만해도 기쁨은 잠깐이요, 우리는 그다음을 생각하며 조금 전 가졌던 기쁨을 잊습니다. 이처럼 우리는 무엇을 가져도 지속적으로 즐거워하지 않습니다.

그러나 복음을 통해 예수 그리스도를 믿고 회심한 자의 결론은 하나님 안에서 이 땅에서부터 즐거워하는 것입니다. 자신의 삶의 모든 부분에서 하나님의 간섭과 개입을 보게 되기 때문입니다. 이는 세상의 무엇으로도 결코 맛볼 수 없는 하나님 안에서의 만족입니다. 회심한 자는 이 비교할 수 없는 하나님 안에서의 만족을 경험합니다. 성경은 이러한 만족이 죽음을 넘어 영원까지 이어진다고 말합니다. 이 때문에 예수 믿는 자는 죽음을 공포와 두려움의 대상으로 여기지 않고, 오히려 지나가는 것으로 봅니다.

본문에서 말하는 좋은 소식이 자신의 인생에서 좋은 소식으로 들리는 사람은 분명 회심으로 나아갈 사람입니다. 그러나 이것이 자신에게 불

분명하다고 해서 거기서 멈추지는 마십시오. 믿음은 들음에서 난다고 한 것처럼 계속해서 복음을 들음으로써 이 복음의 수혜자가 되십시오. 하나님의 진노 외에 다른 것은 생각할 수 없는 그런 나를 위해 그리스도께서 죽으심으로 있게 된 구원의 수혜자가 되십시오. 그리하여 하나님 안에서 즐거워하는 영혼의 만족과 새 생명을 얻는 결론에 이르시길 바랍니다.

성경은 예수님께서 다시 오시기 전 교회와 교회 안에 있는 자들이 타락하고, 거짓 선지자와 거짓 목회자가 많아질 것이라고 예언했습니다. 오늘날 우리는 그 실상을 더욱 적나라하게 보고 있습니다. 이는 그리스도인들이 좋은 소식은 소유하지 않은 채, 세상의 복과 심리 치유만 받으려고 교회만 왔다 갔다 하기 때문입니다.

거듭 말씀드리지만, 복음은 병을 고치고 심리 안정을 갖는 정도를 말하지 않습니다. 기독교의 복음은 우리가 영원히 해결할 수 없는 죄의 문제와 하나님의 진노하심에서 우리가 영원히 구원 얻는 것을 말합니다. 그것은 또한 하나님 안에서 영원히 즐거워하는 것을 내포합니다. 그러므로 여러분, 부인하려고 해도 부인할 수 없고, 잊으려고 해도 잊을 수 없는 이 복음을 소유하는 데까지 나아가십시오. 그것을 위해 멈추지 마십시오. 이것이 기회가 되고 시작이 되어 결국 회심하여 이 놀라운 복음의 수혜자가 되길 소망합니다.

10장
핵심
요약

- 세상에서 좋은 소식이라고 말하는 것들은 우리가 죽음을 맞이해야 한다는 사실 때문에 진정한 의미에서 좋은 소식이 되지 못한다. 반면에 기독교가 말하는 복음은 죄로 인한 죽음의 문제를 해결한 소식이기 때문에 영원히 기뻐할 소식이다.

- 하나님께로 돌아오기 전 인간은 모두 하나님 없이 자기 뜻대로 살아간다는 점에서 '경건하지 않은 자'이다. 또한 어려서부터 죄악 된 본성을 드러내며 살아간다는 점에서 '죄인'이며, 하나님의 의에 복종하지 않고 자기 의를 세우려고 한다는 점에서 '하나님의 원수'이다.

- 복음은 예수 그리스도께서 우리를 위해 죽으신 놀라운 사랑과 값없는 은혜를 보여 준다.

- 사람들이 복음을 선뜻 받아들이지 못하는 이유는 그리스도의 죽음이 어떻게 나를 진노에서 구원할 수 있는지 의문이 들기 때문이다. 이에 대해 성경은 그리스도께서 그런 우리를 위해, 우리를 대신하여 죽으심으로 가능하다고 말한다.

- 이 좋은 소식의 수혜자가 되는 길은 자신이 죄인이며 하나님의 원수임을 고백하며 회개하고 예수 그리스도를 믿는 것이다. 그로 인해 하나님 안에서 즐거워하는 삶을 갖는 것이 기독교가 말하는 회심의 결론이다.

참된 **회심**,
참된 **그리스도인**

참된 회심,
참된 그리스도인

3부

복되고 아름다운 변화

11장

죄로부터 돌이켜 하나님을 섬기는 자리로

⁹ 그들이 우리에 대하여 스스로 말하기를 우리가 어떻게 너희 가운데에 들어갔는지와 너희가 어떻게 우상을 버리고 하나님께로 돌아와서 살아 계시고 참되신 하나님을 섬기는지와 _ 살전 1:9

거짓된 행복을 찾는 거짓된 믿음

한국교회가 전도할 때 흔히 사용하는 표현 중에 "예수 믿으면 행복해집니다!"라는 말이 있습니다. 만일 그 행복이 마태복음 5장에 말하는 팔복[1], 즉 하나님 나라의 시민이 되어 사는 행복을 가리킨다면 그런 말은 얼마든지 쓸 수 있습니다. 하지만 이 세상 사람들이 말하는 물질적인 풍족함과 무병장수하는 등의 행복을 말하는 것이라면, 이는 성경이 말하는 행복이 아닙니다. 그것은 성경과는 상관없는 얘기로 사람들을 유혹하는 것입니다.

기독교는 이 세상에서 흔히 말하는 그런 식의 행복을 말하지 않습니다. 왜냐하면 그렇게 살다가도 죽으면 심판을 받아야 하기 때문입니다. 그것은 진정한 의미의 행복이라고 할 수 없습니다. 그럼에도 불구하고 예수를 믿어서 그런 의미의 행복을 얻으려고 교회에 나오는 사람들이 제법 많습니다.

물론 처음에는 그렇게 교회에 왔다가도 주님의 은혜로 예수님을 제대로 믿게 된 사람들도 있습니다. 그러나 교회 안에는 예수를 믿어 이 세상에서 말하는 행복을 얻으려고 열심을 내는 사람들이 있습니다. 우리는 그들이 사업 문제, 자녀 문제, 자신의 건강 문제 등 온통 현세적인 문제만을 위해 기도하는 모습을 보고 이를 알 수 있습니다. 그들은 스스로 예수를 잘 믿고 있다고 생각할지 몰라도 실상은 예수를 잘못 믿고 있습니다. 어쩌면 그들은 회심치 않은 사람일 가능성이 큽니다.

가볍게 다룰 수 없는 생명의 문제

예수님은 하나님 나라의 비유를 통해 이 땅의 교회 안에는 진짜와 가짜 두 부류의 사람들이 섞여 있음을 말씀하셨습니다. 하지만 이 문제를 논의할 때 현실적으로 가장 어려운 점은, 과연 누가 회심한 자이고 누가 그렇지 못한 자인가 하는 것입니다. 자신이 회심했다고 확신하면서 평생을 살다가 하나님 앞에 섰을 때, "내가 너희를 도무지 알지 못하니"(마 7:23)라는 판단을 듣는 사람들도 있습니다. 자신이 회심했다는 거짓된 확신과 안정감 속에서 교회 생활을 열심히 하다가 죽음 이후까지 가는 이들이 있으리라는 것입니다.

한편 스스로 회심하지 않았다고 단정하면서 자신을 무조건 부정적으로만 보는 사람들도 있습니다. 이는 정작 회심한 사람이 자신을 회심치 않은 자로 보는 경우입니다.

하지만 더 안타까운 사실은 회심이 무엇인지 아예 모르고 신앙생활을 하는 사람들이 교회에 많다는 것입니다. 이들은 회심이 신자에게 있어야 하는지조차 알지 못하고, 그저 교회만 다니면 모두 구원받은 자라고 생각하며 교회를 다니고 있습니다.

이처럼 교회 안에는 자신의 회심에 대해 진지하게 고민해 보지 않은 사람들이 꽤 있습니다. 한편으로 이는 목회자로부터 비롯된 문제이기도 합니다. 교회를 안 나오던 사람이 예수를 믿겠다고 하니 그 모습이 바로 구원받은 사람이 아니냐면서 구원을 너무 쉽게 선언하는 것입니다.

그렇게 구원을 가볍게 여기는 풍조 속에서 이 문제를 심각하게 여기면서 사람들 틈을 파고드는 그룹이 바로 이단들입니다. 이 이단들은 공통적으로 구원의 문제를 가지고 물고 늘어집니다. 우리나라에도 신천지나 구원파를 위시해서 여러 이단들이 요한계시록에 나오는 14만 4천 명이라는 숫자에 들어가야만 구원을 받을 수 있다고 사람들을 미혹합니다. 그러나 그들이 주장하는 14만 4천은 단순히 문자적인 수를 말하는 것이 아닙니다. 그것은 성경에서 택한 자들의 수를 의미하는 12에 12를 곱한 선택된 사람들의 충만한 수를 말합니다.

이런 미혹들 때문에 교회는 가장 먼저 구원의 문제부터 해결하고 다른 것을 다루어야 합니다. 그런데 이 구원의 문제는 회심을 빼고는 다룰 수 없습니다. 소위 구원을 얻었다는 것은 다른 말로 회심했다는 의미이기 때문입니다. 교회는 영원한 운명이 달린 회심의 문제를 중대하게 다루며 모두가 이 문제에 직면하도록 해야 합니다.

이 세상에는 우리가 즐기고 사랑할 것들이 있고, 열심히 추구하면서 이루어야 할 일들도 있습니다. 자연과 음악, 미술 등 인생의 다양한 영역에서 하나님의 일반은총을 누릴 수 있는 것들이 많습니다. 그러나 우리가 우선으로 직면해야 할 것은 죄로부터 구원을 얻는 문제입니다. 이 문제를 해결하지 않은 상태에서의 모든 누림은 속는 것입니다.

회심하여 구원을 얻는 것은 우리의 생명을 영원히 얻는 문제입니다. 다른 것은 모두 한때 즐거웠다가도 사라지는 일시적인 것들입니다. 그러나 생명은 그렇지 않습니다. 이는 생명이 있고 나서야 다른 것들이 의미가 있기 때문입니다. 우리가 사랑하는 사람도, 우리 앞에 있는 많은 돈과 산해진미도 생명이 있고 나서야 의미가 있습니다. 회심해서 구원을 얻는다는 의미는, 바로 이러한 생명을 영원히 얻는 것을 말합니다. 죽음을 앞둔 자에게 생명보다 중요한 것은 없습니다.

그런데 성경은 예수를 믿기 전의 상태를 죽은 자와 같다고 말합니다. 이에 대해 "내가 지금 살아 있고 호흡하고 있는데 무슨 소리인가?"라고 말할지도 모르지만, 성경이 말하는 생명은 궁극적이고 근본적인 것을 내포한 상태에서의 생명입니다. 성경은 이 세상에서 몇십 년의 짧막한 인생을 생명으로 말하지 않습니다. 현재부터 영원으로 잇대어 있는 영원한 생명을 생명으로 말합니다. 그런 생명을 알기 전까지는 죽음의 기운이 감도는 상태에 있는 것입니다.

데살로니가에서 나타난 회심의 은혜

회심은 교리적으로는 회개와 믿음으로 말할 수 있습니다. 데살로니가 전서에서 사도 바울은 바로 그에 대해 잘 설명해 줍니다. 단순히 회심에 관한 이론을 설명하는 것이 아니라, 실제로 회심하게 된 사람들의 경험을 통해 회심에 대해 말해 줍니다.

바울은 그리스에 있는 데살로니가 지역에서 3주 정도 복음을 전하였습니다. 그리고 그때 하나님을 전혀 모르고 우상을 섬겼던 사람들이 하나님의 말씀을 듣고 회심했습니다. 많은 사람이 구원받는 역사가 일어나면서 이러한 소문이 주변에 퍼졌습니다. 우리나라로 말하면 서울에서 일어난 일이 부산까지 소문이 날 정도로 넓게 퍼진 것입니다.

여기서 우리가 빠뜨리지 말아야 할 것은 "우리가 어떻게 너희 가운데에 들어갔는지"(9절)라는 표현입니다. 이는 우리가 너희에게 말을 타고 갔느냐 걸어서 갔느냐를 말하는 것이 아닙니다. 이는 하나님의 말씀을 전했던 바울이 데살로니가 사람들에게 들어갔을 때, 회심한 그들에게 하나님의 말씀이 수용된 일을 말합니다. 즉 그들이 바울이 전한 하나님의 말씀을 듣고 이를 받아들였음을 말하는 것입니다. 회심의 역사에는 바로 이러한 일이 가장 먼저 있습니다. 일반적으로 하나님의 말씀을 듣고 받아들이는 것 없이 회심하는 일은 없습니다.

말씀을 받아들이고 죄를 자각함

사람들은 보통 회심할 때 하나님의 말씀을 들음으로써 자신이 알지 못했던 죄악을 자각하게 됩니다. 회심의 과정에는 반드시 이것이 있습니다. 또 거기서 더 나아가 자신의 죄를 용서하시는 그리스도의 구속의 은혜를 받아들이는 준비를 하게 됩니다. 그리스도께서 십자가에서 우리의 죄를 사하셨다는 놀라운 사실을 받아들이는 준비를 하게 되는 것입니다. 그런데 이러한 반응은 하나님의 말씀이 없으면 결코 일어날 수 없습니다. 이렇게 하나님의 말씀을 통해 그동안 하나님을 생각하지 않고, 또 하나님을 사랑하지도 않은 것이 악한 죄라는 사실을 깨닫게 됩니다.

예수 믿기 전까지 우리는 죄에 대해 이 세상에서 말하는 수준으로 생각합니다. 남에게 해코지한 적이 없으면 죄가 없다고 생각하는 것입니다. 그러나 성경은 하나님을 알지 못하거나 경시하고, 그분을 섬기지 않은 것, 아니 마음을 다하고 성품을 다하고 힘을 다해 하나님을 사랑하지 않는 것을 죄로 말합니다. 왜냐하면 하나님이 우주를 창조하시고, '나'라는 생명을 창조하신 분이시기 때문입니다. 그래서 우리는 그것이 죄라는 사실과 자신이 악한 죄인임을 깨닫게 됩니다.

우리는 하나님의 말씀을 듣기 전에는 예수 그리스도를 제대로 알지 못할 뿐만 아니라, 도대체 예수와 내가 무슨 상관이 있으며, 그분이 나에게 왜 필요한지조차 알지 못합니다. 데살로니가 교회 사람들이 자신의 죄악 됨을 알고 예수 그리스도를 받아들이게 된 것도 사도 바울이 전한 하나님의 말씀, 곧 복음을 듣고 받아들임을 통해서였습니다.

이처럼 회심의 과정에는 하나님의 말씀을 듣고 자신이 얼마나 죄악되었는지에 대한 깨달음과 그 죄로부터 구원받고 싶다는 갈망이 있습니다. 이 과정에서 어떤 사람은 자신의 죄로 인해 두려워하기도 합니다.

자신이 죄인이라는 사실을 지금까지 몰랐다는 생각에 이전에는 느끼지 못한 두려움과 슬픔의 정서를 느끼는 것입니다. 그래서 그 사실을 깨닫고 슬픔에 겨워 울기도 합니다. 예전에 예수를 우습게 알았던 사람에게 그런 일이 벌어진 이유는 다른 것이 아닙니다. 자신이 죄인임과 함께 자신과 같은 죄인에게 구원의 길이 있음을 알게 되기 때문입니다.

기독교는 그저 교회에 나와서 마인드컨트롤이나 하고 돌아가는 종교가 아닙니다. 기독교에는 이와 같은 놀라운 변화가 있습니다. 그것은 하나님의 말씀을 듣는 자 안에서 성령 하나님이 역사하시기 때문에 있는 변화입니다. 이로써 전에는 자신이 죄인이라고 생각해 본 적이 없던 사람이 자신이 악한 죄인임을 깨달음과 동시에, 그 죄에서 구원받을 수 있다는 기대와 소망을 품는 정서적인 변화를 갖게 됩니다.

회심은 바로 한 사람의 전인격에 이러한 역사가 일어나는 것입니다. 예수 그리스도께서 우리의 죄를 지시고 처리하심으로써 죄를 용서하시고 영생을 얻게 하신다는 말씀으로 인해, 이전 생활을 뒤로하고 하나님께 돌아가고 싶다는 욕구가 일어납니다. 인간은 결코 스스로 그렇게 변화될 수 없기에 이는 실로 놀라운 변화입니다.

죄에서 우리를 건지시는 하나님의 구원

기독교는 제일 먼저 자신의 죄와 예수 그리스도로 인한 구원을 깨닫고 마음으로 반응하는 종교입니다. 기독교는 죄 문제를 결코 건너뛰지 않습니다. 죄를 적당히 처리하지도 않습니다. 오늘날 많은 교회와 대중적인 설교자들이 자기 임의대로 그렇게 하고 있을 뿐입니다. 그러나 이는 기독교를 부정하는 것입니다. 기독교에서 말하는 구원은 바로 죄로부터의 구원이요, 죄가 해결되는 구원입니다.

다른 모든 종교를 연구해 보십시오. 무엇보다도 그 종교들 속에서 죄를 근본적으로 해결하는 길이 제시되고 있는지 한번 찾아보십시오. 오직 기독교만이 이 길을 선명하게 말합니다. 기독교는 그저 이 세상에서 잘 되고 도덕적인 사람을 만들려는 종교가 아닙니다. 기독교는 인간이 어느 누구도 스스로 해결할 수 없는 죄 문제를 해결합니다. 더 구체적으로 말하면 기독교는 죄의 책임과 죄의 권세로부터 구원하는 종교입니다. 사람들이 죄악 된 것인데도 자꾸 반복하는 이유는 바로 죄가 막강한 권세를 갖고 있기 때문입니다. 그래서 사람들은 다시는 죄를 안 짓겠다고 마음을 먹었음에도 또다시 죄에 끌려가게 됩니다. 기독교의 구원은 바로 그런 죄의 권세로부터의 구원입니다.

죄는 또한 반드시 대가를 요구합니다. 그래서 사람은 자기 죄에 대한 저주와 형벌을 반드시 받게 됩니다. 기독교의 구원은 바로 그런 죄의 저주와 형벌로부터의 구원입니다.

이처럼 기독교는 죄책과 죄의 형벌과 죄의 권세로부터 구원하는 종교입니다. 그렇게 기독교는 죄를 건너뛰거나, 적당히 처리하지 않습니다.

죄는 무섭고 강력합니다. 모든 죄는 하나님의 심판을 받게 하기 때문에 내가 건너뛰고 싶다고 해서 해결되는 것이 아닙니다. 무엇보다도 하나님 자신이 죄를 결코 건너뛰지 않으시며 또 그렇게 하지 못하십니다.

히브리서 9장 27절은 "한 번 죽는 것은 사람에게 정해진 것이요 그 후에는 심판이 있으리니"라고 말합니다. 죄로 인해 죽는 것이 모든 사람에게 확고한 사실이듯이, 그 이후의 심판 또한 확고히 있습니다. 기독교는 죄로 인한 우리의 비참함과 함께 그 죄를 깨닫고 돌이키는 것, 곧 회개를 말하며, 예수 그리스도 안에서 죄의 해결이 가능함을 말합니다. 그야말로 죄로부터 완전한 구원을 말하는 것입니다.

회심은 이러한 하나님의 말씀을 통해 자신이 죄인임을 깨닫고, 예수 그리스도 안에서 죄로부터 구원받고자 하는 갈망을 갖게 되고, 그로 인해 마음이 동하여 자신의 죄악 된 상태에서 돌이키고자 하는 것입니다. 그렇게 하고자 하는 의지가 생겨나, 이성과 감정과 의지, 전인격의 반응으로 드러나게 되는 것입니다.

우상을 버리고 하나님께로 돌이킴

회심은 거기서 멈추지 않습니다. 회심은 거기서 더 나아가 본문 말씀대로 우상을 버리고 하나님께로 돌아오는 구체적인 행실로 나아갑니다.

"…너희가 어떻게 우상을 버리고 하나님께로 돌아와서…"(9절).

데살로니가 사람들은 이전에 자기들 나름대로 믿었던 것이 있었습니다. 하지만 그들은 그것을 버리고 하나님께로 돌아왔습니다. 그들에게는 이 같은 분명한 전환이 있었습니다. 회심은 결국 이런 전환과 변화를 말합니다. 하나님을 알지 못할 때 좇았던 우상, 그야말로 죄악 된 옛 생활을 버리고 하나님께로 돌아오는 변화가 있는 것이 회심입니다.

여기서 우상이란 자신이 마음을 쏟는 대상을 말합니다. 그리고 동시에 그것에 지배를 받는 것입니다. 따라서 우상을 섬기던 사람이 자생적으로 이를 버리는 것은 불가능합니다.

그런데 중요한 것은 하나님께 돌아오기 전의 인간은 모두 하나님을 대신하는 대용품으로 우상을 두고 있다는 사실입니다. 물론 그것은 종교에서 말하는 우상일 수도 있고, 실제로 돈이나 학업, 사랑하는 사람, 이 세상에서 성공하려는 목표 등과 같이 내가 마음을 쏟고 숭배하는 대상일 수도 있습니다. 무엇이 되었든 내가 숭배할 정도로 마음을 쏟고, 그리하여 나를 지배하는 것이 여기서 말하는 우상입니다.

그런 면에서 가장 강력한 우상은 바로 자기 자신입니다. 인간은 모두 자신이 모든 것의 결정권자가 되어 자기 사랑을 위해 행하기 때문입니다. 이처럼 하나님께 돌아오기 전 인간은 객관적인 실체를 두지 않고 자신 안에서 모든 것을 자기중심으로 행합니다. 그렇기 때문에 결국 자기 자신을 중심으로 한 우상을 두게 됩니다. 데살로니가 사람들도 그러했습니다. 사실 그런 우상을 갖지 않은 인간은 이 세상에 없습니다. 회심은 바로 그런 상태, 즉 하나님을 대신하여 마음을 쏟고 숭배했던 우상을 버리고 하나님께로 돌아오는 것입니다.

말씀을 듣는 자 안에 일으키시는 성령 하나님의 역사

문제는 그 일을 스스로 할 수 있는 사람이 아무도 없다는 것입니다.

자신이 마음을 쏟고 섬길 만큼 강력한 우상을 스스로 버릴 수 있는 인간은 없습니다. 이것은 데살로니가 교회 성도들처럼, 사도 바울이 전해 준 하나님의 말씀을 듣는 자 안에서 역사하시는 성령 하나님에 의해서만 가능합니다. 그래서 회심하고자 하는 자는 하나님의 말씀을 듣는 가운데 성령 하나님의 역사를 기대해야 합니다.

설교자가 회심을 위한 좀 더 쉬운 대답을 줄 수 있으면 좋겠지만, 그것은 설교자의 권한이 아닙니다. 이는 오직 하나님의 영역입니다. 자라나게 하시는 분은 하나님이시기 때문입니다. 우리는 씨를 뿌리고 물을 주는 일까지는 할 수 있지만, 생명의 발화는 오직 하나님만 하십니다.

하지만 여기서 중요한 것은 말씀을 듣지 않고 또 들어도 듣지 못하는 사람들에게는 그 일이 일어나지 않는다는 사실입니다. 성령께서는 말씀을 듣는 가운데 이런 불가능할 것과 같은 일, 즉 우상을 버리고자 하는 마음이 일어나게 하십니다. 그래서 성령 하나님께서 회심의 과정에서 역사하시면, 우리는 자신도 놀랄 정도로 우상을 뒤로하고 하나님께로 돌아오는 일이 가능하게 됩니다. 찰스 스펄전 목사는 본문을 가지고 다음과 같이 외쳤습니다.

"회심이란 사람이 전적으로 방향을 바꾸어 지금까지 사랑해 온 것을 미워하고, 미워해 온 것을 사랑하는 것입니다. 회심이란 마음과 의지의 실행 및 행동으로 단호하고 분명하게 하나님께 돌아서는 것입니다. 어떤 경우 우리는 수동적으로 돌아섭니다. 그러나 다른 경우는 이 데살로니가 교회 사람들처럼 능동적으로 돌아서기도 합니다. 여러분이 앞으로 언젠가 돌아서겠다고 생각하거나 그렇게 하기로 약속하거나 결심하는 것은 회심이 아닙니다. 실제로 행동으로 돌아서는 것이 회심입니다. 그 이유는 말씀이 심령에 들어갔기 때문입니다.

혁명이 있어야 합니다. 낡은 보좌는 사라지고 새로운 왕이 즉위하셔야 합니다. 여러분은 그렇게 하고 계십니까? 이 데살로니가 사람들은 자신들이 섬기던 우상을 버리고 돌아섰습니다. 우상이 없다고 말할 수 있습니까? 여러분에게 하나님을 위하여 포기하고 싶지 않은 어떤 것이 있다면 그것이 바로 여러분의 우상입니다. 여러분에게 하나님의 영광보다 더 간절히 추구하는 어떤 것이 있다면 그것이 여러분의 우상입니다. 회심이란 그런 모든 우상에서 돌아서는 것입니다."[2]

돌이켜 살아 계신 하나님을 섬기게 되는 놀라운 변화

본문은 회심한 데살로니가 성도들에 대해서 지금까지 말한 내용으로 끝내지 않습니다. 본문에는 회심에 포함된 또 다른 내용이 덧붙여지고 있습니다. 그것은 하나님께로 돌아올 뿐만 아니라, 살아 계시고 참되신 하나님을 현재시제로 섬기는 것입니다. 이처럼 회심은 우상을 버리는 단계를 넘어 하나님을 구체적으로 섬기는 것을 말합니다.

여기서 하나님을 섬긴다는 것은 그분을 예배하고 그분의 뜻을 따르며 그분에게 자신을 내어드리는 것입니다. 이는 기계적이나 종교적인 행동이 아니라, 실제로 살아 계시고 참되신 하나님을 섬기는 것을 말합니다. 그래서 기독교는 스스로 움직이지도 못하는 우상에게 절하고 섬기는 종교와 완전히 다릅니다.

하나님이 살아 계시다는 것은 그분과 교통할 수 있음을 의미합니다. 사람이 죽으면, 아무리 말해도 대답할 수 없습니다. 이처럼 죽은 사람과는 교통이 불가능하지만, 살아 있는 사람과는 교통이 가능합니다.

회심은 이처럼 살아 계신 하나님과의 교제를 알고 경험하는 것입니다. 하나님을 예배하고 그분께 기도하는 가운데 하나님이 우리의 기도를 들으시고, 우리의 삶을 인도하심을 경험하는 것입니다. 이를 모르는 사람은 회심했다고 할 수 없습니다.

교회 안에는 살아 계시고 참된 하나님이 아닌 마치 우상 숭배자들처럼 죽은 하나님을 섬기는 듯한 사람들이 있습니다. 하나님을 예배하기 위해 왔으면서도 하나님을 의식하지 않고, 우상 숭배하듯이 하나님을 섬기는 그들의 모습을 통해 알 수 있습니다. 실컷 기도해 놓고 하나님께서 자신의 기도를 들어주심을 믿지 않는 모습을 통해서도 알 수 있습니다. 그들은 일상에서 말하고 행동할 때도 하나님을 의식하지 않습니다. 왜냐하면 그들에게 하나님은 죽은 하나님이기 때문입니다. 그래서 하나님을 향한 경외심도 없는 것입니다. 그렇게 예배하고 기도하며 하나님을 의지하면서 살아가지만, 우리의 마음과 삶 가운데 역사하시는 하나님을 인식하지 못하다 보니, 하나님으로 인한 기쁨도 알지 못합니다.

여러분, 모세와 이사야는 하나님의 임재를 자각했을 때 경외심에 불탔습니다. 하나님을 심히 두려워하며 떨었습니다. 하지만 오늘날 교회 안의 많은 사람은 하나님을 마치 옆집 아저씨처럼 생각합니다. 이는 그들이 죽은 하나님을 믿고 있다는 사실을 보여 주는 것입니다.

회심한 자는 결코 그럴 수 없습니다. 살아 계신 하나님을 믿는 자는 그분을 경외하게 됩니다. 또 그분과 교제하면서 그분으로 인해 기뻐합니다. 그리고 자신의 기도를 들으시는 하나님을 실제로 압니다. 이것이 바로 기독교입니다. 기독교는 그렇게 살아 계시고 참되신 하나님을 섬기는 것입니다.

오늘날 교회 안에 있는 사람들이 기쁨도 없고 겉도는 신앙생활을 하는 근본적인 이유는 다른 무엇보다도 회심하지 않았기 때문입니다. 다시 말씀드리지만, 회심은 살아 계시고 참되신 하나님께 돌아와 그분을 섬기는 것입니다. 진실로 살아 계신 하나님 곧 나의 전 삶을 아시고 다스리시며, 나와 교통하시고 인도하시는 하나님을 예배하고, 그분의 뜻을 따르며 사는 가운데 그분으로 인하여 안식하고 기뻐하며 감사하게 되는 것이 기독교가 말하는 회심입니다.

오래전에 있었던 일입니다. 어떤 사람이 저에게 어느 집회 장소에서 만나자고 했지만 오지 못했습니다. 알고 보니 그는 약속 전날에 교통사고로 죽어서 오지 못했던 것입니다. 제 인생에는 그런 경험이 여러 번 있었습니다.

우리는 미래의 시간에 대해 너무 낭만적으로 생각하는 경향이 있습니다. 내일도, 모레도 살고, 계속해서 살 것처럼 생각합니다. 그러나 결코 그렇지 않습니다. 생명은 우리의 소관이 아닙니다. 성경은 생명과 우리의 미래는 하나님의 소관이라고 분명히 말합니다.

우리는 하나님이 기회를 주실 때 우리가 하나님 앞에서 얼마나 죄악되었는지를 깨달아야 합니다. 또 자신 안에서 생겨나는 마음의 동요와 반응으로 인해서 자신을 지배하고 있는 우상으로부터 돌이켜 주님께 돌아와 살아 계시고 참되신 하나님을 믿어야 합니다. 이를 먼저 소유한 다음, 그 밖에 모든 것을 누리십시오. 인생에서 허락된 모든 것과 일반은총으로 주신 모든 것을 회심한 자로서 누리십시오.

회심이 없는 가운데서 누리는 모든 것은 죽음을 앞에 둔 사람에게 차려진 진수성찬에 지나지 않습니다. 그러므로 교회를 다니면서도 지금까지 이 문제에 진지하게 직면해 본 적이 없다면, 반드시 이 문제부터 해결하십시오. 이를 계기로 회심하여 하나님이 말씀하시는 참된 생명을 소유한 자로 이 세상을 살아가기 바랍니다.

11장
핵심
요약

- 교회는 우리의 영원한 생명이 달린 회심과 구원의 문제를 중대하게 다루어야 한다.

- 일반적으로 회심의 역사에는 하나님의 말씀을 듣고 받아들이는 일이 있다. 이것을 통해 죄를 자각하고, 그 죄로부터 구원받고 싶다는 갈망을 갖게 된다.

- 기독교는 죄를 결코 건너뛰지 않고, 오히려 그 죄가 해결되는 구원을 말한다.

- 회심은 죄의 자각과 구원의 갈망을 넘어, 우상을 버리고 하나님께로 돌아오는 분명한 전환을 말한다.

- 회심은 하나님께로 돌아올 뿐만 아니라, 살아 계신 하나님을 섬기며 그분과의 교제를 경험하는 것이다. 그로 인해 회심한 자는 하나님을 경외하면서도 그분을 기뻐한다.

12장

인격적인 승복을 가져오는 만남

¹ 무리가 몰려와서 하나님의 말씀을 들을새 예수는 게네사렛 호숫가에 서서 ² 호숫가에 배 두 척이 있는 것을 보시니 어부들은 배에서 나와서 그물을 씻는지라 ³ 예수께서 한 배에 오르시니 그 배는 시몬의 배라 육지에서 조금 떼기를 청하시고 앉으사 배에서 무리를 가르치시더니 ⁴ 말씀을 마치시고 시몬에게 이르시되 깊은 데로 가서 그물을 내려 고기를 잡으라 ⁵ 시몬이 대답하여 이르되 선생님 우리들이 밤이 새도록 수고하였으되 잡은 것이 없지마는 말씀에 의지하여 내가 그물을 내리리이다 하고 ⁶ 그렇게 하니 고기를 잡은 것이 심히 많아 그물이 찢어지는지라 ⁷ 이에 다른 배에 있는 동무들에게 손짓하여 와서 도와 달라 하니 그들이 와서 두 배에 채우매 잠기게 되었더라 ⁸ 시몬 베드로가 이를 보고 예수의 무릎 아래에 엎드려 이르되 주여 나를 떠나소서 나는 죄인이로소이다 하니 ⁹ 이는 자기 및 자기와 함께 있는 모든 사람이 고기 잡은 것으로 말미암아 놀라고 ¹⁰ 세베대의 아들로서 시몬의 동업자인 야고보와 요한도 놀랐음이라 예수께서 시몬에게 이르시되 무서워하지 말라 이제 후로는 네가 사람을 취하리라 하시니 ¹¹ 그들이 배들을 육지에 대고 모든 것을 버려 두고 예수를 따르니라 _ 눅 5:1–11

만남, 변화를 가져온 만남

베드로라는 이름으로 더 잘 알려진 시몬은 예수님을 인격적으로 만남으로써 변화됩니다. 어느 날 예수님은 시몬의 배에 오르신 후 그에게 "깊은 데로 가서 그물을 내려 고기를 잡으라"(4절)고 말씀하셨습니다. 그리고 이 만남 이후 시몬의 삶에는 큰 변화와 전환이 있게 되었습니다. 만일 그가 예수님을 만나지 않았다면, 그의 인생에는 우리가 아는 바와 같은 전환과 놀라운 이야기들이 없었을 것입니다.

누구든지 예수 그리스도를 인격적으로 만나면 시몬처럼 인생의 전환과 변화를 갖게 됩니다. 반면 아무리 교회를 오랫동안 다닌 사람이라도, 예수님과의 인격적인 만남이 없고 그저 책이나 사람들의 말을 통해 얻은 지식 차원에서 예수님을 안다면, 그 사람은 예수 그리스도로 인한 삶의 변화, 구원의 길로 돌아서고 생명으로 나아가는 결정적인 전환을 갖지 못합니다. 그러므로 우리는 예수님을 만나서 변화된 시몬에 대한 말씀에 주목해 볼 필요가 있습니다.

사실 시몬은 그 게네사렛 호숫가에서 예수님을 처음 만난 것이 아니었습니다. 그는 이미 1년 전에 그의 형제 안드레를 통해 예수님을 만난 적이 있습니다. 시몬은 그 첫 만남에서 예수님으로부터 충격적인 말씀을 들었습니다.

> "그가 먼저 자기의 형제 시몬을 찾아 말하되 우리가 메시야를 만났다 하고 (메시야는 번역하면 그리스도라) 데리고 예수께로 오니 예수께서 보시고 이르시되 네가 요한의 아들 시몬이니 장차 게바라 하리라 하시니라 (게바는 번역하면 베드로라)"(요 1:41-42).

아무것도 모르고 예수님께 왔던 시몬이 이런 말을 들었을 때 얼마나 충격을 받았을지 한번 생각해 보십시오. "예수께서 보시고 이르시되 네가 요한의 아들 시몬이니…"(42절). 여기서 "예수께서 보시고"라는 말은 지나가듯이 힐끗 쳐다보았다는 말이 아닙니다. 예수님은 시몬이 어떤 자인지를 아실 뿐만 아니라 장차 그를 어떻게 이끄시고 어떠한 자가 되게 하실 것인지를 아시는 눈으로 그를 보셨습니다. 그래서 예수님은 그의 장래와 관련해서 그를 장차 게바 즉 베드로라 하리라고 말씀하셨습니다. 즉 예수님은 시몬이 자신과의 만남을 통해 반석(베드로)이 될 것이라고 말씀하셨습니다. 시몬은 이때의 기억을 잊을 수 없었을 것입니다.

메시아를 알아보지 못한 시몬

하지만 이상하게도 그는 바로 예수님을 메시아로 인정하고 따르지는 않았습니다. 시몬은 그 이후로도 고기를 잡으며 이전의 삶을 이어 가고 있었습니다. 시몬만 그랬던 것이 아닙니다.

요한복음 1장을 보면 그때 시몬과 함께 그의 형제 안드레와 요한, 빌립, 그리고 빌립이 인도한 나다나엘과 같은 사람들도 예수님을 만났습니다. 그런데 그렇게 예수님과의 첫 만남을 가졌던 요한과 안드레 역시 시몬과 함께 고기 잡는 일을 계속하고 있었습니다. 그들은 모두 메시아를 만났다고 흥분하면서 그분과 잠시 시간을 보내기도 했지만, 그분에 대한 관심과 흥분은 오래 지속되지 않았습니다. 아마 그들은 처음에는 예수님을 메시아라고 생각했지만, 얼마 지나지 않아 달리 생각하게 되었던 것으로 보입니다.

메시아는 이스라엘 백성들이 오랫동안 기다렸던 분입니다. 시몬은 메시아에 대한 기대를 가지고 예수님을 만났습니다. 하지만 그 후로 시몬은 예수님을 따르기보다 오히려 그분을 떠난 상태에 머물러 있었습니다. 이는 마치 오늘날 얼마간의 기대를 가지고 교회를 좀 다니다가 결국 예수를 믿지 않는 그러한 사람들과 유사한 경우라고 할 수 있습니다.

오늘날 교회 밖에도 이러한 사람들이 제법 많습니다. 많은 사람이 교회에 와서 예수님에 대한 말씀, 예수님께서 자신에 대해 하신 말씀을 듣지만, 결국 예수님을 메시아로 인정하며 따르지 않고 이전의 상태를 지속합니다. 예수님이 우리를 구원하기 위해 오신 메시아이시며, 그분을 믿으면 구원과 참 생명과 영원한 안식을 얻는다는 것을 들었음에도, 그것이 그의 삶에 변화를 일으키지 못했습니다.

그것은 시몬이 1년 전 메시아이신 예수님을 만났음에도 그분을 계속해서 따르지 않고 떠나 있었던 이유와 동일합니다. 바로 메시아, 곧 구원자에 대한 오해 때문입니다. 다시 말해 자신이 기대했던 메시아에 대한 모습이 예수님에게 보이지 않는다고 생각하기 때문입니다.

시몬은 예수님이 귀신을 쫓아내시고, 병든 자를 고쳐 주신 사건들에 대해 잘 알고 있었습니다. 그러나 그것은 이스라엘의 다른 선지자들도 했던 일이었습니다. 이에 시몬은 예수님의 사역도 그러한 수준에서 생각하며 그분을 메시아로 여기지는 않았습니다. 메시아에 대한 그의 기대는 다른 유대인들이 갖고 있던 기대와 같았습니다.

당시 유대인들은 메시아를 세상을 물리적으로 바꾸는 존재로 생각하며 기다렸습니다. 메시아가 와서 자신들을 압제하고 있던 로마 제국을 전복하고, 이스라엘을 중심으로 한 이상적인 복지국가를 세워 줄 것이라고 기대했습니다. 그리고 그런 기준에서 예수님의 모습을 볼 때, 그분은 메시아가 아니라고 판단한 것입니다. 그들은 세례 요한이 예수님에 대해 증언했던 세상 죄를 지고 가는 하나님의 어린 양의 일, 곧 자신이 친히 죄를 지심으로써 이 세상을 죄와 사망에서 구원하시며 하나님 나라를 도래케 하실 일에 대해 제대로 알지 못했습니다. 예수님을 보았을 때 뭔가 깊은 인상을 받기는 했지만, 그분을 자신들이 기다리던 메시아로 여기기는 어려웠던 것입니다.

성경의 예언을 따라 오신 예수 그리스도

하지만 예수님은 성경이 수천 년 동안 예언해 온 바로 그 메시아이셨습니다. 단지 그들이 성경을 오해했을 뿐입니다. 성경은 인간이 타락하자마자 여인의 후손으로 오실 메시아를 예언했습니다(창 3:15). 성경은 동정녀 마리아를 통해 인간의 몸을 입고 우리의 죄를 대속하실 그분에 대해 수천 년 동안 예언했습니다. 율법을 따라 양을 죽여서 드리는 희생제사 역시 그분을 반복적으로 예표하며 바라보게 한 일이었습니다.

물론 성경은 메시아가 궁극적으로 얻게 하시는 것 속에는 시몬이나 유대인들이 기대했듯이 물리적으로 완전한 모습, 곧 악과 고통이 없는 완성될 하나님 나라에 이르는 일이 있음을 분명히 말합니다. 하지만 그것은 궁극적이고 최종적인 이야기입니다. 성경은 그 일에 앞서 메시아가 와서 죄와 그 죄로 인해 있게 될 죽음의 문제를 해결해야 한다고 계속 예언해 왔습니다. 특히 이사야 선지자는 예수님이 오시기 약 600여

년 전에, 바로 이 일을 위해 메시아가 와서 우리의 죄를 지심으로 우리 죄에 대한 징벌을 받는 일이 있으리라고 구체적으로 예언했습니다.

"그는 멸시를 받아 사람들에게 버림 받았으며 간고를 많이 겪었으며 질고를 아는 자라 마치 사람들이 그에게서 얼굴을 가리는 것 같이 멸시를 당하였고 우리도 그를 귀히 여기지 아니하였도다 그는 실로 우리의 질고를 지고 우리의 슬픔을 당하였거늘 우리는 생각하기를 그는 징벌을 받아 하나님께 맞으며 고난을 당한다 하였노라 그가 찔림은 우리의 허물 때문이요 그가 상함은 우리의 죄악 때문이라 그가 징계를 받으므로 우리는 평화를 누리고 그가 채찍에 맞으므로 우리는 나음을 받았도다"(사 53:3-5).

이는 한 마디로 구원자는 우리의 죄와 그 죄로 인한 사망을 해결하는 분임을 예언한 것입니다. 그럼에도 시몬을 비롯한 당시의 많은 사람이 그런 메시아보다는 로마의 압제에서 자신들을 구출해 주고, 물리적으로 힘든 환경을 개선해 줄 메시아를 기대하며 바라보았습니다. 오늘날에도 많은 사람이 바로 이러한 차원에서 메시아, 곧 구원자를 생각하고 찾습니다. 자신이 가진 문제와 어려움을 해결해 주고, 마음을 위로해 주는 구원자를 생각하면서 교회에 오고 예수를 믿으려고 합니다. 하지만 메시아에 대한 이러한 잘못된 이해와 그릇된 기대 속에서 예수를 믿으려는 사람들은 시몬처럼 금방 실망하게 됩니다. 이것은 교회에 나왔다가 떠나는 사람들이 거의 공통적으로 가진 모습입니다.

기독교는 이 세상에서 잘 먹고 잘사는 법을 말해 주거나 정신적인 수

양을 통해 심신을 고쳐 주는 종교가 아닙니다. 이 사실을 잘 말해 주는 본문에서 예수님은 비록 단편적인 사건이긴 하지만, 성경에서 예언된 메시아의 모습을 그대로 드러내셨습니다. 앞서 가난한 자들에게 복음을 전하시고, 마음이 상한 자들을 고치시며, 귀신에게 사로잡혀 있고 죄와 사망에 얽매여 있는 자들에게 참된 자유와 생명 얻는 길을 말씀하시면서 사람들을 이끌고 계셨던 상황의 연장선상에서 말입니다.

교만하던 인격의 승복

하지만 예수님은 메시아를 오해하고 계속해서 따르지 않았던 시몬을 다시 찾아오십니다. 시몬은 동료 어부들과 함께 고기를 잡기 위해 밤새워 수고하다가 한 마리도 잡지 못하고 돌아와 그물을 씻고 있었습니다. 예수님은 그러한 그들에게 가셔서, 그들의 눈을 뜨게 해 주십니다.

사람들은 일반적으로 자신과 직접 관련이 없으면 아무리 놀라운 일이 일어나고, 심지어 그것을 가까이에서 본다고 해도 깊이 인정하지 않습니다. 그만큼 인간은 교만합니다. 그래서 예수님은 시몬이 가장 마음을 쏟는 것이었지만 자신의 힘과 능력으로는 도저히 안 되는 조건에서 그가 주님을 바라볼 수 있도록 이끄셨습니다.

예수를 믿게 된 많은 사람이 이와 유사한 경험을 합니다. 어떤 사람은 일이 안 되는 조건에서, 어떤 사람은 암과 같은 질병에 걸려서 예수를 만납니다. 또 어떤 사람은 자신이 마음을 많이 쏟았던 것을 상실함으로써 예수님을 만나기도 합니다. 교회 안에는 사랑하는 사람을 잃거나 목숨처럼 아끼는 자식에게 문제가 생기면서 예수님께 향하게 되는 사람들이 부지기수입니다. 지금 본문의 상황도 그러합니다. 하나님은 이처럼 우리가 마음을 쓰는 것을 통해서 우리의 인격을 두드리시며 결국 승복시키는 일을 많이 하십니다.

시몬은 예수님이 병자를 고치시고 귀신을 쫓아내시며 하나님 나라가 가까이 왔다는 기쁜 소식을 전하셨음에도, 예수님을 메시아로 생각하지 않았습니다. 예수님을 향한 인격적인 승복이 없었습니다. 그래서 예수님은 시몬이 가장 마음을 쏟고 있는 일을 통해 그의 인격을 두드리셨습니다. 그가 하루 조업을 마치고 그물을 씻는 것을 아시면서도 "깊은 데로 가서 그물을 내려 고기를 잡으라"(4절)고 말씀하셨습니다.

만일 우리가 그 자리에 있었다면 이러한 예수님의 말씀에 어떻게 반응했을까요? 나름의 경험과 식견을 가지고 있는 자신의 전문 분야에 대해 누군가 이래라저래라 하면 우리는 콧방귀를 끼거나 불쾌해합니다. 우리는 자신이 실력과 전문성을 가진 영역에서는 하나님의 말씀에 쉽게 승복하지 않습니다. 아무리 하나님의 말씀이라고 해도 좀처럼 귀를 기울이거나 수긍하지 않습니다.

본문에서 시몬은 예수님께 "선생님 우리들이 밤이 새도록 수고하였으되 잡은 것이 없지마는…"(5절)이라고 비교적 점잖은 표현으로 말했습니다. 하지만 그 기저에는 항변하는 마음이 있었을 것입니다. 왜냐하면 그는 고기잡이가 직업인 그 분야의 전문가이기 때문입니다. 게다가 밤새 고기를 잡기 위해 수고했기 때문에 기진맥진한 상태였을 것입니다. 자신의 경험에 비추어 봤을 때도 그물로 고기를 잡기에 가장 좋은 시간은 이미 지났습니다. 그리고 실컷 씻어 놓은 그물을 다시 던지면 그물을 또 씻어야 했습니다. 밤새 고기를 잡느라 생긴 피곤을 푸는 것도 미뤄야 할 뿐만 아니라, 이미 한 마리도 잡지 못한 데 대한 실패감마저 있었던 상황이었습니다. 바로 그러한 상황에서 고기를 잡는 일에 있어서 자신보다 경험적으로 전혀 나을 것이 없어 보이는 예수님께서 깊은 데로 가서 그물을 내려 고기를 잡으라고 말씀하셨기 때문에, 이에 불만을 가져도 이상하지 않은 상황이었습니다.

말씀에 순종하는 자에게 나타내시는 놀라운 복

그런데 그러한 상황에서도 그는 예수님의 말씀을 따르기로 합니다. 그가 예수님을 선생님이라고 부른 것이 시사하듯이, 그는 예수님을 위대한 선생으로 여기며 그분의 권위에 순종하여 이렇게 말합니다.

"…말씀에 의지하여 내가 그물을 내리리이다"(5절).

그는 깊은 데로 그물을 내리기 위해 나갔습니다. 시몬에게 이 순간은 두 가지가 교차하는 시점이었습니다. 즉 밤새도록 자기 실력과 지식과 힘으로 한 일에 실패를 경험한 시점임과 동시에 예수님의 말씀에 순종했을 때 있게 될 복된 결론과 성공으로 나아가는 시점이기도 했습니다.

이처럼 우리는 모두 예수 앞에 나올 때 이 두 가지가 교차하는 시점에 서게 됩니다. 그중에 누군가는 예수님의 말씀을 듣는 이 중요한 시점에서 자기 지식, 자기 경험, 자기 힘을 끝까지 의지하며 나아갈 수 있습니다. 시몬처럼 하지 않고 말입니다. 자기 경험과 자기 지식과 힘에 비추어서 예수님의 말씀을 들을 가치도 없다고 생각하며 거부하는 것입니다. "내가 지금까지 살아오면서 경험한 것이 있는데, 하나님의 말씀 몇 마디로 나를 꺾으라고? 난 못해."라고 하는 것이 우리의 반응입니다. 특히 부족한 것도 없고 얼마든지 자기 스스로 살 수 있다고 생각하는 조건에서는 예수님의 말씀이 들리지 않고, 또 듣고 싶어 하지도 않습니다.

그렇게 말씀을 듣지 않고 무시하는 자는, 시몬이 경험한 바를 경험하지 못합니다. 즉 예수님이 주시려는 구원과 함께 영원히 누릴 수많은 복을 얻지 못하는 것입니다. 예수 그리스도 안에서 얻게 되는 참된 생명과 자유, 영원한 복을 얻지 못하게 됩니다. 이 모든 것은 불만과 싫음이 있어도 시몬처럼 예수님의 말씀에 의지하여 반응할 때 얻게 됩니다.

시몬은 항변하면서도 예수님의 말씀에 순종하여 깊은 데로 가서 그물을 내렸습니다. 그는 비록 숙련된 어부였지만, 자신의 힘으로 실패한 조건에서 예수님의 말씀에 순종했습니다. 그러자 고기가 너무 많아서 그물이 찢어지기 시작했습니다. 다른 곳에 있던 동료들을 불러서 두 배에 가득 채워 배가 잠길 지경이 된 것입니다.

주(主)를 알게 되고, 나를 알게 됨

여러분, 바로 이때 시몬이 보인 반응을 보십시오. 이것이 우리가 주목해야 할 매우 중요한 반응입니다. 그에게 이 경험은 단순히 예수님의 말씀에 순종했더니 고기를 많이 잡고 복을 받고 성공하게 되었다는 정도의 의미가 아니었습니다.

오늘날 교회는 종종 이 사건을 가지고 말씀에 순종하면 하나님께서 복과 성공을 주신다는 수준에서 말합니다. 물론 여기에는 그런 내용도 어느 정도 담겨 있습니다. 하지만 이 사건은 우리에게 그 정도를 말하고자 하는 것이 아닙니다. 여기에 더 중요한 의미가 있다는 사실을 우리는 뒤이은 시몬의 반응에서 보게 됩니다.

여기서 시몬은 매우 특별한 반응을 보입니다. 그는 예수님의 무릎 아래 엎드려 "주여 나를 떠나소서 나는 죄인이로소이다"(8절)라고 말합니다. 상식적으로 생각할 때 우리가 이러한 상황에서 보일 수 있는 반응은 감탄하며 감사하는 것입니다. 시몬과 같은 반응은 우리가 일반적으로 흔히 가질 수 있는 반응이 아닙니다. 이는 한 사람이 예수님을 인격적으로 대면할 때 보이는 반응입니다.

하지만 예수님을 피상적으로 아는 사람들은 이것을 알지 못합니다. 이 사건이 있기 전까지 시몬이 보였던 반응 정도밖에 모르는 것입니다. 이처럼 예수 그리스도를 인격적으로 대면하기 전까지 사람들은 모두 그 이상을 넘지 못합니다.

그러나 예수님을 인격적으로 대면하면 놀라고 감사하는 데서 멈추지 않고, 시몬처럼 그분 앞에서 자신이 어떤 자인지를 보게 됩니다. 더 정확히 말하면 두 가지를 알게 됩니다. 첫째, 자신이 죄인임을 보게 할 정도로 자신이 대면한 예수님이 거룩하신 분이라는 사실을 깨닫게 됩니다. 둘째, 그분 앞에서 자신이 정말 죄인이라는 사실을 알게 됩니다.

시몬은 자신 앞에 계신 예수님이 신적 능력을 지니신 분임 또한 알게 되었습니다. 처음에는 선생님이라고 불렀으나, 예수님의 신적 능력을 인지한 후에는 호칭을 바꿔 "주여!"라고 부른 것입니다. 이렇게 누가복음에서 예수님의 호칭을 '주'(主)로 부른 최초의 사람이 바로 시몬입니다.

누가복음을 기록한 누가는 '주'라는 호칭을 주로 이스라엘의 하나님을 가리키기 위해 사용했습니다. 이는 결국 시몬이 예수님을 주로 부르며 그분의 신적 능력을 인정했다는 뜻입니다. 그는 지금 거룩하신 분 앞에 있다는 인식 속에서 자신이 그분 앞에 합당하지 못하다는 자각을 하게 되었습니다.

오늘날 교회에 오는 사람 중에는 이러한 예수님과 하나님의 임재를 알지 못하는 사람들이 제법 많습니다. 대신 자신이 원하는 것, 즉 자신의 문제가 해결되고, 병이 낫고, 마음을 치유하기 위해 교회에 나오는 것입니다. 모든 것이 자기를 위한 것입니다. 자신이 대면하는 하나님과 예수 그리스도가 어떤 분이신지 또 그분 앞에 선 자신이 어떤 자인지에 대해서는 별로 자각이 없습니다.

심지어 모태신앙인들도 마찬가지입니다. 이는 결국 앞서 말한 두 가지 사실이 그들에게는 없다는 것을 말해 줍니다. 즉 자신이 믿는 하나님, 예수 그리스도가 거룩하고 전능하신 주라는 사실을 인격적으로 알지 못하며, 예수님 앞에 나온 자신이 어떤 자인지를 알지 못합니다.

특이하게도 인간은 거룩하신 하나님 앞에 서게 될 때 자신이 그분 앞에서 죄인이라는 사실을 자각하게 됩니다. 아니, 그럴 수밖에 없습니다. 왜냐하면 실제로 인간은 모두 죄인이기 때문입니다. 다만 거룩하신 하나님 앞에 서지 않았기 때문에 그 사실을 깨닫지 못할 뿐입니다. 인간은 누구나 주님의 임재 앞에 서면 자신의 실제 모습을 보게 됩니다. 자신이 죄인인 것을 말입니다.

본문에서 시몬이 자신을 죄인이라고 고백한 것의 기저에는 하나님과 멀어져 있으며, 하나님의 은총을 받을 자격이 없는 사람이라는 의미가 깔려 있습니다. 바로 그런 의미에서 시몬은 자신을 죄인이라고 고백한 것입니다.

흔히 사람들이 생각하듯 예수 앞에 나오면 마음이 편하고 즐거울 것 같은데, 실상은 시몬과 같은 경험을 하게 됩니다. 자신이 죄인이라는 결론에 대면하게 되는 것입니다. 이처럼 예수 그리스도를 인격적으로 만나게 된 사람에게는 누구나 시몬이 자각한 이 두 가지 사실이 있습니다. 그동안 선지자요, 좋은 선생으로 생각했던 예수님을 구원자로 알게 됨과 동시에 그분 앞에서 자신이 죄인임을 알게 된 시몬처럼 말입니다.

이것은 기독교가 회심에 대해 가장 중요하게 말하는 내용입니다. 이것이 없는 사람은 회심했다고 말할 수 없고, 기독교의 중심으로 들어온 사람이라고 할 수도 없습니다. 그는 그저 기독교라는 분위기에 젖어 교회만 왔다 갔다 하는 사람일 뿐입니다.

두려움을 벗기고 자유를 주시는 주님

이어서 예수님은 시몬에게 "무서워하지 말라 이제 후로는 네가 사람을 취하리라"(10절)고 말씀하십니다. 이것은 시몬이 자신이 죄인임을 알고 두려워했음을 보여 줍니다. 그는 예수님이 행하신 기적을 경험했음에도 자신이 죄인임을 고백하면서 두려워했던 것입니다. 그런 그에게 예수님은 두려워하지 말라고 하시면서 시몬을 품어 주셨습니다. "내가 의인을 부르러 온 것이 아니요 죄인을 불러 회개시키러 왔노라"(눅 5:32)고 말씀하신 것처럼, 자신을 죄인으로 고백한 시몬을 품어 주셨습니다. 이것은 주님이 회개하는 자의 두려움을 벗기시고 자유로 이끄신다는 사실을 말해 줍니다.

여기서 우리는 죄가 있는 자, 곧 죄인은 주님을 대면하여 두려움을 갖는다는 사실을 발견하게 됩니다. 그런데 놀랍게도 그러한 두려움은 회개하여 주님께 나올 때 제거됩니다. 달리 말하면 회개하지 않고 죄인으로 계속 머무는 한, 그에게는 거룩하고 의로우신 하나님이 두려움의 대상이 됩니다.

하나님을 대면하지 않는 동안 그는 잠시 그 두려움을 잊을 수 있습니다. 그러나 인생의 어느 순간에라도 그 두려움을 갖게 됩니다. 그렇지 않으면 임종 이후에라도 반드시 갖게 됩니다. 하나님을 대면하지 않는 동안만 두려움을 지연시킬 뿐입니다. 그럴 수밖에 없는 이유가 있습니다. 바로 죄는 심판을 가져오기 때문입니다.

중요한 것은 아무리 추한 죄인이라도 회개하는 자는 두려움에서 벗어나게 된다는 사실입니다. 그것은 거룩하신 주님께서 회개하는 자를 영접해 주시기 때문입니다.

더군다나 예수님은 회개하는 시몬이 두려움에서 벗어나 그리스도 안에서 새로운 삶으로 나아오도록 이끄셨습니다. 그동안 모든 것을 자기중심적으로 생각하며 살았던 자신을 넘어서 다른 죄인들을 취하는 자가 되게 하시겠다고 말씀하신 것입니다.

"…이제 후로는 네가 사람을 취하리라"(10절).

주님은 회개하는 시몬에게 바로 그와 같은 은혜를 베푸셨습니다. 마태복음은 이를 "사람을 낚는 어부가 되게 하리라"(마 4:19)는 말로 표현했습니다. 시몬이 지금까지는 물고기를 낚았지만, 이후로는 사람을 낚는 어부가 되게 하리라고 말씀하신 것입니다.

이 말을 들은 시몬은 다른 동료들과 함께 모든 것을 뒤로하고 주님을 따랐습니다. 메시아를 제일 처음 만났을 때 했어야 할 일을 이 사건을 경험하며 비로소 하게 된 것입니다. 이는 그가 전적으로 예수 그리스도를 따르는 제자가 되었다는 사실을 말해 줍니다.

이것은 일반적인 차원에서 말하면 진실로 예수 그리스도를 알고 믿는 자 곧 회심한 자에게 생기는 변화의 증거와 열매라고 할 수 있습니다. 바로 예수님이 자신의 존재와 삶의 주가 되심을 인정하며 살기 시작했다는 것입니다. 한 사람이 예수님을 제대로 알고 만나게 되면 바로 이와 같은 일이 있게 됩니다. 단순히 종교 생활이나 정신 수양 정도가 아니라 주님을 알고 자신을 앎으로써 회개하고 두려움에서 벗어나는 변화가 있는 것입니다. 그동안 자신만을 위해 살았던 삶에서 다른 죄인들을 돕고 인도하는 삶을 살게 되는 것입니다. 자신의 죄 된 본성에 이끌려 자신의 힘만 의지하던 삶에서 벗어나, 나 같은 죄인을 새롭게 하시고 구원하시는 주님만이 내 삶의 주인이라는 사실에 인격적으로 승복하여 사는 변화가 있게 됩니다. 이것이 기독교가 말하는 회심입니다.

예수 믿는 사람들은 모두 다 과거에 그와 같은 조건에 있었습니다. 그렇게 예수에 대해서는 말도 꺼내지 말라고 거부했던 자들이 예수를 인격적으로 만남으로써 시몬처럼 바뀐 것입니다. 예수를 삶의 주로 인정하면서 살게 된 것입니다.

예수 그리스도를 만나는 최고의 순간을 맛보라

혹시 아직도 회심하지 않은 채 예수님을 말하고 교회를 다니고 있습니까? 그렇다면 예수 그리스도 앞에 서십시오. 단순히 나의 환경과 경제적인 상황을 개선하기 위해 오신 예수가 아니라 죄인인 나를 구원하기 위해 오신 예수 그리스도를 대면하십시오. 스스로 해결하지 못하는 죄와 그 죄로 인한 사망에서 나를 구원하기 위해 오신 메시아, 바로 그 예수 그리스도 앞에 서십시오.

예수님은 우리의 죄를 해결하기 위해 십자가에 달려 죽으시고 부활하여 우리의 생명을 얻게 하신 구원주이십니다. 바로 그분을 바라보십시오. 자신을 중심으로 예수 그리스도를 바라보지 마십시오.

예수님은 구원받을 만한 그 어떤 자격이나 모습도 없는 조건에서 "주여 나를 떠나소서 나는 죄인이로소이다."라고 말하는 자들을 받아 주십니다. 다시 살아나신 예수님은 시몬에게 하셨듯이 죄의 속박 아래 두려움을 가진 자를 참된 자유와 평강과 영원한 생명으로 이끄십니다. 이러한 놀라운 변화가 예수 그리스도 안에서 있게 되는 것입니다.

주님은 지금도 시몬과 같이 자신의 경험과 지식, 실력을 믿고 자기 힘으로 살아가는 자들을 부르십니다. 시몬이 보지 못한 더 놀라운 사실을 말씀하시면서 그를 불러 주셨듯이, 주님은 우리를 부르십니다. 그러므로 자신의 삶 속에서 먼저 주님을 만나십시오. 실제로 죄를 가지고 있는 조건의 인간이라면 누구나 구원자 예수님 앞에 서야만 합니다. 그 가운데 자신이 죄인임을 정직하게 고백하면서 그러한 자신을 받아 주시는 주님의 놀라운 은혜를 맛보아야 합니다. 바로 그 순간이야말로 우리의 인생 중 최고의 순간입니다.

안타깝게도 오늘날 예수 믿는 사람 중에는 이 사실을 모르기 때문에 신앙과 삶이 무너져 있는 사람이 너무 많습니다. 예수님을 인격적으로 만났다면 결코 그럴 수 없는 모습을 드러내며 살고 있는 것입니다.

우리가 죄인임은 감춘다고 해서 감춰지지 않습니다. 그러니 자신이 중요하다고 생각하는 모든 것을 내려놓고 정직하게 자신을 돌아보십시오. 죄로 인한 사망과 형벌을 받아야 하는 조건에서 구원을 얻으려면 이를 해결하신 예수를 만나야만 합니다. 그 외에 다른 길은 없습니다. 주님은 죄와 사망을 해결하셨기 때문에 다음과 같이 말씀하셨습니다.

"내가 곧 길이요 진리요 생명이니 나로 말미암지 않고는 아버지께로 올 자가 없느니라"(요 14:6).

사랑하는 여러분! 하나님께서 시몬을 부르셨듯이 여러분을 부르십니다. 그러니 정직하게 주님 앞에 서십시오. 그리고 자신의 죄인 됨을 정직히 고백하며 인정하십시오. "나는 죄인입니다. 나는 자격이 안 되는 사람입니다. 나를 받아 주십시오."라고 말입니다. 그러면 주님은 받아 주십니다. 그런 구원의 역사, 전환적인 회심의 역사가 여러분에게 있기를 간절히 소망합니다.

안타깝게도 이러한 내용을 듣고 가볍게 넘기는 사람이 있을지 모르겠습니다. 그러나 다시 말씀드리지만, 이 이야기는 여러분의 뇌리에 남아서 하나님 앞에 서게 될 때 증거물이 될 것입니다. "너는 분명히 복음을 들었고, 네 앞에 예수 그리스도가 제시되었다. 그런데도 너는 이것을 거절했다." 하나님은 바로 이렇게 거절한 죄에 대한 판결을 내리십니다. 그 순간은 머지않아 다가올 것입니다.

그러므로 주님을 만남으로써 자신의 죄에 대한 결정적인 해결책을 가지십시오. 그 가운데 자신의 삶을 갖고 살고자 하십시오. 만일 그런 은혜의 역사가 있다면 여러분의 삶은 변화될 것입니다. 그리고 이 세상에서 누릴 수 있는 모든 것 또한 다른 용도로 보고 전혀 다른 각도에서 누리게 될 것입니다. 부디 이러한 복된 구원의 역사가 여러분 모두에게 있기를 소망합니다.

12장
핵심 요약

- 예수님은 시몬과 같이 우리가 가장 마음을 쏟고 있고, 나름의 경험과 식견이 있다고 여기는 것을 통해 우리의 인격을 두드리시고 승복시키시는 일을 하신다.

- 시몬이 예수님의 말씀에 순종하여 그물을 내린 순간은, 자신의 지식과 실력으로 한 일에 실패를 경험한 시점이면서, 동시에 예수님의 말씀에 순종했을 때 있게 될 복된 결론과 성공으로 나아가는 시점이기도 했다.

- 우리가 예수님을 인격적으로 대면하면, 자신이 대면하고 있는 예수님이 거룩하신 분이라는 사실과 그분 앞에서 자신이 죄인이라는 사실을 보게 된다.

- 죄 있는 자가 예수님을 대면하여 갖는 두려움은 회개하여 주님께 나올 때 제거된다. 반면 회개하지 않고 죄인으로 계속 머무는 한, 거룩하고 의로우신 하나님은 그에게 두려움의 대상이 된다.

- 예수 그리스도를 대면하여 자신이 죄인임을 정직하게 고백하라. 그리고 그러한 자에게 베푸시는 주님의 놀라운 은혜를 맛보라.

13장

중심의 변화

²¹나더러 주여 주여 하는 자마다 다 천국에 들어갈 것이 아니요 다만 하늘에 계신 내 아버지의 뜻대로 행하는 자라야 들어가리라 ²²그 날에 많은 사람이 나더러 이르되 주여 주여 우리가 주의 이름으로 선지자 노릇 하며 주의 이름으로 귀신을 쫓아 내며 주의 이름으로 많은 권능을 행하지 아니하였나이까 하리니 ²³그 때에 내가 그들에게 밝히 말하되 내가 너희를 도무지 알지 못하니 불법을 행하는 자들아 내게서 떠나가라 하리라 _ 마 7:21-23

"주여 주여" 하지만 천국에 들어가지 못하는 사람들

예수님은 "나더러 주여 주여 하는 자마다 다 천국에 들어갈 것이 아니요 다만 하늘에 계신 내 아버지의 뜻대로 행하는 자라야 들어가리라"(21절)고 말씀하셨습니다. 이 말씀은 천국 백성이 진리를 알고 말하는 데서 그치지 않고, 그 진리 곧 하나님의 뜻대로 행하는 자라는 사실을 가르쳐 줍니다. 즉, 기독교적인 것을 많이 알고 경험하여 거기에 익숙해져 있으면서도 정작 하나님의 뜻대로 행하지는 않는 거짓된 사람들은 스스로에 대한 착각과는 달리 비극적인 결론에 이를 수 있습니다.

우리는 이 문제를 회심과 관련해서 생각해 보아야 합니다. 자신의 구원을 확신하며 살던 자가 마지막에는 구원을 얻지 못한 것으로 드러나는 일이 얼마든지 있을 수 있기 때문입니다. 누군가로부터 초대받은 줄 알고 갔는데 자기 이름이 없어서 문전박대를 당한다고 생각해 보십시오. 작은 잔치 자리에서 그런 일을 경험하더라도 우리는 난감하고, 마음이 크게 상하게 될 것입니다. 하물며 그것이 장차 영원한 운명이 드러나는 때의 일이라면, 잠깐의 수치 정도가 아니라 영원한 멸망을 얻게 되는 일이라면 얼마나 충격을 받겠습니까?

그렇다면 과연 어떤 사람이 이렇게 거듭나지 않거나 회심하지 않았음에도, 스스로를 구원 얻은 사람으로 여기다가 마지막에 이러한 결론에 이르게 될까요? 그런 사람은 자신에 대해 확신할 정도의 무언가를 가진 자일 것입니다. 주께서 그 사람을 도무지 알지 못한다고 말씀하시지만, 그 사람은 이 땅에서 주님을 "주여 주여" 하고 불러 왔던 자였습니다.

로이드 존스(D. M. Lloyd Jones)는 그런 사람들의 상태를 '무의식적인 위선'이라고 지적하면서, 여기서 배워야 할 교훈은 자기기만의 위험성이라고 말했습니다.[1]

"도무지 알지 못한다"라는 말씀의 의미

예수님은 이런 위선과 자기기만에 대해 몇 가지 사실을 말씀해 주셨습니다. 먼저 그런 사람은 예수님을 "주여 주여" 하고 부르면서 그분과 자신이 좋은 관계에 있다고 생각합니다. 또한 주의 이름으로 선지자 노릇도 합니다. 즉 주의 이름으로 교회 안팎에서 다른 사람들을 가르치기도 했습니다. 오늘날로 말하면 사역자들, 교회 안에서 직분을 받은 리더나 교사와 같은 사람들이라고 할 수 있습니다. 심지어 그들은 주의 이름으로 귀신을 쫓아내며, 많은 권능을 행한 경험도 가지고 있습니다.

주님께서 모른다고 하실 자들도 주의 이름으로 권능을 행할 수 있습니다. 예를 들어 예수님이 제자들을 두 사람씩 보내셨을 때, 구원받지 못한 가룟 유다와 같은 사람도 돌아와 "주여 주의 이름이면 귀신들도 우리에게 항복하더이다"(눅 10:17)라고 보고하던 제자들 중에 있었습니다.

오늘날에도 많은 사람이 주의 이름으로 귀신을 쫓아내는 일을 하고 있습니다. 주님의 이름으로 선포하고 기도하며 많은 권능을 행합니다. 그리고 그런 '사역'에 익숙한 자들은 자신의 구원을 의심하지 않습니다. 그러나 주님은 그런 사람들도 도무지 알지 못한다고 하실 수 있습니다.

여기서 도무지 알지 못한다는 것은 그에 대해 아는 바가 전혀 없다는 말이 아닙니다. 그것은 그 사람과 친밀한 관계 속에 있었던 적이 없었다는 말입니다. 외적으로는 분명히 주님을 믿고 따르는 자로 보이고, 심지어 자신조차도 그런 자로 여기며 주님 앞에 섰지만, 정작 주님께서는 그가 예수 그리스도를 믿은 적이 없다고 말씀하십니다. 이것은 사실 충격적인 이야기입니다. 결국 이 사람의 결정적인 문제는 그가 이 땅에서 나름 신앙생활을 해 왔지만 회심한 적이 없다는 사실입니다.

이렇게 회심하지 않았음에도 자신을 그리스도의 사람으로 알고 신앙생활을 계속하는 일이 가능할까요? 그것도 주님 앞에 서서 당당하게 말할 정도로 말입니다. 성경은 여러 가지 비유를 통해서 거짓된 자가 한

동안 하나님의 백성들과 구분되지 않고 같이 있는 것을 다각적으로 보여 줍니다. 그러다가 비슷해 보이는 그 둘을 알곡과 가라지, 양과 염소로 구분하여 나누듯이 구원받은 자와 그렇지 않은 자를 나눈다고 말합니다. 성경이 심판은 밖으로부터가 아닌 교회로부터 시작된다고 말하는 것도 바로 그러한 이유 때문입니다.

우리는 이렇게 회심치 않고도 자신을 구원받은 자로 여기며 끝까지 가는 무의식적인 위선과 자기기만에서 돌이켜야 합니다. 그런 상태에서 회심하기를 구해야 합니다. 그저 진리를 알 뿐만 아니라, 그 진리대로 행하는 자가 되는 회심을 구해야 합니다.

앞에서 살펴보았듯이 회심은 지정의 전인격의 변화입니다. 어두워진 지성이 밝아져서 하나님의 말씀을 이해하게 되고, 굳어진 마음이 부드러워지며, 더러운 것을 욕심으로 행하던 의지가 변화되어 하나님께로 움직이는 것이 회심입니다. 달리 말하면, 회심한 자는 자기기만 속에 머물러 있을 수 없습니다. 회심한 자는 성령께서 그 사람을 자기기만 속에 방치하지 않으시고 말씀으로 그의 어둠을 밝히실 때, 거기서 돌이키는 반응을 갖게 되기 때문입니다. 하지만 주님께서 모른다고 하실 사람들은 그런 전인격의 변화나 성령 하나님의 역사와 인도를 알지 못합니다. 그들은 아무것도 모른 채 자신을 기만하며 끝까지 가는 것입니다.

중심의 차이

회심한 자와 자신을 기만하는 자는 존재와 신앙과 삶의 중심에서 차이가 있습니다. 특별히 히브리서 6장은 하늘의 은사를 맛보고, 성령에 참여하고, 하나님의 선한 말씀과 내세의 능력을 맛보고, 천국에 대한 소망을 가지고 있어도 참된 신자가 아닐 수 있음을 말합니다. 양쪽 모두 외형적으로는 비슷한 경험과 신앙생활을 하는 듯 보일 수 있습니다. 하지만 거기에는 분명히 근본적인 차이가 있습니다.

그것은 그 중심이 하나님이냐 자기 자신이냐의 차이입니다. 자신을 중심에 두고 사는 사람은 예수님이 말씀하신 "주여 주여" 하던 자들처럼 끝까지 스스로를 속이는 일이 가능합니다.

구원 얻은 사람들과 똑같이 교회 생활을 하더라도 자신의 존재와 신앙과 삶에 하나님과 예수 그리스도 대신 스스로 모든 것의 중심이 되는 것입니다.

우리는 이 대조적인 영적 상태를 함께 생각해 보아야 합니다. 교회 안에는 지정의 전인격이 하나님 중심으로 바뀌는 참된 회심을 경험하고 소유한 신자들이 있는 반면, 교회 안에 있으면서도 그런 회심 없이 여전히 자기 자신을 중심에 두고 신앙생활을 하는 부정적인 상태의 사람들도 있습니다. 우리는 전자뿐만 아니라 후자의 상태에 대해서도 알고 그에 대한 경각심을 가질 필요가 있습니다.

자기중심적 예배

교회 안에 있으면서도 회심치 않은 자의 가장 두드러진 특징은 소위 자기중심적인 신앙이라고 할 수 있습니다. 하나님에 대한 종교적인 참

여와 활동이 있지만, 그 모든 것에서 자기를 먼저 생각하는 것입니다. 자신의 원함이나 문제가 해결되는 것 등을 기준으로 예배와 봉사의 의미와 가치를 찾게 됩니다.

그래서 힘들고 바쁘면 예배는 그다음입니다. 신자의 신앙과 삶에 결정적이고 중대한 예배조차 하나님보다 항상 자신이 우선입니다. 예배를 드리는 중에도 예배 받기에 합당하신 하나님이 중심에 계신다는 사실을 의식하지 않습니다. 대신 자신이 예배의 자리에 나오기 위해 얼마나 희생했는지 또 자신이 원하는 것은 무엇인지를 주로 생각하면서 자신이 받을 위로에만 목적을 둡니다. 그야말로 자신이 중심에 있습니다.

헌상도 마찬가지입니다. 감사의 대상이신 하나님이 그 중심에 있는 것이 아니라, 헌상을 통해 자신이 받을 축복 등 그것의 중심에도 자신이 있습니다.

무엇보다도 하나님과의 관계 속에서 가장 중요한 말씀에 대한 반응에서도 자기중심성을 갖습니다. 그들은 하나님의 말씀을 들어도 자기에게 맞추어 주는 말씀에만 은혜를 받았다고 반응합니다. 심지어 하나님의 말씀을 자기에 맞추어서 듣습니다.

예를 들면 하나님께서 죄를 싫어하신다는 말씀을 들으면 "나는 이런 자이니까… 나는 이런 상태에 있으니까…."라면서 적당히 조절해서 듣습니다. 하나님께 헌신해야 한다는 말씀을 들으면 "나는 이런 조건에 있고, 이런 어려움이 있으니까…."라면서 계속해서 자기를 중심에 놓고 듣습니다. 그래서 하나님의 말씀과 교감이 안 됩니다.

어떤 사람은 "이 말씀은 누가 들었으면 좋겠어."라면서 자신에게는 적용하지 않습니다. 또 하나님의 말씀을 자기 연민 속에서 듣습니다. 하나님께서 은혜를 주셔서 우는 것이 아니라, 자기 연민으로 우는 것입니다.

또한 같은 말씀이 어떤 때는 감동이 되지만, 어떤 때는 자기를 판단하는 것으로 들려서 불편해하며 거부반응을 드러냅니다. 이 모습이 바로 자기중심적인 관계 속에서 말씀을 듣고, 자기 이익 차원에서 말씀을 듣는 것입니다. 처음에는 은혜롭다고 했던 말씀에 거부감을 드러내는 것은 모두 자신을 중심으로 듣기 때문에 생겨나는 현상들입니다. 그리고 이는 결코 우연한 현상들이 아닙니다. 우리가 그런 특성을 우연히 갖는 것이 아닙니다. 의식하지 않는다고 해도 자기중심적인 마음과 의지 속에서 갖게 됩니다.

그렇게 하나님의 말씀을 자기중심적으로 들으면 극단적으로는 자신이 하나님의 말씀을 판단하게 됩니다. 그리하여 어떤 말씀은 거절하고 피하면서 결국 말씀을 선별해서 듣고 수용합니다. 이는 하나님과의 관계를 자기중심적으로 맺고, 자신이 결정권자가 되어 믿고 싶은 대로 믿는 것입니다.

이처럼 자기중심적인 관계 속에서 하나님의 말씀을 듣는 사람은 말씀하시는 하나님을 보지 못하고 대신 사람을 자꾸 보게 됩니다. '저 사람이 나를 어떻게 생각하길래 나에게 이런 말을 하는 것인가? 저것은 나를 두고 말하는 것인가?' 등 그야말로 하나님의 말씀을 통해서 하나님이 아니라 말하는 사람과 다른 사람을 엮어서 생각합니다.

그러므로 자기중심적으로 하나님의 말씀을 듣는 자가 은혜를 받았다면, 그것은 말씀하시는 하나님과 그 말씀의 내용 자체에 의해서라기보다는 자기감정이 건드려져 자기 유익이 되었기 때문입니다. 그러나 그런 정도의 역사는 사탄도 할 수 있습니다. 아니 자기중심적 모습과 자아만족은 성령님과 상관없이 오히려 악한 영들에 의한 역사가 확실하다고 말할 수 있습니다. 그러므로 자기중심성에서 오는 어떤 감동, 소위 은혜라고 하는 것은 모두 거짓입니다. 성경은 말세의 현상 중 하나로 사람들이 자기중심성을 갖고 말씀을 듣는다고 말합니다.

"때가 이르리니 사람이 바른 교훈을 받지 아니하며 귀가 가려워서 자기의 사욕을 따를 스승을 많이 두고 또 그 귀를 진리에서 돌이켜 허탄한 이야기를 따르리라"(딤후 4:3-4).

이것이 바로 자기중심적인 관계 속에서 갖는 말씀에 대한 반응입니다. 그래서 그는 자신에 대해 끝까지 모를 수 있습니다.

또한 그러한 사람은 하나님의 말씀 곧 그분의 뜻을 좇아서 말하는 것이 아니라 온통 자기중심성을 드러내는 말을 합니다. "내가 힘든데⋯ 내가 원하는 것은 이것인데⋯."와 같이 하나님께 하는 말과 기도는 전부 자신을 알아 달라는 것뿐입니다. 그리고 그 사람이 하는 말도 모두 자신의 원함을 채워 달라는 것입니다.

그 사람에게 주님이 가르쳐 주신 기도 가운데 "하늘에 계신 우리 아버지여 이름이 거룩히 여김을 받으시오며 나라가 임하시오며 뜻이 하늘에서 이루어진 것 같이 땅에서도 이루어지이다"(마 6:9-10)와 같은 것은 크게 와닿는 기도가 아닙니다. 그 사람의 기도에는 온통 자기 자신과 자기가 원하는 것밖에 없습니다.

그러한 사람은 하나님을 신뢰하는 문제에서도 자기중심성을 드러냅니다. 다시 말해 자기에게 유익이 되고 도움이 되는 차원에서만 하나님을 신뢰합니다. 하나님을 신뢰하면서 열심을 내는 듯 보이지만 실은 모두 자기 때문에 그렇게 하는 것입니다. 그는 하나님이 얼마든지 우리의 삶 속에 고난을 주실 수 있다는 사실도 이해하지 못합니다. 이러한 하나님의 주권을 이해하지 못하면서도 그렇게 열심을 내는 모습을 신앙이라고 생각합니다.

그것은 본문의 결론이 말하듯 하나님의 뜻과는 상관이 없고, 오히려 불법을 행하는 것입니다. 주님은 자기중심적인 행위로 신앙생활 하는 것을 불법을 행한다고 말씀하십니다. 따라서 진실로 예수를 믿고 싶다면 자기중심적인 하나님과의 관계에 근본적인 변화가 있어야 함을 알고 그런 모습과 상태, 태도를 회개해야 합니다.

자기중심적 사역과 봉사

본문에서 말하는 거짓된 자의 두 번째 특징은 교회 생활과 사역에서도 자기중심성을 드러내는 것입니다. 그들은 "우리가 주의 이름으로 선지자 노릇 하며 주의 이름으로 귀신을 쫓아 내며 주의 이름으로 많은 권능을 행하지 아니하였나이까"(22절)라고 말하면서 자기 자신에 대해 확신합니다. 그러나 그들의 사역과 활동은 자기중심적인 동기와 방향성을 갖습니다.

이를 달리 말하면, 하나님의 말씀을 전하면서도 자기를 드러낸다는 것입니다. 겉으로는 선지자처럼 행하지만, 그 중심은 자기를 드러내는 것에 있습니다. 하나님의 말씀을 가르치면서도 얼마든지 자기를 생각하고 자기를 드러내는 일을 무의식적으로 할 수 있습니다. 어떤 사람은 설교에서 또 어떤 사람은 교사로서 사람들을 가르치면서 자신을 드러낼 수 있습니다. 때로는 누구를 비판하면서 은근히 자신의 탁월함을 드러내고, 자신의 수고와 열심을 자기도 모르게 드러냅니다. 어떤 사람은 아예 자기를 의식하면서 말하고 가르치기도 합니다. 그렇게 모든 사역의 중심에 자기 자신을 둡니다.

그들은 또한 교회 안팎의 모든 활동에서도 자기를 중심에 둡니다. 누군가를 돕고 섬기고 전도하고 구제하면서도 자신을 드러냅니다. 그렇게 자신이 드러날 때 더욱 힘을 얻고 열심을 냅니다. 그래서 이러한 모습이 끝까지 갑니다. 누군가를 섬길 수 있는 조건을 주시고, 이를 은밀히 보시는 하나님을 생각하면서 힘을 얻는 것이 아니라, 자기가 드러나는 데서 힘을 얻습니다. 회심한 자에게는 하나님의 아심과 하나님이 기뻐하실 것과 그분의 영광이 중심이 되지만, 자기중심적으로 교회 생활하는 자는 자기를 드러내면서 봉사하게 됩니다. 어떤 사람은 자신도 의식하지 못할 정도로 그런 모습이 몸에 배어 있습니다.

교제할 때도 마찬가지입니다. 그들은 성령에 이끌려서 교회의 지체가 되었다는 의식을 갖고 행하지 않습니다. 또한 상대의 조건에 상관없이 남을 나보다 낫게 여기거나 자신을 희생하는 사랑으로 교제하고 하나가 되려고 힘쓰지 않습니다. 대신 자신을 위한 교제를 원하기 때문에 자기에 대한 두드러진 관심이 없으면 적극성을 띠지 않고 불만족합니다.

더욱이 자기에 대해서는 좋은 말이 아닌 것은 잘 용납하지 못합니다. 다른 사람이 자기에게 하는 말에 예민하게 반응하면서 자기를 위하는 말이나 태도만을 원합니다. 뜻하지 않게 남이 자기를 섭섭하게 하면 용납하지 못하고 분노하며 앙갚음하기도 합니다. 이런 사람들은 지체 관계 속에서 다른 사람을 나보다 낫게 여기며 사랑함으로써 갖는 자유를 모릅니다. 오히려 남이 자신에 대해 말하는 것을 의식하면서 염려와 두려움 속에서 살아갑니다.

그들은 그리스도 안에서 옛사람이 죽은 적이 없기 때문에 참된 자유가 없습니다. 오히려 그런 자신을 스스로 보호하려고 애쓰기 때문에 다른 사람과의 교제는커녕 오히려 다른 사람을 상하게 합니다.

특별히 자기중심적인 교제를 하는 이들에게 사랑은 그야말로 피상적인 것입니다. 그들은 누군가 자신에게 잘해 주는 것을 사랑으로 여깁니다. 자신에게 잘해 주지 않는 사람은 사랑이 없는 사람이고, 그런 교회는 사랑이 없는 교회로 여깁니다. 자기를 중심에 두니까 모든 것이 불평스럽게 느껴지고 자기 밖에 있는 사람들은 모두 사랑이 없는 것으로 봅니다. 그들에게는 자기를 채워 주기를 바라는 사랑의 기대치만 있을 뿐, 자신을 희생하는 일은 없기 때문에 계속 사랑이 없다고 생각합니다.

그러나 회심한 자는 사랑으로 서로 용납하며 하나 됨을 지킵니다(엡 4:2-3). 그 모습이 비록 완전하지는 않아도 사랑하기 위해 자신을 희생합니다. 그래서 사랑이 없다는 말은 회심한 사람, 곧 자기를 희생하며 사랑하는 사람의 입에서 나오는 말이 아니라, 자기중심적인 교회 생활을 하는 사람의 입에서 주로 나옵니다. 심지어 설교까지도 자기를 위로해 주지 않으면 사랑이 없다고 생각합니다. 결국 그들이 말하는 사랑은 성경이 말하는 사랑이 아닌 다른 사랑입니다. 그래서 그들을 만족스럽게 하는 것은 사실상 불가능합니다.

그들은 자기 말을 들어주는 사람 안에서만 사랑을 느끼며 그들과 교제하기 때문입니다. 그것은 자기중심적인 사랑이요, 이기적인 사랑, 잘못된 사랑입니다.

그들은 또한 자신과 교회와의 관계도 그릇되게 생각합니다. 자신을 교회의 한 지체로서 보는 것이 아니라, 오히려 교회가 자신을 위해 있다고 생각합니다. 그러다 보니 교회가 자신을 위하지 않는다는 생각이 들면 교회 생활도 매력을 못 느낍니다. 그렇게 교회와의 관계 또한 자기중심적으로 생각하며 교회를 쉽게 생각합니다.

물론 회심한 사람들도 자기중심적으로 교회 생활을 할 때가 있고 또 그 유혹을 받아 잘못을 범할 수 있습니다. 그러나 그들은 그것을 회개할 내용으로 보고 돌이킴으로 마냥 지속하지는 않습니다. 그러나 본문과 같은 사람은 주님과의 관계뿐만 아니라 교회 생활과 사역의 중심이 근본적으로 자기 자신에게 있다는 점에서 차이가 있습니다.

자신이 주권자가 됨

자기를 중심에 두고 신앙생활을 하는 사람에게서 볼 수 있는 또 다른 특징은 자기 자신에 대한 하나님의 주권을 인정치 않고, 자기 자신이 주권자로 행사한다는 것입니다. 본문에서 예수님이 그들에 대해 "불법을 행하는 자"(23절)라고 말씀하신 것은 자신이 주권자가 되어 모든 것을 행하였음을 시사합니다. 그들에게 주권자가 되시는 하나님의 뜻대로 행한 것에는 아는 바가 없다는 말입니다.

실제로 자기를 중심에 두고 신앙생활을 하는 사람은 자연스럽게, 아니 당연히 자신이 주권자가 되어 모든 것을 행합니다. 하나님의 뜻대로 행하는 것은 불가능합니다. 모든 것의 최종 결정권자는 바로 자기 자신이기 때문입니다. 설사 그 사람이 하나님의 뜻을 운운할지라도 그 기저에는 결국 자기가 있습니다. 이렇게 되면 그 사람은 교회 안에 몸담고 있으면서 외적으로는 교회 생활을 잘한다 해도 실제로는 자기를 건드릴 사람이 없게 됩니다. 하나님의 말씀이든 지체와의 관계든 교회 내의 모든 활동과 봉사든 또 교회 밖의 활동이든, 자기가 싫으면 거절하고 좋으면 수용합니다. 이 모든 것에서 자기가 주권자로 행사합니다.

그러나 회심한 자는 하나님이 주권자가 되십니다. 예배나 섬김의 모든 활동에서 주권자는 더 이상 자신이 아닙니다. 우리가 더 이상 우리 자신의 것이 아닌 그리스도의 피 값으로 산 것이라는 말씀이(고전 6:19-20) 회심한 자에게는 실제 사실로 드러납니다.

지금까지 말한 바와 같이 그들은 자신을 모든 것의 중심에 두고, 자기가 주권자가 되어 자기 뜻대로 행하였기 때문에, 나름 긍정적으로 보이는 모습을 갖고 있었음에도 불구하고 예수님은 최후에 그들에게 "내가 너희를 도무지 알지 못하니 불법을 행하는 자들아 내게서 떠나가라"(23절)고 말씀하셨습니다.

자기를 부인하고 그리스도를 따르는 돌이킴

성경은 예수를 믿고 따르는 자가 되는 것, 곧 회심한 자를 말할 때 자기를 부인하라고 말합니다.

"누구든지 나를 따라오려거든 자기를 부인하고 자기 십자가를 지고 나를 따를 것이니라"(마 16:24).

이는 처음 예수를 믿을 때, 다시 말해 회심할 때부터 요구되는 말씀이요, 그리스도인이 된 후에도 적극적으로 우리의 삶에 적용되어야 하는 말씀입니다. 사도 바울이 그리스도를 자랑하는 적극적인 내용을 말하기 전에 먼저 내 육체를 자랑하지 않는다고 말한 것 역시 이와 같은 신앙을 보여 줍니다(빌 3:3). 신자의 삶에는 이렇게 그리스도를 자랑함과 동시에 자신을 부인하는 일이 계속해서 있어야 합니다.

성경은 예수 믿는 자를 교회를 열심히 다니고, 누군가를 가르치며, 대단한 봉사와 사역을 하는 것 자체를 가지고 말하지 않습니다. 오히려 '나'라는 옛사람이 십자가에 못 박혀 죽은 자로 말하고 있습니다.

"내가 그리스도와 함께 십자가에 못 박혔나니 그런즉 이제는 내가 사는 것이 아니요 오직 내 안에 그리스도께서 사시는 것이라…"(갈 2:20).

이것이 바로 성경이 말하는 신자의 모습입니다. 코르넬리스 프롱크는 구원을 예수 그리스도를 믿고 죄와 자아에서 돌이키게 되는 것으로 말했습니다.[21] 따라서 자기를 중심에 둔 채 교회 안에서 모든 것을 하는 사람은 사실상 회심치 않은 자일 뿐만 아니라, 그 상태로 나아갈 때 그의 마지막은 본문처럼 주님께서 모른다고 하시는 결론에 이르게 됩니다.

여러분은 어떻습니까? 하나님과의 관계에서나 교회 생활과 모든 활동에서 여러분 자신이 아닌 하나님이 중심이 되고 계십니까? 더 나아가 여러분 자신의 삶의 주권자 또한 더 이상 여러분 자신이 아닌 하나님이십니까? 여러분에게는 이러한 변화가 선명하게 있습니까? 하나님의 뜻대로, 그분의 원하심을 따라 사는, 중심의 변화가 생겼느냐는 것입니다.

하나님께서 주시는 중심의 변화

나름대로 "주여 주여" 하며 종교 생활을 하면서도 중심의 변화 없이 여전히 자신이 모든 것의 중심이 되는 위선적인 상태를 경계하십시오. 그런 상태에 머물러 있지 않도록 하십시오.

아직 예수를 믿지 않는 교회 밖에 있는 자들은 차치하고, 교회 안에 있는 소위 신자들부터 그런 상태에서 돌이켜야 합니다. 물론 이런 자기중심성은 쉽게 분별되지 않습니다. 그렇기 때문에 우리는 진지하게 나의 존재와 신앙과 삶의 중심이 누구인지를 물어야 합니다. 예수를 모르고 자신의 영원한 운명이 어떻게 될지에 대해 관심조차 없는 사람이라면 모르지만, 이 세상에서 잠시 살다 자신이 처해야만 하는 하나님의 최종적인 심판이 있음을 알고 구원 얻기를 원하는 사람이라면 이 질문에 대해 확고한 답을 가져야만 합니다.

아직 살아 있을 때 이 문제에 대해 생각하십시오. 외적으로 어떤 역할, 어떤 직분을 맡고 있는지보다, 이 문제가 더욱 중요합니다. 혹시 자신에게서 자기중심적인 삶과 종교 생활을 발견하게 된다면 그가 취할 길은 하나입니다.

자기를 중심에 둔 모든 삶, 지금까지 불법을 행하며 살아온 그 모든 것이 죄임을 알고, 회개하며 그 상태로부터 돌이키는 것입니다. 구원 얻기를 하나님께 구하는 것입니다. 자신 안에서 중심의 변화가 있기까지, 그리고 어두워진 총명이 밝아지고, 단단한 마음이 하나님을 향하여 부드러워지며, 죄짓던 삶에서 의지의 변화가 있기까지 부지런히 하나님의 말씀 곧 복음의 메시지를 붙들고 은혜를 구하십시오. 그때 하나님께서 이러한 중심의 변화를 일으키십니다.

이러한 변화는 인간이 결코 스스로 만들어 낼 수 없습니다. 이것은 하나님이 하시는 일입니다. 하나님은 말씀을 통해 주권적으로 우리를 돌이키게 하십니다. 우리가 정한 기간 안에 하시는 것이 아니라 하나님의 때에 하나님께서 주권적으로 하십니다. 하나님은 진실로 구원을 원하는 자들의 중심을 그분의 말씀을 통해 변화시키십니다.

어두워진 우리의 총명을 밝게 하심으로 도무지 이해하지 못했던 하나님의 말씀을 이해하게 되고, 하나님께 거부반응이 컸던 마음에는 그 말씀을 기꺼이 받아들이는 변화가 있게 되며, 그리하여 옛 생활에서 돌이키는 전인격의 변화가 있게 됩니다. 그러므로 조금도 의심하지 말고 그러한 하나님의 역사를 믿고 은혜를 구하며 진심으로 그분의 말씀에 귀 기울이십시오.

인간의 최후는 이러한 중심의 변화 여부에 따라서 완전히 달라지게 됩니다. 그러니 교회 안에서의 많은 활동과 경력, 나름의 체험에 만족해서는 안 됩니다. 중요한 것은 주님께서 우리의 중심에 변화가 있게 하시는 것입니다. 자기중심적인 존재와 삶에서 하나님 중심적인 존재와 삶으로의 변화가 반드시 있어야만 합니다. 그것이 바로 구원이요, 회심입니다. 그리고 그렇게 변화된 사람만이 하나님 아버지의 뜻대로 행할 수 있습니다.

혹시 예수를 믿는다고 말하면서도 지금까지 말한 바와 같은 자기중심성을 일시적으로라도 갖고 행하는 사람이 있다면 속히 회개해야 합니다. 그 사람은 잠깐이지만 불법을 행하고 있는 것입니다. 본문과 같은 주님의 엄중한 말씀, 우리가 듣기에 다소 충격적인 말씀이 우리 앞에 곧 닥치게 됩니다. 나이를 불문하고 누구도 예상치 못한 때에 우리는 그 자리에 서게 될 것입니다. 그때 주님은 우리를 아신다고 말씀하시며 "착하고 충성된 종아"(마 25:21)라고 받아 주시거나 또는 "내가 너희를 도무지 알지 못하니"(마 7:23)라고 하실 수도 있습니다. 그러한 차이는 다름 아닌 회심한 자로서 하나님 중심으로 또 그분의 뜻을 따라 행하느냐, 아니면 자기중심적으로 교회 생활을 하느냐의 차이입니다.

우리에게는 분명히 중심에 변화가 생겨 회심하게 된 내용을 가지고 하나님의 뜻대로 행하는 모습이 있어야 합니다. 그 사람이 바로 신자요, 구원 얻은 자이며, 주께서 장차 받아들일 자입니다.

물론 이런 내용을 믿지 못하고 받아들이지 못하겠다고 말하는 사람이 있을 수 있습니다. 하지만 이는 똑똑한 행동이 아닙니다. 어두워진 총명과 굳은 마음으로 고집을 부리는 것일 뿐입니다. 그것은 나면서부터 하나님을 싫어하는 모습을 가지고 있기 때문입니다. 그러나 주께서 어두운 총명을 밝히시고 구원의 은혜를 주시면 여태까지 가장 싫어했던 예수가 가장 사랑하고 싶은 분으로 바뀌게 됩니다. 그러니 부디 회심하여 하나님의 뜻대로 행하는 삶을 살다가 주님 앞에 서기를 구하십시오.

어떤 조건에 있든 우리는 본문과 같은 길을 가서는 안 됩니다. 자기를 중심에 두고 하나님과 관계를 맺거나 교회 생활을 하며, 자기 주도적인 삶을 살아서는 안 된다는 것입니다. 그것은 기독교에서 말하는 신자의 모습이 아니며, 천국 백성의 모습도 아닙니다. 정녕 천국 백성으로 이 땅을 살다가 주님 앞에 가기를 소원한다면, 예수 그리스도를 자신의 구원주로 믿어 중심에 분명한 변화가 있는 모습으로 신앙생활을 하다가 주님 앞에 서기를 구해야 합니다. 오늘날 교회가 복음을 어떻게 말하든 이는 변하지 않는 사실입니다.

우리는 마지막까지 무의식적인 자기기만에 빠질 수 있습니다. 그렇기 때문에 경성하고 중심의 변화가 있어야 합니다. 그것을 구하십시오. 부디 주께서 여러분에게 참된 신자의 모습, 구원을 소유한 자의 모습을 갖게 해 주시기를 소망합니다.

13장
핵심
요약

- 자신은 회심하지 않았음에도 스스로를 구원받은 자로 여기는 자는 무의식적인 위선과 자기기만의 위험성에 빠져 있는 것이다.

- 회심한 자는 자기기만 속에 머물러 있을 수 없다. 왜냐하면 성령께서 그의 어둠을 밝히실 때, 그는 거기서 돌이키는 반응을 갖게 되기 때문이다.

- 회심한 자와 자신을 기만하는 자의 차이는 그 중심이 하나님이냐 자신이냐 하는 것이다. 교회 안에 있으면서도 회심치 않은 자의 특징은 다음과 같다.
    - 예배와 헌상, 말씀에 반응할 때 자기중심적인 태도를 갖는다.
    - 교회 생활과 사역에서도 자기중심성을 드러낸다.
    - 하나님의 주권을 인정하지 않고, 자기 자신이 주권자로 행사한다.

- 이러한 자기중심적인 삶과 종교 생활이 모두 죄임을 알고 회개하여 하나님이 주시는 중심의 변화를 구하라.

14장

하나님이 중심이 되신다

[21] 나더러 주여 주여 하는 자마다 다 천국에 들어갈 것이 아니요 다만 하늘에 계신 내 아버지의 뜻대로 행하는 자라야 들어가리라 [22] 그 날에 많은 사람이 나더러 이르되 주여 주여 우리가 주의 이름으로 선지자 노릇 하며 주의 이름으로 귀신을 쫓아 내며 주의 이름으로 많은 권능을 행하지 아니하였나이까 하리니 [23] 그 때에 내가 그들에게 밝히 말하되 내가 너희를 도무지 알지 못하니 불법을 행하는 자들아 내게서 떠나가라 하리라 _ 마 7:21-23

"그 날"까지 이를 수 있는 치명적인 문제

앞장에서 살펴보았듯이, 진정한 기독교 신앙은 외적으로 화려한 능력을 과시하는 데 있지 않습니다. 오직 변화된 중심으로 하나님과의 인격적인 관계 속에서 그분의 뜻과 말씀을 따르는 것이 참된 신앙입니다.

주님은 그 진정성이 "그 날"(22절) 드러나게 되리라 말씀하십니다. 여기서 "그 날"은 앞으로 있을 심판을 경고할 때 흔히 사용하던 구약의 표현입니다. 주님께서는 "그 날", "내가 너희를 도무지 알지 못하니"(23절)라고 하시기 전까지 자신의 구원에 대한 나름의 확신을 가지고 신앙생활을 하며, 그에 따른 종교적인 사역을 감당하는 사람들이 있으리라고 말씀하신 것입니다.

그러나 그와 함께 예수님은 그 날이 이르기 전에도, 이 땅에서부터 참된 신자와 거짓된 신자 사이의 차이가 드러난다는 사실을 가르쳐 주십니다. 참된 신자들은 하나님의 뜻대로 행하지만, 거짓된 신자들은 외적으로 화려한 신앙의 모습은 갖고 있을지언정 결국 불법을 행한다는 것입니다. 좋은 나무는 좋은 열매로 알리라는 말씀이 그것입니다(마 7:17).

우리는 이 땅에서부터 우리가 가진 것을 드러내게 되어 있습니다. 그래서 가진 것이 없는데도 뭔가를 드러내려면 위선할 수밖에 없습니다. 거짓된 사람은 하나님의 뜻대로 살 이유와 근거, 그 중심을 가지고 있지 않습니다. 예수 그리스도를 믿어 어두워진 총명이 밝아지고, 굳은 마음이 부드러워지며, 더러운 옛 생활에서 돌이켜 예수 그리스도를 소유하는 변화가 없었던 것입니다. 앞장에서 우리는 그들이 자기중심성으로부터 돌이키지 못한 상태라는 내용을 다루었습니다.

서로 다른 '해석'

이번 장에서는 거기에 덧붙여 그러한 모습과 행동을 어떻게 "그 날"까지 지속할 수 있을지에 대해 나누도록 하겠습니다.

우리는 로봇이나 기계가 아니기 때문에 저마다 다른 시각으로 현실을 해석하며 행동합니다. 교회 안에 있는 사람들 중에도 회심한 사람과 회심하지 않은 사람, 변화된 사람과 변화되지 않은 사람 사이에는 분명한 차이가 있습니다. 특히 회심하여 하나님을 중심에 두고 사는 자들과 그 것 없이 자기중심성을 가지고 사는 자들은 만사를 보는 시선이 다릅니다. 자신이 본 것에 대한 해석이 다르다는 말입니다. 그래서 마지막까지 자신이 해석한 바에 따라 행동합니다. 자신의 행위가 불법인 줄 모르고 끝까지 가는 것입니다.

물론 회심한 자도 일시적으로 자기중심성에 빠질 수 있습니다. 진실한 신자도 일시적으로 자기중심적인 눈으로 현실을 해석하고 행동하는 실수를 범합니다. 그러나 그는 근본적으로 변화되지 않은 중심을 가지고 지속적으로 그것을 드러내는 사람들과는 다릅니다. 하나님을 중심에 두는 사람들과 자기 자신을 중심에 두는 사람들 사이에는 선명한 차이가 있습니다.

예를 들어 민수기 13장에서 가나안 땅을 정탐하고 온 열 명의 정탐꾼과 여호수아와 갈렙이 가졌던 시각을 보십시오. 여호수아와 갈렙은 끝까지 하나님 중심성을 견지했습니다. 그들도 열 명의 정탐꾼이 본 것과 같은 어려운 현실을 보았지만, 그들의 중심은 하나님이었습니다.

반면 나머지 열 명의 정탐꾼과 그들에게 동조한 사람들은 모두 자신을 중심에 두었습니다.

"우리가 애굽 땅에서 죽었거나 이 광야에서 죽었으면 좋았을 것을 어찌하여 여호와가 우리를 그 땅으로 인도하여 칼에 쓰러지게 하려 하는가 우리 처자가 사로잡히리니 애굽으로 돌아가는 것이 낫지 아니하랴"(민 14:2-3).

이처럼 그들은 오직 자신의 안녕에만 관심을 두고 과거를 연민하면서 모든 것을 자기중심적으로 해석하며 행동했습니다.

다윗과 사울도 보십시오. 그 중심의 차이가 각각의 삶에서 어떻게 나타났는지를 말입니다. 사울도 다윗처럼 하나님을 믿는 제사를 드리고, 종교적인 모습을 가지고 있었습니다. 그러나 사울은 결국 성경에서 악인으로 표현됩니다. 두 사람은 매사를 보는 시각과 그에 대한 해석 그리고 행동에서 자기중심성과 하나님 중심성의 차이를 그대로 드러냅니다.

좀처럼 바뀌지 않는 자기중심성

중요한 것은 이러한 시각과 해석의 차이가 각 사람이 계속해서 나아가는 자신의 삶의 길을 크게 좌우한다는 사실입니다. 주님께서 도무지 알지 못한다고 하실 그 사람이 "주여 주여" 하면서도 끝까지 자신을 기만하며 거짓된 길을 가는 데에는 바로 그러한 배경이 있습니다. 반면 하나님의 뜻대로 행하는 사람은 하나님 중심성을 가질 수밖에 없습니다. 그 사람은 그리스도를 소유한 자로서 그 안에 성령 하나님의 역사가 있기 때문입니다.

진실한 믿음 없이 "주여 주여" 하던 그 사람도 만일 삶의 어느 시점에 자신의 모든 행위와 상황을 하나님 중심적으로 볼 수 있었다면, 그 역시 회개했을 것입니다. 하지만 문제는 끝까지 자신을 속일 만큼 철저히 모든 것을 자기중심적으로 보고 해석하는 것입니다. 하나님과의 관계 속에서 드려야 할 예배와 기도, 말씀을 듣는 데서부터 다른 사람과의 관계에서까지 모든 것을 자기중심적으로 보고 해석하면서 끝까지 가 버렸습니다.

이는 이상한 일이 아닙니다. 구약의 여러 선지서를 보면 거짓 선지자들이 참 선지자들보다 더 확신 있게 말하는 모습을 볼 수 있습니다. 특별히 예레미야서에서 거짓 선지자들은 예레미야를 오히려 거짓된 사람이라고 공격하면서 더 확신 있게 말합니다. 그것은 오늘날에도 신천지와 같은 이단들을 비롯한 그릇된 신앙을 가진 이들에게서 반복되고 있는 모습입니다.

무엇이 거짓 선지자들로 하여금 그런 확신을 갖게 할까요? 여러 가지로 설명할 수 있지만, 기본적인 문제는 그들이 자신과 자신의 행위뿐만 아니라 하나님과 그분과의 관계 속에 있는 하나님의 말씀까지도 자기중심적으로 해석한다는 것입니다.

"…그들은 너희에게 헛된 것을 가르치나니 그들이 말한 묵시는 자기 마음으로 말미암은 것이요 여호와의 입에서 나온 것이 아니니라"(렘 23:16).

결국 그들의 말은 모두 자기중심성에서 나왔습니다. 그들에게 중요한 것은 하나님과 그분의 뜻이 아니라 바로 자기 자신이었기 때문입니다. 그래서 그들은 하나님의 말씀까지도 자기중심적으로 말하고 해석한 것입니다. 평안을 말해서는 안 되는 상황임에도 평안을 말하면서 "여호와의 말씀이니라"(렘 23:17)고 덧붙이기까지 하였습니다. 그들은 하나님께서 말씀하신 바를 믿는 것이 아니라 자신들이 믿고 싶은 대로 믿었습니다. 그렇게 하나님의 말씀을 갖다 붙여 가면서 말입니다. 바로 그것이 거짓된 자가 현재 자신의 잘못된 길을 지속하게 하는 힘이었습니다.

이처럼 모든 것을 자기중심적으로 보고 해석하면, 현재 자신의 행위와 자신이 가고 있는 길은 아무런 문제가 없어 보입니다. 그리하여 계속해서 자신을 기만하게 됩니다. 자신을 하나님의 말씀에 비추어 객관적으로 보는 대신, 자기를 위하고 정당화하는 쪽으로 만사를 보고 해석하면서 계속 그 길을 가는 것입니다.

무엇을 중심으로 보고 해석하고 있는가

우리가 놓치지 말아야 할 것은 "그 날"에 맞이할 결론입니다. 기독교는 언제나 결론을 가지고 말합니다(신 18:22). 이 세상이 아무리 뭐라고 떠들고 군왕들이 하나님이 없다고 말해도, 성경은 인류 역사의 마지막에 모든 것이 드러나리라고 말합니다.

우리는 모든 것을 그 결론에 비추어 생각해 보아야 합니다. 그 결론을 의식하며 자신이 신앙생활을 하면서 접하는 모든 것, 곧 하나님을 예배하는 데서부터 그의 말씀을 듣는 것, 봉사와 수고, 다른 사람과의 교제 속에서 주고받는 말과 행동 등을 어떤 시각으로 해석하며 행하고 있는지 생각해 보아야 합니다.

예를 들어 누군가 자신에게 한 말을 하나님의 말씀에 비추어 해석하는가, 아니면 내 기분과 내 중심적으로 판단해서 반응하는가, 아니면 하나님의 말씀이 내 자존심을 상하게 했기 때문에 자기를 방어하고 연민하면서 그 말씀을 거부하는가, 아니면 하나님의 말씀에 자신을 승복시키며 그 말씀을 수용하는가 하는 것입니다.

하나님을 중심에 둔 자는 하나님의 말씀에 자신을 계속해서 비추기 때문에 거짓된 것을 지속하지 않습니다. 그러나 자신을 중심에 둔 사람은 계속 자기중심적으로 해석하며 그 길을 지속합니다. 예수님의 제자들 중 가룟 유다가 그러했습니다. 예수님께서 제자들에게 "너희 중의 한 사람이 나를 팔리라"(마 26:21)고 말씀하셨을 때, 그는 자신이 가던 길에서 돌이키지 않았습니다. 이처럼 거짓된 자는 자기 길을 고집합니다.

그러나 다른 제자들은 자신에게 근거를 두지 않았고, 또 그것이 주님의 말씀이었기 때문에 자신들은 주님을 팔 생각이 없음에도 불구하고 "주여 내니이까"[1]라고 물었습니다. 이처럼 자신이 아닌 하나님을 중심에 둔 자는 자신에 대해 묻고 살피는 반응을 보입니다.

지금까지 자신의 모습을 한번 보십시오. 예배와 말씀, 기도뿐만 아니라 다른 사람과의 관계 속에 있는 모든 것을 어떤 시각으로 해석하며 행하고 있습니까? 여호수아와 갈렙처럼 모든 것을 하나님의 시각으로 보고 해석하면서 행동으로 나아갑니까? 그들은 자신의 생각과 욕구 차원에서 모든 것을 본 것이 아니라 약속하신 하나님의 시각으로 그분의 말씀에 근거해서 상황을 보고 확신하며 약속의 땅으로 나아갔습니다.

그러나 자기중심적으로 보고 해석한 열 명의 정탐꾼과 이스라엘 백성은 감히 장대한 아낙 자손을 어떻게 이길 수 있느냐며 원망과 불평을 쏟아 내었습니다. 이처럼 자기중심적으로 볼 때 만사가 달리 보입니다. 그래서 자기중심적인 사람은 원망과 불평이 잦을 수밖에 없습니다.

사탄의 간계와 성령의 조명

사탄은 우리에게 자기중심적인 시각과 해석을 조장합니다. 그러한 시각과 해석을 계속해서 갖도록 모든 사람 안에서 역사할 뿐만 아니라, 심지어 그리스도인에게도 그것을 조장하고 미혹합니다. 그러한 사탄의 궤계에 빠지면 하나님에 의해서 인도된 자신의 지난날까지도 아무것도 아닌 듯 보게 됩니다. 어떤 사람은 그렇게 재해석하면서 현재 자신의 자기중심적인 선택과 행동을 정당화하려는 유혹을 받기도 합니다.

그런데 그러한 일이 회심치 않은 자에게는 일상적으로 지속됩니다. 에베소서 2장 말씀처럼 예수를 모르는 자는 자신의 존재 가치를 공중 권세 잡은 자를 따라가는 것 속에서 갖습니다.

회심하지 않은 사람은 교회에 나와 어떤 감동을 받아도 나중에는 아무것도 아닌 것으로 정리해 버립니다. 그들은 그때에 마음이 힘들어서 그랬던 것으로 여기고 주님을 믿을 수 있는 기회를 하찮게 여깁니다. 이렇게 사탄은 자신의 권세 아래에서 하나님께로 나아가려는 발걸음을 방해합니다. 그러한 일들이 처음 예수를 믿으려고 할 때 흔히 있습니다.

이 일은 심지어 신자들에게도 있습니다. 처음에 은혜를 받고 그로 인해 지금까지 이 길을 따라왔음에도 현재 자신의 감정이 좋지 않거나 자신의 결정을 정당화하기 위해 과거의 모든 것을 재해석하려는 유혹을 받습니다. 다시 말해 그때의 경험이 하나님의 은혜를 받은 것이 아니었다고 해석하는 것입니다. 이것이 바로 악한 영의 역사입니다.

그러나 하나님은 그런 해석의 유혹과 위험을 아시고 자신이 행하신 것을 계속 기억하라고 말씀하십니다. 예를 들어 하나님은 이스라엘 백성들을 출애굽 시키실 때 그들을 어떻게 인도해 내셨는지를 반복해서 말씀하시면서, 잊지 말고 기억하라고 하시며 그런 해석을 용납하지 않으셨습니다. 그러므로 우리가 하나님이 베푸신 은혜에 대한 재해석과 왜곡된 해석을 하게 함으로써 넘어지게 하는 것은 오직 마귀의 역사입니다. 그러한 마귀의 역사를 에베소서 6장 11절은 "마귀의 간계"로 설명합니다.

그러므로 만일 현재 자기중심적인 감정과 상황과 행동을 정당화하기 위해 지난날 자신에게 나타내신 하나님의 수많은 은혜로운 역사를 재해석하고 있다면, 그것이 바로 사탄의 간계인 줄 아십시오. 성령 하나님이 이스라엘 백성에게 과거를 회고시키면서 하나님께서 그들의 삶 가운데 계시면서 어떻게 행하셨는지를 잊지 말라고 반복해서 증거하셨음을 잊지 마십시오. 성령 하나님은 사탄의 재해석과 달리 우리의 삶 가운데 계신 하나님의 분명한 섭리를 보게 하심으로 역사하십니다.

그런데 만일 사탄의 재해석을 따르면 우리는 모든 것이 거기서 거기고, 심지어 하나님의 말씀까지도 똑같아 보이는 시험에 빠지게 됩니다. 그 말씀이 그 말씀 같고, 현재 자신의 감정과 상황, 원함 등 그야말로 오직 '나'만 남게 됩니다. 이것이 바로 사탄이 이끄는 결론입니다.

만일 자신이 잠시라도 그런 거짓된 간계에 빠진다면, 그 시험을 작게 여기지 마십시오. 하나님의 자비로우심과 은혜로우심은 안 보이고, 자신의 공로와 자신이 행한 것, 그야말로 자기 자신만 보이는 시험은 결코 가벼운 것이 아닙니다.

다른 사람과의 관계도 마찬가지입니다. 마귀의 간계에 빠지면 자기 말에 동조하며 함께한 사람들만 보이고, 하나님과 그분의 말씀 그리고 그 말씀으로 바르게 권하고 인도하는 사람들이 안 보입니다.

하나님께서 허락하신 보배를 지키라

물론 회심치 않은 자, 본문에 나오는 거짓된 자에게는 아무런 문제가 없겠지만, 진실한 그리스도인에게 그런 모습은 심각한 문제입니다. 하나님께 죄를 범하고, 배은망덕한 길로 나아가는 것입니다. 따라서 우리는 이러한 사탄의 간계에 빠져서 모든 것을 자기중심적으로 보고 해석하는 어리석음에 잠시라도 빠져서는 안 됩니다.

항상 하나님의 뜻, 곧 그분의 말씀에 비추어 우리 자신과 우리의 행위와 우리의 삶 전반을 해석하여 거기에 따라 반응해야 합니다. 그것이 회심한 자의 모습입니다. 필요하다면 말씀에 비추어 교훈과 책망을 받고 바르게 교정되어 온전한 자로 서야 합니다.

참된 그리스도인에게 하나님의 뜻, 곧 그의 말씀은 우리의 존재와 신앙과 삶의 기준입니다. 아니 결정적인 것입니다. 그래서 회심한 자에게 하나님의 뜻을 무시하며 사는 것이 결코 허용되어서는 안 됩니다. 그 사람은 항상 하나님의 말씀에 비추어 사는 가운데 자신의 죄악 됨을 고치고, 계속해서 자기를 부인하며, 하나님께서 기뻐하시는 것을 추구하며 행해야 합니다.

분명히 참된 신자에게도 자신의 감정과 생각이 있습니다. 하지만 그 사람에게 더 중요하고 결정적인 것은 하나님의 뜻과 그분의 말씀입니다. 그러므로 그 사람은 하나님의 말씀을 두고 그 말씀이 그 말씀이라고 생각하지 않습니다. 아니 못합니다.

참된 신자에게 하나님의 말씀은 단순한 정보가 아닙니다. 그것은 하나님과 복된 관계를 맺고 유지시켜 줄 뿐만 아니라, 그렇게 하는 가운데 우리 영혼을 소생시키며 부요하게 하는 생명의 양식입니다. 그것은 우리의 지식을 좀 더 낫게 하거나 교양의 수준을 높여 주는 정도가 아니라, 나의 존재를 움직이는 것입니다.

여러분은 자신 안에 하나님의 뜻대로 행하고자 하는 중심을 가지고 있습니까? 그럴 수 있는 이유와 근거가 있느냐는 것입니다. 하나님의 말씀에 비추어서 자신을 기꺼이 부인하고 굴복하여 순종합니까? 그렇게 하나님의 말씀을 모든 것의 기준으로 삼고 살고 있느냐는 말입니다. 그 사람이 회심한 자입니다. 그 사람이 하나님을 중심에 둔 자요, 본문에서 말하는 하나님의 뜻대로 행하는 자입니다. 바울이 고린도후서 4장에서 말하듯이 회심한 자는 하나님의 뜻대로 행하고 싶은 보배를 가진 자입니다.

"우리가 이 보배를 질그릇에 가졌으니…"(고후 4:7).

그렇기 때문에 회심한 자는 예수 그리스도의 죽음을 몸에 짊어지는 일이 있다 할지라도 하나님의 뜻에 따라 사는 자입니다. 하나님께서 예수 그리스도 안에서 행하셨음을 알고 소유했기 때문에 그분의 뜻을 따르는 것입니다.

우리의 생명만큼 중요한 일

기독교는 예수 그리스도께서 주신 놀라운 보배를 가지고, 그 가진 보배를 전하는 것입니다. 먼저 자신이 하나님의 뜻을 알고 소유하지 않으면, 다시 말해 회심하여 복음을 소유하지 않고서는 그것에 대해 말해도 그 뜻대로 행하는 자가 될 수 없습니다. 진실한 신자는 자신을 구원하신 예수 그리스도로 인해 항상 하나님의 뜻에 비추어 행하는 자입니다.

그러나 거짓된 자는 교회를 다녀도, 또 본문처럼 모든 것을 행하여도 하나님의 뜻대로는 행하지 않습니다. 자신은 하나님의 뜻대로 행하고 있다고 자기중심적으로 해석하면서 계속 그 길을 갈 뿐입니다. 예수님은 그런 사람과 그 삶이 결국 마지막에 드러난다고 말씀하십니다.

우리가 신앙생활을 할 때 부딪히는 일들이 분명히 있습니다. 거기에는 하나님과의 관계 속에서 예배와 다른 신앙 행위들, 교회 생활과 다른 사람과의 관계가 얽혀 있습니다. 여기서 중요한 점은 이 모든 것을 어떻게 보고 해석하며 행하는지입니다.

거듭 말씀드리지만, 그 중심이 하나님이신지 아니면 자신인지에는 매우 중요한 차이가 있습니다. 이 둘의 외형은 비슷할 수 있지만 분명한 차이가 있습니다. 회심치 않은 자는 이러한 내용을 얼마든지 자기중심적으로 해석하고 정리하면서 마지막까지 갈 수 있습니다. 그러나 회심한 자는 제자들이 예수님께 "주여 내니이까"(마 26:22)[2] 라고 말한 것처럼, 주님의 말씀에 자신을 비추어 경성합니다.

만일 지금까지의 내용에 비추어 자신이 모든 것의 중심이 되어 살아 왔음을 깨달았다면 이 기회를 놓치지 마십시오. 주님 앞에 나오십시오.

예수 그리스도를 진실로 알고 소유해야 합니다. 그리하여 바울이 말한 '이 보배'를 소유한 자로서, 이 보배가 당신을 통해 그분의 뜻을 좇아 행하고자 하는 데로 나아가야 합니다. 하나님을 중심에 둔 자가 되어 모든 것을 하나님의 시각에서 해석하고 행함으로써 하나님의 뜻대로 행하는 자가 되어야 합니다.

그러기 위해 하나님의 말씀에 자신을 비추는 것은 생명만큼 중요합니다. 오늘날에는 사람들이 케이블이나 인터넷을 통해 기독교 방송을 쉽게 접하다 보니, 하나님의 말씀에 자신을 비추는 것을 생명만큼 중요하게 여기지 않습니다. 감각적으로 귀로만 듣는 것에 익숙해져 있습니다.

하나님의 뜻대로 행하는 자로 주님 앞에 서기 위한 여정 속에서 우리의 힘은 바로 하나님의 말씀입니다. 성령께서는 하나님의 말씀으로 우리를 계속 비추심으로 계속해서 하나님의 뜻대로 살도록 하십니다. 따라서 하나님의 말씀에 자신을 비추어 사는 것은 생명만큼 중요합니다.

오늘날 대세를 보십시오. 예수를 믿는 것인지 안 믿는 것인지 모를 정도로 자기중심적으로 예수를 믿는 모습이 흔합니다. 이러한 풍토 속에서 하나님의 말씀에 자신을 정확하게 비추어 보지 않으면, 하나님의 뜻대로 행하는 지속적인 삶은 불가능합니다.

성령 하나님은 자신의 말씀을 통해서 그 뜻대로 행하는 길로 우리를 이끄십니다. 본문의 결론은 그냥 이루어지는 것이 아닙니다. 본문에 나오는 두 부류가 각각의 길로 계속 가게 되는 데는 그러한 힘과 배경이 분명히 있습니다. 한쪽은 모든 것을 자기중심적으로 해석하면서 정리한 것이 힘이 되어 갑니다. 그러나 다른 한쪽은 성령께서 자신의 말씀을 통해 그분의 뜻대로 가도록 계속해서 권하고 밝혀 주기 때문에, 이에 힘입어 끝까지 갑니다. 부디 자신을 하나님의 말씀에 계속 비추어서 그분의 뜻대로 행하는 자로 사는 가운데 주님 앞에 설 수 있기를 바랍니다.

14장
핵심 요약

- 참된 신자는 하나님의 뜻대로 행하고, 거짓된 신자는 불법을 행한다.

- 열 명의 정탐꾼과 여호수아, 갈렙의 차이는 자신이 본 현실을 어떤 시각으로 보고 해석했는가의 차이이다.

- 거짓된 신자는 자신의 모든 행위와 상황을 자기중심적으로만 보고 해석하기 때문에 자신에게는 아무런 문제가 없다고 생각하면서 회개하지 않는다.

- 자기중심적인 시각과 해석을 조장하는 사탄의 간계에 빠지면 그리스도인들도 과거에 받은 은혜를 아무것도 아닌 것으로 해석하게 된다.

- 우리는 유일한 기준인 하나님의 뜻과 말씀에 비추어 우리의 행위와 삶 전반을 해석하고, 필요하다면 교훈과 책망을 받고 바르게 교정되어 온전한 자로 서야 한다.

15장

관계의 변화가 진정한 변화이다

¹ 그 때에 제자들이 예수께 나아와 이르되 천국에서는 누가 크니이까 ² 예수께서 한 어린 아이를 불러 그들 가운데 세우시고 ³ 이르시되 진실로 너희에게 이르노니 너희가 돌이켜 어린 아이들과 같이 되지 아니하면 결단코 천국에 들어가지 못하리라 _ 마 18:1-3

"누가 더 큰가"보다 앞서야 할 문제

예수님을 따르던 제자들 가운데 천국에서 누가 큰가 하는 논쟁이 벌어졌습니다. 이것은 아이러니한 일이지만, 또 한편으로는 오늘날 우리에게 있는 문제적 현실이 그들에게도 있었음을 보여 주는 장면입니다. 그들은 자신들이 예수님을 따르고 있는 것만으로 이미 천국에 들어갈 자라는 사실을 전제로, 서로 천국에 가면 자신이 더 큰 자일 거라고 논쟁했습니다. 그리고 그들이 논쟁하던 문제, 곧 천국에서 누가 더 큰지를 예수님께 질문했습니다.

그들이 가지고 있던 확신은, 오늘날 교회를 다니는 사람들이 자신이 나름대로 교회를 열심히 다니고 있다는 사실을 근거로 천국에 들어감을 확신하는 것과 비슷합니다. 또한 그런 가벼운 확신을 전제로 서로 뽐내듯 경쟁하는 모습을 오늘날 교회 안에서도 어렵지 않게 찾아볼 수 있습니다.

그런데 예수님은 제자들의 질문에 대해 직접적인 대답은 하지 않으시고, 한 어린아이를 불러서 제자들 가운데 세우시고 뜻밖의 말씀을 하셨습니다.

> "너희가 돌이켜 어린 아이들과 같이 되지 아니하면 결단코 천국에 들어가지 못하리라"(3절).

제자들은 천국에서 누가 크냐는 질문을 했지만, 예수님은 그에 대한 대답으로 어린아이와 같이 되는 것과 천국에 들어가는 것에 대해 말씀하셨습니다. 여기서 먼저 주목해야 할 것은 예수님이 그 대답에 앞서 "너희가 돌이켜"(3절)라고 하셨다는 사실입니다. 이는 '천국에서 누가 큰가?' 하는 문제보다 우리에게 먼저 있어야 할 것이 무엇인지를 말해 줍니다.

여기서 돌이키는 것은 회심, 그리스도께로 돌아서는 회개를 말합니다. 당시 예수님의 제자들은 예수님을 따라다닌 것만으로도 당연히 천국에 들어가리라고 생각한 듯하지만, 예수님은 그들의 생각과는 달리 어떤 자가 천국에 들어가는지를 우선 말씀하십니다. 천국에서 누가 큰

가의 문제 이전에 천국에 들어가기 위해 있어야 할 사실을 말씀하신 것입니다.

이는 천국에 들어가는 것을 당연하게 생각하는 오늘날 기독교의 보편적인 오해를 바로잡는 말씀입니다. 종교 생활을 하면 거기에 따라 좋은 결과가 있으리라는 바람은 이방 종교들이 갖는 생각일 뿐, 기독교의 진리를 따른 생각이 아닙니다. 기독교는 이방 종교와 다르게 우리에게 먼저 진정한 돌이킴, 회개 또는 회심이 있어야 한다고 말합니다.

우리의 결정보다 돌이키게 하시는 은혜가 먼저다

혹자는 이렇게 말할지 모르겠습니다. "기독교를 선택해서 교회를 다니고 있으면 이미 돌이킨 것이 아닙니까?" 이에 대해 예수님은 자기를 따르는 자들에게 돌이키라는 말을 수동태로 말씀하심으로써, 내가 돌아서는 것에 앞서 돌아서게 되는 하나님의 역사를 말씀하셨습니다.

예수님을 따르는 자들 가운데는 가룟 유다도 있었습니다. 돌이킴 또는 회개는 그저 우리의 외적인 참여를 가리키는 것이 아닙니다. 하나님의 역사가 있어야 하는 것입니다. 이것이 바로 기독교와 이방 종교와의 차이입니다.

교회에 다닌다고 해서 기독교인이 되고 천국에 가는 것이 아닙니다. 기독교를 오해하지 마십시오. 기독교는 내가 무엇을 하기 이전에 돌아서게 하시는 하나님의 역사가 먼저 있어야 한다고 말합니다.

지금까지 자신이 살면서 가졌던 가치관과 생활방식, 죄악 된 옛 생활에서 스스로 돌이켜 자기와는 아무 상관도 없어 보이는 예수 그리스도를 자신의 구원주라고 말할 수 있는 사람은 아무도 없습니다. 누군가를 따라서 교회에 올 수 있고, 또 나름대로 동기부여를 하면서 열심히 교회 생활을 할 수는 있어도, 진실로 자신의 옛 생활을 뒤로 하고 예수 그리스도를 구원주로 믿는 돌이킴, 이런 진정한 회개는 결코 스스로 할 수 없습니다.

하지만 오늘날 교회를 다니는 사람들이나 심지어 교회 밖에 있는 사람들까지도 돌이킴을 스스로 할 수 있다고 생각합니다. 예수님을 열심히 뒤따르는 것만으로 이미 천국에 들어감을 확신했던 제자들처럼, 교회를 열심히 다님으로써 이미 구원받았다고 착각하는 것입니다. 그러나 예수님은 본문에서 먼저 돌이키지 아니하면, 즉 참된 회개가 없으면 결단코 천국에 들어갈 수 없다고 분명히 못 박고 계십니다.

외형의 변화 자체가 회개는 아니다

그러면 기독교에서 하나님 나라, 곧 천국에 들어가기 위해 돌이킨다는 것은 구체적으로 무엇을 말할까요? 이를 말하기에 앞서 우리는 회개하지 않은 상태에서도 일어날 수 있는 일들을 정리할 필요가 있습니다.

우리는 누군가 도덕적으로 문란한 생활을 그만두고 교회에 왔다면 그 사람이 진짜 회개했다고 생각할 수 있습니다. 또 알코올에 중독된 생활을 멈추고 교회에 나오거나, 도박과 같은 나쁜 습관을 끊고 교회에 나와서 단정한 생활을 하면 우리는 그 사람이 회개했다고 쉽게 생각할 것입니다. 뿐만 아니라 교회에 나와서 기도도 열심히 하고, 심지어 금식까지 하면 우리는 그 사람이 확실히 회개했다고 생각할 것입니다.

하지만 우리는 이런 행실 자체를 회개라고 생각하는 오류를 범해서는 안 됩니다. 물론 회개에는 이런 외형적인 모습이 포함됩니다. 그러나 우리는 예수님께서 본문 말씀을 자기를 따르는 제자들에게 하셨다는 사실을 기억해야 합니다. 제자들은 외형적으로는 그들이 과거에 즐기던 것을 뒤로하고 예수님을 따르고 있었습니다.

그런데 예수님은 바로 그런 제자들에게 돌이키는 것을 말씀하셨습니다. 가룟 유다와 같은 자가 있었기 때문입니다. 그러므로 우리는 외적으로 변화된 모습을 가지고 있음에도 불구하고, 여전히 회개하지 않은 상태를 가질 수 있음을 생각해야 합니다. 이전보다 단정하고 절제된 모습으로, 심지어 기독교적인 것을 행하는 일도 회개하지 않은 상태에서 얼마든지 가질 수 있기 때문입니다.

소위 모태신앙인으로 자라거나 도덕적으로 더 나아진 모습, 이전보다 단정하게 생활 습관을 바꾼 것 자체가 회개는 아닙니다. 또 기독교적인 것을 열심히 하거나 심지어 개혁주의 신조, 곧 하이델베르크 요리문답이나 웨스트민스터 신앙고백과 대·소요리문답을 배워서 아는 것 자체도 회개는 아니라는 사실을 주지해야 합니다.

우리는 지금까지 말한 그런 모습 자체를 회개인 양 착각하지만, 그런 모양새는 이방 종교나 이단들도 가지고 있습니다. 거기에도 이전 생활을 청산하고 변화되어 굉장히 절제되고 도덕적으로 숭고한 사람들이 많습니다.

회개의 핵심은 관계의 변화이다

성경은 구원 얻는 회개나 회심을 언제나 하나님과의 관계 또는 예수 그리스도와의 관계와 관련된 것으로 말합니다. 예수님은 "나로 말미암지 않고는 아버지께로 올 자가 없느니라"(요 14:6)고 말씀하셨습니다. 이는 회개를 예수님으로 말미암아 하나님 아버지께로 나아가는 것으로 말씀하신 것입니다. 예수 그리스도께서 부활 승천하신 뒤 성령에 감동된 사도들 역시 구약에서 하나님께 사용된 '주'(主)라는 말을 예수님께 붙여서, 회개를 권하며 "주 예수를 믿으라"(행 16:31)고 말했습니다.

이처럼 성경이 말하는 회개는 단순히 우리에게 있는 윤리적인 변화나 마음의 변화가 아니라 하나님과의 관계 또는 예수 그리스도와의 관계로의 돌이킴을 말합니다. 구약성경에서 회개와 관련된 '돌아서다'라는 표현을 모두 하나님께로 돌아서는 것으로 말하는 이유도 바로 그와 같은 맥락에서입니다. 즉 과거의 지저분했던 삶에서 조금 나아지는 정도가 아닌 하나님께로 돌아가는 것이 돌이킴이라는 말입니다.

신약성경도 예수 그리스도를 영접하는 것으로 회개를 말합니다(행 2장 참조). 성경이 말하는 참된 회개는 이처럼 예수 그리스도께로 향하는 변화입니다. 이러한 회개는 보다 구체적으로 다음과 같은 세 가지 사실로 말할 수 있습니다.

1. 하나님께 범한 죄에 대한 자각

먼저, 회개는 아무런 근거도 없이 그냥 내가 잘못했다고 생각하는 것이 아닙니다. 예수 그리스도께서 나의 죄를 지셨다는 말씀을 듣고, 자신이 하나님 앞에서 죄인이라는 사실을 자각하는 것이 성경이 말하는 회개입니다. 이는 마치 탕자가 아버지께 돌아가서 하늘과 아버지께 죄를 지었음을 말하겠다고 자각하는 것과 같습니다. 여기서 중요한 것은 "내가 나쁜 사람이야. 내가 정말 잘못했어. 이제는 그런 생활을 버리겠어!"라고 말하는 것이 아닙니다. 그것은 인간사에서 있는 일이지 성경에서 말하는 회개는 아닙니다.

성경에서 말하는 회개는 지금까지 지은 모든 죄가 하나님께 범한 죄임을 자각하는 것입니다. 물론 자신이 범한 죄와 관련된 대상(그가 아내이든 남편이든 자식이든 친구이든)에게도 그런 반응을 할 수 있습니다. 하지만 하나님께 죄를 범했다는 자각 없이 무언가를 한다고 해도 도덕적인 사과의 수준에서 하는 것일 뿐입니다.

하나님께 죄를 범했다는 분명한 자각도 없이, 아니 아예 그런 것도 모르고 교회를 다니는 사람은 사실 회개한 적이 없음을 스스로 드러내는 것입니다. 죄에 대한 자각은 회개하여 예수 그리스도를 믿은 이후에도 신자 안에서 새로운 영적 감각으로 자리 잡아 지속됩니다. 그리하여 늘 깨어 죄를 경계하는 것입니다.

반대로 죄에 대한 자각이 없으면 회심하지 않은 사람이라고 할 수 있습니다. 그는 비록 교회 안에 있더라도 아직 기독교와 상관이 없는 사람입니다.

2. 하나님께 범한 죄에 대한 슬픔

그런데 성경은 죄에 대하여 깨닫는 것만을 회개로 말하지 않습니다.

거기서 더 나아가 자신이 그동안 죄를 지으면서 하나님을 반역하고 무시했으며, 죄를 알지 못하고 그 모든 죄를 하나님께 범했다는 사실을 비통해하고 슬퍼하는 것을 말합니다. 다윗은 죄를 범한 뒤에 통회하는 마음으로 "내가 주께만 범죄하여 주의 목전에 악을 행하였사오니"(시 51:4)라고 말했습니다. 죄에 대한 이러한 비탄과 슬픔은 진실한 회개 속에서만 가질 수 있습니다.

물론 우리는 후회의 눈물을 흘릴 수도 있습니다. 그러나 후회와 참된 회개에서 갖는 정서 사이에는 분명한 차이가 있습니다. 먼저 후회는 자기 자신이나 다른 대상 또는 어떤 사건이나 일을 망쳤을 때 갖는 정서입니다. 그러나 회개에서 느끼는 슬픔과 비탄은 모두 하나님과 관련해서 갖는 것입니다. 자신이 그동안 하나님을 반역했으며, 그로 인해 범한 죄로 슬퍼하는 것입니다. 이것이 바로 기독교의 회개가 갖는 특이한 사실입니다. 사실 그렇게 회개한 사람은 그 이후로도 죄에 대해 슬퍼합니다.

물론 기독교의 구원에는 기쁨이 있습니다. 그러나 기독교의 기쁨은 일반적으로 자신이 하나님 앞에 범한 죄로 인해 갖는 진실한 슬픔을 배제하지 않습니다. 오히려 흔히 그런 죄에 대한 진실한 수용 위에 갖습니다. 그래서 회개한 자는 그 뒤에도 죄를 범할 때마다 자신이 하나님으로부터 멀어졌다는 의식으로 인해 불편해하고 비탄에 잠깁니다. 그것이 바로 성경이 말하는 회개입니다.

3. 예수 그리스도를 향한 방향 전환

그러나 성경은 회개에 대해 말할 때 지금까지 말한 이 두 가지만 있으면 된다고 말하지 않습니다. 만일 지금까지 말한 두 가지 사실만 있다면, 그 사람은 회개하려다 만 것이 됩니다. 성경은 지금까지 말한 이 두 가지를 가짐으로써 이전의 죄악 된 생활에서 돌아서는 구체적인 행실을 갖고, 예수 그리스도를 자신의 구원주로 영접함으로써 존재와 삶의 방향 전환이 있어야 한다고 말합니다. 성경은 이를 회개의 최종적인 것으로 말합니다.

사도행전 2장에서 베드로는 그의 설교를 듣고 마음에 찔려 "우리가 어찌할꼬"(행 2:37) 하는 사람들에게 "너희가 회개하여 각각 예수 그리스도의 이름으로 세례를 받고"(행 2:38)라고 말했습니다. 여기서 회개하여 예수 그리스도의 이름으로 세례를 받으라는 것은, 단순히 세례 의식에 참여하라는 말이 아닙니다. 그것은 인간이 도저히 해결할 수 없는 죄 문제와 그 죄로 인해 야기된 사망과 형벌을 해결하신 분이 예수 그리스도라는 사실을 알고, 그분을 구원주로 영접하라는 말입니다. 바로 이런 구체적인 행동, 곧 삶의 방향 전환을 말하는 것입니다.

이러한 행실과 삶의 전환은 그냥 있는 것은 아닙니다. 이는 예수 그리스도가 어떤 분이신지를 알고 믿는 가운데서만 가질 수 있습니다. 우리는 이러한 사실을 모호하게 생각하지 말고 정확히 알아야 합니다.

죄는 우리가 망각의 세계로 보내려 한다고 해서 잊히는 것이 아닙니다. 수십 년씩 도를 닦는다고 해서 내 안에서 솟구치는 죄가 사라지는 것도 아닙니다. 회심하여 죄 사함 받기 전에 내가 범한 죄는 나에게 묶여 있습니다.

그리고 성경은 죄가 그 상태로 끝나지 않고, 그 죄의 삯으로 죽고 심판을 받는다고 말합니다(롬 6:23; 히 9:27). 그렇게 죄는 그에 따른 사망과 형벌을 요구합니다.

성경은 그 누구도 해결할 수 없는 죄의 문제를 예수 그리스도가 해결하셨다고 말합니다. 그분이 우리의 죄와 사망을 지시고 십자가에 달려 죽으셨다는 사실을 말합니다. 하나님이 친히 육신을 입고 오셔서 그 일을 행하셨다는 놀라운 사실을 말합니다. 그러므로 죄 없는 분만이 하실 수 있는 그 일을 그리스도께서 행하셨음을 알고, 오직 그분만이 나를 구원하실 수 있음을 믿고 받아들이는 것이 회개요, 그것의 결론입니다.

"우상을 버리고 하나님께로 돌아와서"

성경이 말하는 돌이킴 또는 회개는 지금까지 말한 이 세 가지를 함께 갖습니다. 그래서 진실로 회개한 사람은 더 이상 옛 생활에 따라 살지 않고 예수 그리스도 안에서 살게 됩니다.

그에 대한 성경의 대표적인 사례가 바로 앞장에서 살펴보았던 1세기 데살로니가 교회 성도들입니다. 그들은 예수를 전혀 몰랐으며, 오히려 우상을 섬기며 자기 나름의 삶을 살았던 사람들입니다. 그런데 놀랍게도 그들은 사도 바울을 통해 예수 그리스도에 대한 복음을 듣고 회개하여 돌이켰습니다.

> "…너희가 어떻게 우상을 버리고 하나님께로 돌아와서 살아 계시고 참되신 하나님을 섬기는지와 또 죽은 자들 가운데서 다시 살리신 그의 아들

이 하늘로부터 강림하실 것을 너희가 어떻게 기다리는지를 말하니…"(살전 1:9-10).

그들은 과거에 섬겼던 우상을 버리고 하나님께 돌아와 예수를 믿는 너무나도 분명한 변화가 있었기 때문에, 그들에 대한 소문이 주변으로 퍼졌습니다. 그처럼 삶의 완전한 전환이 있는 것이 회심입니다.

여기서 그들이 과거에 섬겼던 우상은 오늘날로 말하면 하나님보다 더 사랑하던 것이라고 할 수 있습니다. 어떤 사람은 자신에게 우상이 없다고 말할지 모르겠습니다. 그러나 하나님을 배제하고 그분 대신 사랑하는 것은 모두 우상입니다. 아무리 우상이 없다고 말해도 최소한 자신이 우상이 될 수 있습니다. 자기가 모든 것을 결정하는 주권자로 살기 때문입니다.

오늘날 사람들이 '야구의 신', '공부의 신', '농구의 신' 등 모든 분야의 최고에게 '신'이라는 말을 붙여 본성적으로 모두 신이 되고 싶어 안달합니다. 사실 그런 표현 이전에 모든 인간은 본성적으로 자신이 신이 되어 살아갑니다. 자신이 모든 것의 주권자가 되어 하나님까지 판단하고 거역하며 자기주권적으로 살아감으로써 말입니다.

회개는 자신을 포함해서 하나님보다 더 사랑하는 우상을 버리고 하나님께로 돌아와 그분을 섬기며 예수 그리스도를 신앙하는 것입니다. 예수 그리스도를 자신의 구주(Savior)와 주(Lord)로 섬기는 것입니다. 주님은 이러한 회개 없이는 누구도 천국에 들어갈 수 없다고 말씀하십니다.

우리는 이를 건너뛴 채 기독교와 구원을 말해서는 안 됩니다. 이런 회개에서 제외되는 인간은 아무도 없습니다. 어느 민족, 어떤 신분, 어떤 종교를 가졌든 예외가 없습니다. 심지어 부모를 따라 일찍부터 교회를 다닌 사람이나 교회에서 직분을 가진 사람이나 또는 어떤 교회의 전통에 속하여 어떤 신학을 가졌든 예외가 없습니다. 천국에 들어가려면 모두 회개해야 합니다. 예수님께서 공적 사역을 시작하시면서 제일 먼저 외치셨던 말도 "회개하라 천국이 가까이 왔느니라"(마 4:17)였습니다.

회개를 건너뛰는 위선적인 신앙을 경계하라

그러므로 우리는 자신의 어떠함을 말하기에 앞서 지금까지 말한 돌이키는 회개와 함께 변화된 자로 살고 있는지를 확인해야 합니다. 이는 자신이 도덕적으로 존경받는 사람인지, 교회에서 중요한 직분을 가졌는지, 혹은 얼마나 봉사하고 수고하는지를 말하는 것이 아닙니다.

우리는 성경이 말하는 회개를 건너뛴 채 "회개했으니까 교회에도 나와 이런저런 봉사도 하는 것 아닌가?"라는 오늘날 만연한 오해를 멀리해야 합니다. 종교적인 식견, 도덕적인 삶, 교회 안에서 행한 다양한 봉사로 사람들로부터 인정받고 존경받는 것으로 회개를 대신하지 말아야 합니다. 회개 없이는 그 많은 조건이 다 위선이기 때문입니다.

돌이키게 하시고, 돌이키는 자들을 받아 주시는 하나님의 은혜

우리는 예수님께서 "돌이켜 어린 아이들과 같이 되지 아니하면 결단코 천국에 들어가지 못하리라"(3절)는 말씀을, 자신을 따르는 제자들에게 하셨다는 사실을 기억해야 합니다. 돌이킴 없이 예수님을 뒤따르는 가룟 유다와 같은 사람이 있을 수 있기 때문입니다. 우리에게 있어야 하는 것은 겉으로만 보이는 신앙이 아닌, 돌이키게 하시는 하나님의 은혜로 인한 돌이킴입니다.

이는 우리에게 다음과 같은 당혹스러움을 느끼게 할 수 있습니다. "아니, 회개가 돌아서게 하는 하나님의 역사라면 도대체 어떻게 하라는 것인가? 우리 스스로는 회개할 수 없다면 '회개하라'는 말씀은 도대체 무엇인가? 회개하게 하는 하나님의 역사가 있어야만 한다면서 회개하라는 것은 모순이 아닌가?"

그러나 이것이야말로 기독교가 말하는 비밀입니다. 하나님은 사람을 인격적인 존재로 만드셨습니다. 한 사람에게 있는 인격은 진화 과정을 통해 그저 우연히 만들어진 것이 아닙니다. 지성과 감정과 의지를 가진 인격적인 존재가 어느 날 하늘에서 갑자기 뚝 떨어진 것도 아닙니다. 인격은 그렇게 형성될 수 없습니다. 이는 분명 하나님께서 창조하신 것입니다. 성경이 사람을 하나님의 형상대로 지으셨다고 말한 바와 같이 인격성을 갖고 계신 하나님께서 우리에게도 그런 인격성을 갖게 하신 것입니다. 그렇게 함으로써 하나님은 인간을 구원하시는 역사를 기계적으로 하지 않으시고, 회개하고자 하는 우리의 인격적인 반응 속에서 그 일을 진행하십니다.

물론 하나님은 짐승을 몰듯이 이스라엘 백성들을 출애굽 이후 일방적으로 가나안 땅으로 데려가실 수도 있었습니다. 그러나 하나님은 그렇게 하지 않으셨습니다. 자신을 구원하신 하나님에게 불평하는 이스라엘 백성들을 향해 계속해서 인격적으로 말씀하시면서 그들을 약속의 땅으로 이끄셨습니다. 주님은 분명 수동태 표현을 통해 돌이킴에는 하나님의 역사가 있어야 한다고 말씀하시면서도, 동시에 다음과 같이 말씀하셨습니다.

"…내게 오는 자는 내가 결코 내쫓지 아니하리라"(요 6:37).

예수님께서 자신에게 오는 자를 환영한다고 말씀하지 않으시고 내쫓지 않으시겠다는 부정어를 사용하신 이유는 인간이 가진 조건 때문입니다. 즉 인간은 누구나 죄 있는 자로서 내쫓김을 받을 조건을 가지고 있기 때문입니다. 그럼에도 예수님은 자신에게 오는 자는 그렇게 하지 않으시겠다고 말씀하셨습니다. 이는 결국 본문에서 수동태로 표현된 '돌이키게 하는 은혜'를 주시겠다는 말씀입니다. 또한 이것은 돌이키게 하는 은혜의 역사가 아무에게나 베풀어지지 않는다는 점 또한 시사합니다. 다시 말해 예수 그리스도께 나오는 자에게 돌이키게 하는 은혜를 베푸신다는 말씀입니다.

그렇습니다. 주님은 회개하라는 말씀을 듣고 진심으로 회개하여 예수 그리스도께로 나아가고자 하는 자를 결코 내쫓지 않고 은혜를 베푸십니다. 그래서 구원 얻는 자들은 예수님께 나아가 구원을 얻고자 합니다. 정리하자면 예수님께서 내쫓지 않으신다는 말씀은 결국 회개하여 구원 얻는 은혜를 베푸시겠다는 것입니다. 이에 대해 바울은 에베소서 2장에서 "너희는 은혜로 구원을 받은 것이라"(5절)고 말했습니다.

그러므로 하나님의 은혜로 돌이키게 되는 진정한 회개를 원한다면 예수 그리스도께 나아가고자 하십시오. 진실로 회개하여 예수 그리스도를 믿고자 하십시오. 한번 하고 마는 것이 아니라, 진실로 그러려고 하십시오. 예수 그리스도께 나아오는 자를 결코 내쫓지 않으시겠다고 하신 주님을 믿으십시오. 주님은 진실로 회개한 자에게 있을 그다음 역사를 말씀하신 대로 행하실 것입니다. 주님은 결코 거짓을 말씀하실 수 없기 때문에, 자신에게 나아오는 자들에게 돌이키는 은혜를 반드시 베푸실 것입니다.

돌이킴을 미루지 말라

주님께 돌아가고 싶은 마음이 있습니까? 그렇다면 그러한 자신에게 동기부여를 갖게 하는 하나님의 말씀을 계속 듣고 읽고 주께 구하십시오. 그것은 자신에게 매우 중요한 도움이 됩니다. 사도행전 2장에서 진심으로 회개하고자 하는 마음을 갖게 된 삼천 명의 사람들은 베드로를 통해 하나님의 말씀을 들은 후 회개하고 싶은 마음이 일어났습니다. 이처럼 그런 역사는 하나님의 말씀을 통해 경험되는 것입니다.

그렇습니다. 언제나 하나님의 말씀이 시작입니다. 하나님의 말씀을 통해 동기부여를 받고, 자신이 회개할 필요가 있는 자임을 깨달아 회개하게 됩니다. 또한 그런 자각을 따라 하나님께 회개하여 하나님께 반역했다는 사실을 시인하게 됩니다. 그리하여 죄에서 돌이키기를 구함으로써 결국 회개하게 되는 것입니다. 주님은 본문에서 바로 그런 돌이킴이 있지 않으면 천국에 들어갈 수 없다고 말씀하셨습니다.

이런 내용에도 회개의 필요성을 느끼지 못하는 사람이 있을지도 모르겠습니다. 그런 사람들을 위해 찰스 스펄전의 말을 인용하고 싶습니다.

"서글픈 장면이 떠오릅니다. 무섭고 캄캄한 구렁 속에서 한 젊은이가 누워서 부르짖습니다. 나는 견습공 과정을 마치면 회개할 생각이었는데 그때가 되기 전에 죽고 말았습니다. 그 옆에 있는 이도 소리칩니다. 나는 견습 기간을 마쳤으나 최고의 실력자가 된 후에 그리스도에 관해 생각할 참이었습니다. 그러나 그 이전에 죽었습니다. 그때 뒤에서 한 상인이 울부짖으며 말합니다. 나는 은퇴하고 시골에서 살게 되면 하나님을 생각할 시간을 가질거라고 생각했습니다. 그때가 되면 자녀들도 결혼하고 분가하고 여러 가지 염려스러운 일들도 다 정리될 터였습니다. 하지만 지금 나는 지옥에 갇혀있습니다. 내가 그토록 미뤄둔 게 무엇을 위함이었단 말입니까? 하찮은 세상 즐거움을 위해 그 모든 시간을 허비했단 말입니까? 결국 그것 때문에 내 영혼을 잃어버렸습니다."[1]

그러면서 그는 이렇게 덧붙입니다.

"만일 '나는 다음 주 수요일에 회개할 겁니다.'라고 말하는 사람이 있다면 나는 그 수요일이 오기 전에 죽으면 어떻게 하겠느냐고 그에게 말해 줄 것입니다. 수요일 저녁에 그가 죽는다면 회개하려 했다는 변명이 과연 그를 구원해 주겠습니까? 죄인은 멸망합니다. 분명 그럴 것입니다. 뿐만 아니라 그는 아무런 핑계도 대지 못할 것입니다. 그리고 책임은 자신에게 있습니다. … 복음을 듣고서도 멸망하는 자는 스스로를 죽인 살인자입니다. 단도를 자신의 심장에 찔러 넣은 셈입니다. … (그는) 결국 지옥에 떨어지면 이렇게 탄식할 것입니다. … '나는 복음 메시지를 모른 체했고, 예수님의 책망을 전혀 받아들이려 하지 않았으며, 그분의 안식일을 무시했습니다. 그의 권면에 귀 기울이려 하지 않았고 내 자신의 손으로 나를 파멸시켰습니다. 나 자신이 내 영혼을 죽였습니다.'라고 말입니다."[2]

그렇습니다. 회개하라는 말씀을 무시했다면, 그 책임은 자신이 스스로 져야 합니다.

회개를 통한 기쁨으로 나아가라

천국에 들어간다는 것은 그저 저승에서 좋은 곳에 살게 된다는 말이 아닙니다. 이는 우리의 죄로 인한 심판에서 구원을 얻고, 하나님 안에서 참 생명과 영생을 얻는 것입니다. 즉 영존하시는 하나님과의 교제 속에서 그분을 아는 삶을 영원토록 사는 것을 말합니다.

우리는 세상에서 일어나는 수많은 비극적인 사건과 비리를 보면서 악과 고통이 있는 이 세상으로부터 벗어나고 싶다는 절절한 마음을 갖습니다. 성경은 천국을 바로 그러한 악과 고통을 허용할 수 없는 하나님의 통치와 그분과의 교제를 경험하는 곳으로 말합니다.

또한 이를 위해서는 먼저 죄로 인한 심판에서 구원을 얻어야 함을 말하고 있습니다. 그리고 그 일은 바로 회개하여 예수 그리스도를 믿음으로써만 있다고 말합니다. 따라서 회개하지 아니하면 이 모든 것은 자신과는 거리가 먼 이야기입니다. 그리고 자신이 지은 죄를 스스로 책임져야 합니다.

우리는 자신이 정녕 회개하여 예수 그리스도의 다스림 속에서 안식과 기쁨을 맛보며 살아가고 있는지를 확인해 보아야 합니다.

정녕 회개한 자에게는 예수 그리스도가 구세주일 뿐만 아니라, 주(Lord)이십니다. 그래서 사도 바울은 자신을 예수 그리스도의 종(노예)이라고 말한 것입니다(롬 1:1; 빌 1:1 참조). 그는 자신을 영광스러우신 그분의 종으로 생각했을 뿐만 아니라, 자발적으로 종이 된 자로 생각했습니다. 그는 그 사실을 가장 영광스럽게 생각했고, 자신의 가장 큰 행복으로 여겼습니다.

그는 자신이 그동안 세상에서 추구했던 가치 있고 탁월한 것들을 모두 다 배설물로 여길 정도로 하나님 안에서 구원을 소유하여 사는 것을 가장 큰 행복으로 여겼습니다. 그리스도 안에 있는 참 생명과 영원한 삶의 세계를 보고 갖게 되었기 때문입니다. 이는 진정한 회개 이후에만 가질 수 있는 모습입니다.

그러므로 여러분에게 이러한 회개가 없다면, 이제 회개하십시오. 그래야 천국에 들어갑니다. 오늘날 회개를 건너뛴 채 구원을 운운하는 현실 속에서 우리는 성경이 말하는 참된 회개와 그에 따른 변화를 갖고 구원의 복을 누리며 살아야 합니다. 바로 그리스도 안에 있는 그 구원의 복을 약속하고 주는 것이 기독교입니다. 우리 모두 이 사실을 가볍게 여기지 말고 확고히 함으로써, 참된 그리스도인으로서 살 수 있기를 바랍니다.

15장
핵심 요약

- 성경이 말하는 회개는 우리에게 있는 윤리적인 변화나 단순한 마음의 변화가 아닌, 하나님과의 관계 또는 예수 그리스도와의 관계로의 돌이킴이다.

- 이러한 회개에는 하나님께 범한 죄에 대한 자각과 슬픔 그리고 예수 그리스도를 향한 방향 전환이 있다.

- 회개는 자신을 포함해서 하나님보다 더 사랑하는 우상을 버리고 하나님께로 돌아와 그를 섬기며 예수 그리스도를 신앙하는 것이다.

- 하나님은 회개하고자 하는 우리의 인격적인 반응 속에서 회개하게 하는 일을 진행하신다.

- 따라서 회개하고자 한다면 자신에게 동기부여를 갖게 하는 하나님의 말씀을 계속해서 듣고 읽고 구하라.

16장

회개와 회개에 합당한 삶

²⁰ 먼저 다메섹과 예루살렘에 있는 사람과 유대 온 땅과 이방인에게까지 회개하고 하나님께로 돌아와서 회개에 합당한 일을 하라 전하므로 _ 행 26:20

바울에게 있었던 회심

사도 바울은 피고인의 신분으로 아그립바라는 왕 앞에서 자신을 변호하며 자신이 경험한 회심에 대해 말합니다.

바울이 회고하며 진술하는 그 회심 이전까지 그는 예수 믿는 사람들이 나사렛 예수를 전하는 것에 분개하여 교회를 박해하고 대적했던 사람이었습니다. 그는 이스라엘의 최고 종교 지도자인 대제사장에게 권한까지 위임받아서 예수 믿는 사람들을 잡아 감옥에 가두려고 했습니다. 그들이 모인 곳에 가서 그들에게 형벌을 내리고 강제로 예수를 모독하게 했습니다. 그는 유대인들이 예수 믿는 자들 중 스데반을 죽일 때에도 적극 지지하였습니다. 그런 바울의 행동은 마치 일제 강점기에 예수 믿는 사람들을 핍박하며, 믿음을 부인하게 하거나 강제로 십자가나 예수님의 그림을 밟고 지나가도록 했던 것과 유사하다고 할 수 있습니다.

분노와 증오에 사로잡혀 있던 바울은 이스라엘 지경 밖까지 예수 믿는 자들을 찾아가서 박해하고자 했는데, 그러던 중 오늘날 시리아의 수도인 다마스커스(다메섹)로 가는 길에서 회심하여 예수를 믿게 되었습니다. 그 길 위에서 바울은 중천에 떠오른 정오의 해보다 더 밝은 빛으로 자신을 비추며 나타나신 예수 그리스도를 만나게 되었습니다.

그는 자신 앞에 나타나 "나는 네가 박해하는 예수라"(행 9:5)고 직접 말씀하신 그리스도를 만난 뒤로 완전히 바뀌게 되었습니다. 얼마 전까지만 해도 예수 믿는 자를 핍박했던 그가, 이제 오히려 예수를 전하다가 유대인들에게 미움을 받고 붙잡혀서 아그립바왕 앞에 변론하고 있는 것입니다.

그가 어떻게 변화되었는지 주목해 보십시오. 그는 어설픈 꿈이나 환상 속에서 예수를 보고, 믿게 된 것이 아니었습니다. 그는 해보다 더 밝은 빛으로 인해 눈까지 멀게 되는 상황에서 직접 자신을 부르시고, 그의 질문에 대답하시는 예수님을 만났습니다. 그는 그때부터 지금 아그립바왕 앞에 설 때까지 20여 년 동안 예수님이 말씀하신 대로 살았습니다. 몇 번이나 죽을 위험을 넘기면서 여기까지 오게 된 것입니다. 그리고 바울은 이 모든 것이 예수 그리스도를 만남으로써 있게 되었다고 고백했습니다.

모든 그리스도인들에게 있어야 할 회심

사도행전 26장 20절에서 바울이 아그립바왕 앞에서 진술한 말, 곧 그 만남 이후 이때까지 바울이 모든 이방인들과 유대인들에게 전했던 "회개하고 하나님께로 돌아와서 회개에 합당한 일을 하라"는 복음 메시지는, 사실상 바울 자신의 변화를 대변하는 말입니다.

바울은 빌립보서 3장에서도 자신에게 생긴 변화를 고백적으로 진술한 적이 있습니다. 거기서 그는 예수를 만난 이후로 자신에게 유익하다고 생각했던 것들을 모두 배설물로 여기면서 주님을 따르게 되었다고 말했습니다(빌 3:7-8). 예수를 만나고 난 후 그분보다 더 가치 있다고 할 만한 것은 없음을 알게 되었습니다. 왜냐하면 예수 그리스도 안에 참 생명과 참된 복이 있음을 보았기 때문입니다. 이 생의 몇십 년의 문제를 해결해 주는 것이 아니라, 자신의 영혼이 그토록 찾고 있는 모든 것의 해답이 거기에 있음을 보았기 때문입니다.

그는 이제 하나님께로 돌아온 자로서, 또 예수 그리스도를 자신의 구주와 주로 믿고 돌아온 자답게 회개에 합당한 일을 하고 있습니다. 유대인들은 그런 바울을 잡아서 죽이려고 했고, 바울은 그렇게 잡힌 상태에서 아그립바왕 앞에 서게 되었습니다.

그 자리에서 바울은 "다메섹과 예루살렘에 있는 사람과 유대 온 땅과 이방인에게까지"(20절) 곧 하나님과 성경에 대해 나름 안다고 말하는 유대인들 뿐만 아니라, 하나님을 전혀 모르는 이방인에게도 자신에게 일어난 회심으로 부르는 복음을 전했다고 증언합니다.

이처럼 바울은 성경에 대한 지식이 있든 없든, 소위 모태신앙인이든 교회와는 전혀 관계없이 살아온 사람이든 상관없이 모든 사람에게 "회개하고 하나님께로 돌아와서 회개에 합당한 일을 하라"(20절)고 전했습니다. 즉 그들 모두가 예수를 믿고 구원을 얻도록, '회심'을 요청하는 복음을 전했다는 말입니다.

여기 "하나님께로 돌아와서"라는 말은 예수 그리스도를 믿음으로 하나님께 돌아온다는 의미입니다. 즉, 이 말은 사도행전 26장 19절에서 언급된 '하나님이 하늘에서 보이신 구원자 예수 그리스도를 믿는 것', 그리고 23절의 '그리스도가 고난을 받고 죽은 자 가운데서 먼저 다시 살아나사 이스라엘과 이방인들에게 빛을 전하라고 하신 그 예수 그리스도를 믿는 것'을 의미한다고 할 수 있습니다.

회심 없이는 천국도 없다

우리는 바울이 말한 세 가지 표현을 잘 생각해 보아야 합니다. "회개하고", "하나님께로 돌아와서", "회개에 합당한 일을 하라". 사람들은 이런 복음의 내용을 쉽게 무시합니다. 우리는 주변에서 사람들이 죽을 때마다, 죽은 자의 회심 여부와는 전혀 상관없이, 그저 하늘나라에 가서 편히 쉬길 바란다고 말하는 것을 쉽게 들을 수 있습니다. 이처럼 우리가 주고받는 그런 흔한 말 속에 복음과 회심에 대한 멸시가 담겨 있습니다.

이에 대해 어떤 사람은 그런 식의 죽음 이후에 대한 상상을 포스트모더니즘 영성의 일부로 설명하기도 합니다. 왜냐하면 포스트모더니즘 시대는 과학적인 것을 매우 중요시하면서도, 한편으로는 영적인 것을 중요시하기 때문입니다. 최첨단의 과학적 지식을 신뢰하여 검증되지 않은 것은 못 믿겠다고 주장하면서도, 이상하게 죽음 이후의 세계에 대단한 관심을 보입니다. 이렇게 영적인 영역에 관심을 가지면서, 소위 포스트모더니즘 영성을 추구하는 것이 이 세대의 또 다른 특징입니다.

하지만 많은 사람이 죽어서 하늘나라에 간다는 생각은 그저 막연한 상상에 지나지 않습니다. 예수님께서 "사람이 거듭나지 아니하면 하나님의 나라를 볼 수 없느니라"(요 3:3)고 말씀하셨고, "사람이 물과 성령으로 나지 아니하면 하나님의 나라에 들어갈 수 없느니라"(요 3:5)고 말씀하셨기 때문입니다. 또한 성경은 멸망에 이르지 않기 위해서는 회개하고 하나님께 돌아와야 한다고 말하고 있습니다. 그럼에도 거듭남 또는 회심도 없이 죽음 이후에 복을 받는다고 믿거나 그럴 자격이 있다고 하는 것은 기독교의 복음을 무시하는 말입니다.

앞서 살펴본 바와 같이 예수님은 분명히 "너희도 만일 회개하지 아니하면 다 이와 같이 망하리라"(눅 13:5)고 말씀하셨습니다. 예수님이 경고하신 이 말씀에서 '망한다'라는 것은 육체적인 죽음 정도가 아닌 영원한 멸망을 시사하는 말입니다. 즉, 이 세상에 태어나는 모든 사람은 회개하는 것에 따라 운명이 나뉘게 된다는 말입니다. 회개하지 않으면 천국에도 이르지 못하는 것입니다.

사람들은 죽으면 하늘나라에 가서 지금보다 더 나은 삶을 살 것이라는 막연한 기대를 하고 있지만, 성경은 그런 일은 없다고 분명히 말합니다. 오히려 누구든지 하늘나라에 들어가려면 거듭나야 하고, 회개하고 하나님께 돌아와서 회개에 합당한 열매를 맺어야 한다고 말합니다. 예수님은 더 직접적으로 회개하지 아니하면 망할 것이라고까지 말씀하셨습니다.

그러므로 자신에게 죄가 있고, 그러한 조건에서는 하늘나라는커녕 멸망한다는 사실을 인정하지 않은 채, 예수를 믿노라 하고 구원에 대해 말하는 것은 완전한 모순입니다. 사도 베드로는 베드로후서 3장에서 "오직 주께서는 너희를 대하여 오래 참으사 아무도 멸망하지 아니하고 다 회개하기에 이르기를 원하시느니라"(9절)고 말했습니다. 베드로 역시 누구든지 멸망하지 않으려면 회개해야 한다고 말한 것입니다.

우리는 감출 수 없는 이 두 가지 사실을 먼저 인지해야 합니다. 즉 회개할 죄를 갖고 있어서 회개할 필요가 있다는 사실과 회개하지 않으면 멸망한다는 사실입니다. 이것이야말로 이 땅에 살고 있는 모든 인간이 가지는 실존적인 문제입니다.

하나님께서 요구하시며, 또 주시는 회개

우리는 그런 조건을 가진 인간에게 구원의 길을 제시하는 성경 말씀에 귀 기울여야 합니다. 물론 이런 말씀이 자신에게 불필요하다고 거부하는 사람도 있을 것입니다. 그러나 그것은 자신의 생각일 뿐, 죄를 가지고 있는 조건과 그로 인해 자신이 이르게 될 운명은 바꾸지 못합니다. 단지 이 엄연한 두 가지 사실을 덮어놓고 생각하지 않으려는 것일 뿐, 그것은 사라지지 않습니다. 죄 있는 조건과 그로 인한 심판을 받아야 할 처지에서 구원받으려면, 다시 말해 하늘나라에 들어가려면 성경이 말하는 것과 같은 회심이 반드시 있어야 합니다.

앞에서 살펴보았듯 바울은 그것을 세 가지로 구체화하여 말해 줍니다. 먼저 우리에게는 '회개'가 있어야 합니다. '회개하다'로 번역된 헬라어 '메타노에오'(μετανοέω) 동사는 자신의 과거 행위를 다른 관점으로 보는 것을 가리킵니다. 물론 이는 마음의 변화 속에서 생겨난 것을 의미합니다. 결국 이 단어는 자신의 과거 행위를 달리 봄으로써 삶의 방식에 변화를 가져오는 마음의 변화를 뜻합니다. 성경이 죄 있는 인간에게 제일 먼저 말하는 것이 바로 이러한 회개입니다. 예수님도 공개적으로 사역을 시작하실 때 제일 먼저 하신 말씀이 회개하라는 것이었습니다(마 4:17).

하나님을 반역하며 자신이 신이 되어 자기중심적으로 살아온 삶의 방식을 바꿀 정도의 마음의 변화는 우리 스스로 가질 수 있는 것이 아닙니다. 왜냐하면 인간은 모두 본성적으로 하나님을 싫어하기 때문입니다. 그러나 하나님은 자신의 말씀으로 우리가 회개할 필요가 있다는 사실을 비추시는 가운데, 하나님을 거스르며 산 우리의 과거 행위를 달리 보도록 역사해 주십니다. 이처럼 마음의 변화는 우리가 삶의 방식을 바꿀 정도로 감동케 하시는 하나님의 역사가 있음으로써 가능하게 됩니다.

문제는 많은 사람이 그런 회개의 역사에 처음부터 마음을 닫는다는 것입니다. 하나님은 분명히 회개를 통해 구원하심에도 불구하고, 어떤 사람은 이런 마음의 변화로 인도하시는 하나님의 역사를 처음부터 거부해 버립니다. 그들이 이런 말씀을 듣고도 회개가 안 되는 이유는 자신의 과거 행위, 곧 하나님을 반역하여 살아온 삶을 비추시는 하나님의 말씀을 듣기 싫어하고 거부하기 때문입니다. 회개할 조건에서 회개하지 않음으로써 구원으로 나아가지 못하는 것입니다.

만일 그런 마음의 변화로 인해 지금까지 즐기고 있던 것들을 더 이상 즐기지 못할까 봐 두려워서 마음을 닫고 거부하는 사람이 있다면, 그 사람은 자신에게 있게 될 비참한 결말을 애써 모른 체하고 싶은 것입니다.

성경은 죄 있는 인간 조건의 결말이 사망과 심판이라는 사실을 분명하게 말합니다. 하지만 그와 동시에 성경은 그러한 사망과 심판으로부터 살길 또한 정확히 말해 줍니다. 우리가 이 세상에서 살다가 죽으면 어떻게 되는지를 정확하게 말해 주는 것을 한번 찾아보십시오. 성경 외에는 없습니다. 성경은 이에 대해 상세하면서도 굉장히 현실적으로 말해 줍니다. 따라서 우리는 이 엄연한 현실을 기피하지 말고, 성경이 말하는 바를 정확하게 인지해야 합니다.

죽음은 언제든지 우리에게 다가옵니다. 그러나 그보다 더 중요한 것은 죽음으로부터 살길이 있다는 사실입니다. 바로 본문이 말하는 바, 누구든지 멸망하지 않고 하나님 나라에 들어가려면 회개해야 한다는 것입니다. 만일 여러분이 이 사실을 깨달았다면, 그것은 회개할 수 있는 전환점이 됩니다.

교회나 종교 생활 정도가 아닌 하나님께로 되돌아가야 한다

그런데 본문은 회심을 회개하는 것으로만 말하지 않고, 하나님께 돌아오는 것을 덧붙이고 있습니다. 이 말 또한 신약성경에서 회개와 관련해서 자주 사용되는 표현입니다. 여기서 '하나님께 돌아오다'로 번역된 헬라어 에피스트레포(ἐπιστρέφω)를 문자적으로 더 가깝게 번역하면 '되돌아온다'라는 말입니다. 성경은 하나님께 되돌아오는 것을 회심으로 말하는 데, 이는 인간이 타락으로 인해 하나님을 떠났다는 사실에서 기인합니다.

인간은 타락하기 전 본래의 자리가 있었습니다. 즉 하나님과 바른 관계를 맺고 있었습니다. 그러나 인간이 하나님을 등지고 죄를 지으며 타락함으로써 하나님에게서 돌아섰습니다. 본래 있던 자리에서 방향을 바꾼 것입니다. 따라서 하나님께 돌아온다는 것은 본래 가졌던 하나님과의 관계로 돌아옴을 말합니다. 이처럼 모든 인간은 하나님께 돌아와야 할 조건을 가지고 있습니다. 그래서 회심은 그런 조건에서 다시 본래의 자리로 되돌아가는 것, 곧 하나님과 처음에 맺었던 관계로 되돌아가는 것이라고 말할 수 있습니다.

이렇게 본래의 자리에서 이탈한 인간은 그 어떤 조건에서도 영혼의 채움을 받거나 안식하지 못합니다. 이것이 하나님에게서 돌아선 인간의 삶입니다. 하나님께 돌아오기 전까지 모든 인간은 하나님을 등진 모습을 본성적으로 드러내며 삽니다. 하나님을 거스르고 싫어하는 생각과 말과 행동을 너무나도 자연스럽게 드러내는 것입니다. 이것이 바로 하나님으로부터 돌아서 있다는 표시입니다.

이상하게도 인간은 본성적으로 다른 종교에 대해서는 거스르는 반응을 보이지 않다가도 하나님과 예수님을 말하면 싫어하는 반응을 보입니다. 하나님이 싫어하시는 생각과 말과 행동을 하면서 오히려 좋아합니다. 비교적 착하고 교양 있는 사람도 하나님을 거스르는 쪽으로 생각하고 말하고 행동합니다. 물론 그것을 겉으로 드러내지 않는 사람도 있습니다. 하지만 그러한 사람도 자신 안에 그런 본성이 있다는 것은 부인하지 못합니다.

지금까지 살펴본 바와 같이 회심은 바로 그런 자신과 자신의 과거 행위를 돌아보고 이를 회개하여 돌아섰던 본래의 자리 곧 하나님께로 되돌아오는 것입니다. 바울은 그런 모습을 보인 데살로니가 사람들에 대해 다음과 같이 말합니다.

> "…너희가 어떻게 우상을 버리고 하나님께로 돌아와서 살아 계시고 참되신 하나님을 섬기는지와"(살전 1:9).

여기서 "하나님께로 돌아와서"라는 말이 본문에 나온 말과 같은 단어입니다. 이처럼 회심은 단순히 교회로 나오는 것이 아니라 이전에 섬겼던 우상을 버리고 하나님께로 돌아오는 것입니다. 데살로니가 사람들은 과거에 하나님과 반대되는 것을 좋아하면서 여러 우상을 섬겼습니다. 그러나 이제 그들은 그러한 우상을 버리고 하나님께 돌아왔습니다.

다시 말씀드리지만, 교회를 다니든 안 다니든 인간은 하나님께로 돌아오기 전에는 무엇으로도 채워지지 않는 영혼의 갈증을 느낍니다. 앞에서 이미 말한 바와 같이 인간에게는 '종교성'이 있기 때문입니다. 인간이 자꾸만 종교적인 것으로 영혼의 갈증에 대한 답을 찾아보려는 것도 모두 이러한 이유에서입니다.

그러나 묘하게도 그러한 내면의 갈증은 아무리 채워 보려고 해도 채워지지 않습니다. 종교와 사상에 심취하고, 수많은 쾌락에 탐닉해 보아도 죄 문제를 해결함으로써 갖게 되는 영혼의 참된 안식은 얻지 못합니다. 마음을 다스리고 정신 수양을 하는 것이 내면의 갈증을 잠시 잊게 해 줄 수 있을진 몰라도, 진정한 마음의 안정은 갖지 못합니다. 인간은 회개하여 하나님께 돌아올 때, 다시 말해 예수 그리스도 안에서 하나님과의 본래 관계로 돌아올 때에야 비로소 영혼의 갈증이 해갈되고 안식을 얻게 됩니다.

오랜 세월 마니교와 성적 쾌락에 빠져 방탕한 세월을 보냈던 아우구스티누스(Augustinus)는 그 어떤 것에서도 영혼의 안식을 얻지 못하다가 하나님께 돌아왔을 때 자신의 영혼이 마침내 안식을 얻게 되었다고 고백했습니다.[1]

지금까지 말한 이러한 모습이 바로 죄 중에 태어나 살아가는 인간의 조건입니다. 하나님으로부터 돌아서고 자신의 본래 자리에서 이탈한 채 다른 것으로 영혼의 갈증을 채우려고 발버둥치는 모습 말입니다. 인간은 하나님께 돌아올 때 곧 하나님께서 보내신 독생자 예수 그리스도 안에서 자신의 죄가 해결되었음을 알고, 그분을 믿게 되었을 때 비로소 영혼의 참된 안식을 갖게 됩니다.

오늘날 많은 사람이 뭔가에 중독되어 살아갑니다. 그것이 무엇이든 중독된 사람은 이전보다 더 자극적이고 더 큰 즐거움에 대한 욕구를 끝없이 갖다가 결국 죽습니다. 그러므로 영혼의 목마름과 안식이 없다면 하나님께 돌아오십시오. 우리의 죄를 해결하시기 위해 대신 십자가에 달려 우리 죄에 대한 심판을 받으심으로 구원의 길을 내신 예수 그리스도를 믿으십시오. 그것이 영혼의 안식을 얻는 길입니다. 죄가 해결되지 않은 조건에서는 영혼의 갈증이 결코 해갈되지 않습니다. 그로 인해 영혼의 불안정과 혼란이 계속해서 생기는 것입니다. 이를 해결하는 데는 오직 예수 그리스도 안에서 그분에 대한 답을 알고 소유함으로써 안식을 얻게 되는 방법밖에 없습니다.

회개에 합당한 열매를 맺으라

바울은 여기에 한 가지를 덧붙여 말합니다. 바로 회개에 합당한 일을 하는 것입니다. 회개가 진실하다면 그러한 회개는 그에 합당한 일을 하는 것으로 나타납니다.

세례 요한은 그의 설교를 듣는 회중들에게 회개하라고 말한 뒤에 자기에게 나아온 종교 지도자들에게 회개에 합당한 열매를 맺으라고 말했습니다. 회개는 언제나 그에 합당한 열매를 요구하기 때문입니다. 진실로 회개하고 하나님께 되돌아온 사람은 당연히 회개에 따른 삶을 삽니다. 그러므로 누군가 교회를 다니면서 회개에 합당한 삶이 없다면, 그 사람은 분명 회심하지 않았을 가능성이 큽니다.

1. 죄에 대해 달라진 태도

그렇다면 회개에 합당한 일 또는 회개에 합당한 삶은 어떤 것일까요? 이는 우리가 어떤 구체적인 행동과 삶의 목록으로 말하기보다는 최소한 세 가지 사실에서 삶의 변화를 드러내는 것이라고 말할 수 있습니다. 첫 번째는 죄에 대해 다른 태도를 취하면서 사는 것입니다. 이것이 회개에 합당한 일이요, 삶입니다.

이전에 바울은 죄를 죄로 여기지 않았습니다. 그는 회심하고 나서야 죄가 보였습니다. 과거에는 별다른 의식 없이 죄를 지으며 살았지만, 이제는 죄를 분별하고 싫어하게 된 것입니다. 죄를 죄로 알면서, 죄에 대해 다르게 반응하면서 살게 되었습니다. 그는 이전처럼 불순종의 길을 가는 대신 성령님과 하나님의 말씀을 따라 살았습니다. 이것이 바로 거룩한 길입니다.

이처럼 예수를 진실하게 믿는 사람은 죄를 지을 수 있는 상황에서도 죄를 짓지 않고 살아갑니다. 물론 이러한 모습이 완전하다는 것은 아닙니다. 그럼에도 회개하기 전에는 상상할 수 없었던 일이 생긴다는 것입니다. 이는 우리 주변에서도 예수를 진실하게 믿는 사람에게서 볼 수 있는 모습입니다. 우리와 똑같이 죄를 지을 수 있음에도 죄를 멀리하고 다르게 살아가는 모습을 볼 수 있는 것입니다.

만일 교회를 다니는데 이러한 변화가 없다면, 그 사람이 한 회개는 마치 가룟 유다가 자기 잘못을 뉘우치는 수준에서 멈춘 것일 가능성이 큽니다. 가룟 유다는 예수님을 팔고 난 다음에 뉘우쳤습니다. 그가 뉘우쳤다는 말은 성경이 회개에 대해 사용하는 세 가지 단어 중 하나로서, 자신의 잘못을 후회하고 뉘우치는 가운데 하나님께 돌아가는 참된 회개로 나아갈 수도 있고, 그렇지 않을 수도 있는 초기 마음의 상태라고 할 수 있습니다.

사람들은 종종 어떤 사건이나 사람의 말에 자극을 받고, 자신의 잘못을 뉘우칩니다. 또 설교를 듣고 뉘우치기도 합니다. 중요한 것은 그렇게 뉘우치고 후회한 다음 하나님께 돌아가는 참된 회개로 나아갈 수도 있고, 그렇지 않을 수도 있다는 것입니다. 이러한 뉘우침과 후회는 분명 참된 회개로 나아갈 수 있는 초기의 자극이 될 수 있지만, 회개에 합당한 일을 하지 않는 사람은 여기서 멈추게 됩니다.

잘못을 뉘우치고 후회하는 일은 우리의 일상에서도 흔히 있는 일입니다. 특히 오늘날 교회 안에는 이러한 후회와 뉘우침을 반복하는 것에서 끝날 뿐, 회개에 합당한 행위와 삶으로 나아가지 않는 사람들이 제법 있습니다. 그래서 기독교가 세상으로부터 비난을 받습니다. 교회를 다닌다고는 하지만 회개에 합당한 삶이 없기 때문입니다. 이에 반해 진실로 회개하여 하나님께 돌아오는 사람은 자신이 회개한 죄에 대해 분명히 다른 태도와 반응을 가집니다.

2. 자기 자신에 대해 달라진 태도

회개에 합당한 일로 말할 수 있는 두 번째 내용은 자신에 대해 이전과는 다른 새로운 태도를 갖는 것입니다. 바울은 회심한 이후 자신에 대해 완전히 새로운 태도를 갖고 살았습니다. 로마서 6장 말씀대로 죄악 된 그의 "옛 사람"(6절)이 예수와 함께 십자가에 못 박혔기 때문에 그는 "옛 사람"의 삶의 방식을 거부했습니다. 성공하기 위해 율법으로만 지켰던 옛 생활 방식을 버렸던 것입니다. 그래서 그는 회심한 그리스도인들에게 "옛 사람"을 벗어버리고 새 사람으로 살 것을 말한 것입니다.

"…옛 사람을 벗어 버리고 … 하나님을 따라 의와 진리의 거룩함으로 지으심을 받은 새 사람을 입으라"(엡 4:22-24).

그는 또한 이것을 로마서 6장에서는 죄에 대하여 죽고 하나님께 대하여 산 것으로 묘사하기도 했습니다. 이처럼 회심한 사람은 자신에 대해서도 달라진 태도를 갖습니다.

3. 하나님께 대해 달라진 태도

마지막으로 회개에 합당한 일로 말할 수 있는 내용은 하나님께 대한 새로운 태도를 갖고 사는 것입니다. 이전에는 하나님을 싫어하며 하나님을 막연하게 생각했으나, 회심한 후에는 하나님이 어떤 분이신지를 알고 그분을 향해 새로운 태도를 드러내게 됩니다. 하나님은 이 세상의 허다한 종교들이 섬기는 신들처럼 눈으로 볼 수 있는 신이 아닌 영이시며 그럼에도 인격적인 분임을 알고, 그러하신 하나님을 의지합니다.

또 하나님은 거룩하시고 한없이 자비로우시며 은혜로우심을 알고 그분 안에서 위로와 힘을 얻습니다. 설사 자신이 죄를 범하고, 부끄럽기 그지없는 모습이 드러난다고 해도 하나님께 되돌아온 사람은 그러한 자신을 긍휼히 여기시며 품으시는 하나님을 알고 그분 안에서 영혼의 위로를 얻습니다.

이처럼 회개한 자는 하나님과 새로운 관계를 경험하게 됩니다. 마치 탕자가 아버지께 돌아와서 아버지의 긍휼과 은혜와 사랑을 풍성히 맛보며 그 안에서 자신의 죄와 추함을 모두 용서하시고 받아 주시는 아버지를 누린 것처럼 말입니다. 이것이 바로 회심한 사람들에게 있는 하나님과의 새로운 관계입니다.

회개의 필요성을 자각하라

지금까지 말한 이러한 변화, 곧 회개하고 하나님께 돌아와서 회개에 합당한 일을 갖는 것이 성경이 말하는 회심이고, 기독교에서 말하는 구원받은 자의 모습입니다. 이러한 변화 없이 구원과 기독교 신앙에 대해 운운한다면, 이는 자신이 어디선가 들은 지식을 말하는 것일 뿐입니다.

누구든지 구원을 얻으려면 반드시 본문이 말하는 회심의 내용이 있어야 합니다. 따라서 중요한 것은 교회를 다니는가가 아니라, 회심했는가 하는 것입니다.

이에 대해 누군가는 어떻게 해야 본문이 말하는 회심을 할 수 있는지 물을 수 있습니다. 이것은 회심을 위한 매우 중요한 시작이 될 수 있습니다. 회개할 필요성을 한 번도 느끼지 못했던 사람이 하나님의 말씀을 듣고 자신이 회개할 사람임을 인식한다는 것은, 구원받을 수 있는 출발이 됩니다. 자신의 죄 문제가 다루어져야 하며 회개하지 않으면 멸망한다는 사실을 자각하는 것은 매우 중요합니다. 왜냐하면 그런 자각과 마음의 감동을 갖게 하시는 분은 다름 아닌 하나님이시기 때문입니다. 또한 하나님께서 그렇게 하심으로 우리를 회심으로 이끄시기 때문입니다.

따라서 지난날 자신의 삶이 하나님을 반역하며, 자기 자신이 신이 되어 살았다는 사실을 깨닫게 되었다면, 그리하여 회개할 필요를 느끼게 되었다면 그 사람은 회심으로 이끄시는 하나님의 초대를 받은 것입니다. 이는 분명 하나님의 역사하심 가운데 일어난 첫 반응입니다. 이 일은 결코 저절로 되는 일도 아니고, 누구에게나 일어나는 일도 아닙니다.

그러므로 우리를 회심으로 이끄시기 위해 주시는 하나님의 감동을 따라 자신이 하나님 앞에서 죄인임을 회개하고, 하나님을 등졌던 자리에서 하나님과의 바른 관계로 되돌아오고자 하십시오. 가룟 유다가 자신의 잘못을 뉘우치고 거기서 끝난 것처럼 그렇게 멈추지 마십시오. 그러한 뉘우침을 넘어서 나의 추한 죄를 지시고 십자가에 달려 죽으신 예수 그리스도를 구원주로 믿음으로써 하나님께로 돌아오십시오. 하나님은 우리에게 특별한 행동과 공로를 요구하지 않으십니다. 그저 회개하고 복음을 믿으라고 말씀하십니다.

기독교는 이 세상에서 세운 공로나 인정으로 구원을 말하지 않습니다. 어떤 계층의 사람이든 오직 예수 그리스도를 믿는 것으로 구원을 말합니다. 그러므로 하나님이 주시는 감동과 부르심을 따라 회개하고 복음을 믿으면 구원을 얻게 될 것입니다.

회개에 합당한 삶을 살라

이미 수많은 사람이 경험했듯이 회개를 미루면 두 가지 위험이 있게 됩니다. 하나는 자신에게 허락된 은혜의 날을 무의미한 날로 바꿀 수 있는 위험이 있습니다. 다른 사람에게는 은혜의 날로 주어지는 기회를 거부함으로써 둔감하게 되는 일이 있을 수 있습니다. 자신에게 주어진 기회를 스스로 받지 못하는 일이 생기는 것입니다.

회개를 미룰 때 있는 또 다른 위험은 우리의 생명이 언제 끝날지 모른다는 것입니다. 공부할 때나 운동할 때 또는 사업을 하든 자기 계발을 하든 우리가 경험하는 한 가지 사실이 있습니다. 그것은 지금을 미루는 사람에게는 다음이 없다는 사실입니다. 설령 다음에 기회가 있어도 그 기회가 자신의 것이 되지 못하는 일이 있습니다. 회개하여 구원을 얻을 때도 그와 같은 일이 있습니다.

혹시 회개할 필요는 느끼고 있지만 예수 그리스도께서 자신을 위해 죽으셨다는 사실이 믿어지지 않는 사람이 있을지 모르겠습니다. 그렇다면 절망하거나 포기하지 마십시오. 하나님이 주신 감동과 회개할 필요를 자각했을지라도, 그러한 상태에서 곧바로 구원 얻는 일이 없을 수도 있습니다. 바울에게 빛을 비추심으로 그가 회심하게 된 것이 성경이 보편적으로 말하는 방식은 아니기 때문입니다.

하나님께서 여러분에게 감동을 주시고 회개할 필요를 느끼게 하셨다면, 예수 그리스도께서 정말 나를 위해 죽으셨는가를 진지하게 물으십시오. 그리고 그에 대해 성경이 말하는 답을 꼭 찾으십시오.

제가 호주에서 목회할 때 있었던 일입니다. 한 남학생이 교회를 잘 나오다가 어느 날 교회를 안 나오기 시작했습니다. 예수 그리스도께서 자신을 위해 죽으셨다는 사실이 믿어지지 않는다는 것이었습니다. 그 학생에게 저는 이렇게 말해 주었습니다.

"어떤 사람은 그런 자각도 없이 교회를 나오기도 한다. 네가 그런 질문을 가졌다면 이 질문에 대한 답을 얻을 수 있는 계기가 되었다는 뜻이니 예수님이 나를 위해 죽으신 것이 정말 사실인지 하나님 앞에 나와서 답을 찾아보길 바란다. 포기하지 말고 그에 대한 답을 얻고자 해라."

그 이후 그 학생은 다시 교회에 나오기 시작했습니다. 그리고 그가 예수님의 가상칠언에 대해 일곱 번에 걸친 말씀 증거 중 어느 날 전해지는 말씀을 들으면서 감정이 억제되지 않아 내내 눈물을 흘리는 것을 보았습니다. 후에 그 학생은 예수 그리스도께서 자신을 위해 죽으셨다는 사실이 믿어졌다고 말했습니다.

다시 말씀드립니다. 우리 모두에게는 해갈되지 않는 영혼의 갈증이 있습니다. 이것은 하나님으로부터 이탈해서 등졌던 자리에서 다시 하나님께로 돌아옴으로써만 해결되는 문제입니다. 그러므로 그에 대한 답을 얻으십시오. 부디 가룟 유다와 같은 후회와 뉘우침의 수준에서 멈추지 말고, 본문에서 회심에 대해 말하는 그 실체를 갖고자 하십시오. 그것은 회개하여 하나님께 돌아와 회개에 합당한 일을 갖는 것입니다. 그런 회심을 통해 이 땅에서부터 구원의 복을 알고 소유하여 누릴 수 있기를 소망합니다.

16장
핵심
요약

- 사람이 죽어서 하늘나라에 간다고 생각하는 것은 그저 막연한 생각에 지나지 않는다. 성경은 거듭나지 않으면 하나님 나라에 들어갈 수 없다고 말하고, 회개하지 않으면 천국에 이르지 못한다고 말한다.

- 우리는 회개할 죄를 갖고 있어서 회개할 필요가 있다는 것과 회개하지 않으면 멸망한다는, 이 두 가지 사실을 먼저 인지해야 한다.

- 이러한 회개는 삶의 방식에 변화를 가져오는 마음의 변화로서 우리의 마음을 감동케 하시는 하나님의 역사가 있음으로써 가능하게 된다.

- 성경은 인간이 본래 하나님과 맺고 있었던 바른 관계로 돌아오라는 차원에서 하나님께 돌아오라고 말한다. 이렇게 되기 전까지 인간은 결코 영혼의 안식을 얻을 수 없다.

- 회개에 합당한 열매를 맺으라는 말은 죄에 대해, 자기 자신에 대해 그리고 하나님께 대해 달라진 태도를 갖고 사는 것을 말한다.

- 우리가 하나님께 돌아가고자 할 때 하나님은 우리에게 회개하고 복음을 믿으라고 말씀하신다. 그러니 회개를 미루지 말라.

주

1장 돌아오라, 영혼의 목자에게로 돌아오라
1) 행 15:3, 개역개정에는 "돌아온 일"(conversion)로 번역되었다.
2) "한 번 죽는 것은 사람에게 정해진 것이요 그 후에는 심판이 있으리니"(히 9:27).
3) 데이비드 웰스, 조계광 역, 『하나님께로 돌아오라』(지평서원, 2014), p. 32 이하.
4) 존 에인절 제임스, 서문강 역, 『구원을 열망하는 자들을 위하여』(청교도신앙사, 2012), p. 100-101.

3장 생명과 구원을 위한 유일한 길
1) 월터 J. 챈트리, 이용복 역, 『잃어버린 복음』(규장, 2010), p. 86.
2) 한 기도원 전단지에서 인용

6장 교회 안에 있는 자들도 돌이켜야 한다
1) 데이비드 웰스, 앞의 책, p. 32-34.
2) 데이비드 웰스, 앞의 책, p. 32-34.
3) 켄트 필폿, 이용복 역, 『진실로 회심했는가』(규장, 2009), p. 11-13.
4) 켄트 필폿, 앞의 책, p. 21.
5) 박순용, 『거듭남과 십자가』(생명의 말씀사, 2015).
6) 켄트 필폿, 앞의 책, p. 28-29.
7) 켄트 필폿, 앞의 책, p. 29-31.
8) 켄트 필폿, 앞의 책, p. 31-32.
9) 켄트 필폿, 앞의 책, p. 32-33.

7장 대적하는 자를 돌이키시는 긍휼
1) 존 스토트, 김현회 역, 『디모데전서·디도서』(IVP, 2021), p. 64.

8장 하나님께서 주시는 놀랍고 중대한 변화
1) 코르넬리스 프롱크, 황준호 역, 『도르트 신조 강해』(그책의사람들, 2012), p. 322.

9장 죄인들의 유일한 소망
1) 찰스 스펄전, 보문번역위원회 역, 『스펄전 설교전집-누가복음 4』(보문출판사, 1996), p. 9-10.
2) 찰스 스펄전, 앞의 책, p. 11.
3) 찰스 스펄전, 앞의 책, p. 8.
4) 찰스 스펄전, 앞의 책, p. 8.
5) 찰스 스펄전, 앞의 책, p. 22-23.

10장 복음으로 부르시고 살리시는 은혜
1) 찰스 스윈돌, 김희수 역, 『로마서』(디모데, 2014), p. 151.

11장 죄로부터 돌이켜 하나님을 섬기는 자리로
1) 예수님이 마태복음 5장에서 말씀하신 여덟 가지 복은 심령이 가난한 자, 애통하는 자, 온유한 자, 의에 주리고 목마른 자, 긍휼히 여기는 자, 마음이 청결한 자, 화평하게 하는 자, 의를 위하여 박해를 받은 자의 복을 가리킨다(마 5:3-10 참조).

2) 찰스 스펄전, 보문번역위원회 역, 『스펄전 설교전집-데살로니가전 · 후서』(보문출판사, 1996), p. 323-325.

13장 중심의 변화
1) 마틴 로이드 존스, 문창수 역, 『산상설교집下』(정경사, 1984), p. 390 이하.
2) 코르넬리스 프롱크, 앞의 책, p. 305.

14장 하나님이 중심이 되신다
1) "그들이 몹시 근심하여 각각 여짜오되 주여 나는 아니지요"(마 26:22, 개역개정).
2) 참고로 이 번역은 개역한글에서 인용한 것입니다.

15장 관계의 변화가 진정한 변화이다
1) 찰스 스펄전, 『스펄전의 외침』(생명의말씀사, 2014), p. 43-44.
2) 찰스 스펄전, 위의 책, p. 44-45.

16장 회개와 회개에 합당한 삶
1) 성 어거스틴, 김광채 역, 『성 어거스틴의 고백록』(CLC, 2012), p. 19.

참된 **회심**,
참된 **그리스도인**

사명선언문

너희가 흠이 없고 순전하여……세상에서 그들 가운데 빛들로
나타내며 생명의 말씀을 밝혀 _ 빌 2:15-16

1. 생명을 담겠습니다
만드는 책에 주님 주신 생명을 담겠습니다.
그 책으로 복음을 선포하겠습니다.

2. 말씀을 밝히겠습니다
생명의 근본은 말씀입니다.
말씀을 밝혀 성도와 교회의 성장을 돕겠습니다.

3. 빛이 되겠습니다
시대와 영혼의 어두움을 밝혀 주님 앞으로 이끄는
빛이 되는 책을 만들겠습니다.

4. 순전히 행하겠습니다
책을 만들고 전하는 일과 경영하는 일에 부끄러움이 없는
정직함으로 행하겠습니다.

5. 끝까지 전파하겠습니다
모든 사람에게, 땅 끝까지, 주님 오시는 그날까지
복음을 전하는 사명을 다하겠습니다.

서점 안내

광화문점 서울시 종로구 새문안로 69 구세군회관 1층
02)737-2288 / 02)737-4623(F)

강남점 서울시 서초구 신반포로 177 반포쇼핑타운 3동 2층
02)595-1211 / 02)595-3549(F)

구로점 서울시 동작구 시흥대로 602, 3층 302호
02)858-8744 / 02)838-0653(F)

노원점 서울시 노원구 동일로 1366 삼봉빌딩 지하 1층
02)938-7979 / 02)3391-6169(F)

일산점 경기도 고양시 일산서구 중앙로 1391 레이크타운 지하 1층
031)916-8787 / 031)916-8788(F)

의정부점 경기도 의정부시 청사로47번길 12 성산타워 3층
031)845-0600 / 031)852-6930(F)

인터넷서점 www.lifebook.co.kr